本书出版得到嵩阳书院的大力支持，得到吉林大学哲学社会学院的全力资助，在此一并致谢！

吉林大学哲学社会学院一流学科建设丛书

"教化儒学"的思想历程

THE COURSE OF THOUGHT ABOUT
CIVILIZED CONFUCIANISM

华 军 等著

中国社会科学出版社

图书在版编目（CIP）数据

"教化儒学"的思想历程/华军等著.—北京：中国社会科学出版社，2020.12

（吉林大学哲学社会学院一流学科建设丛书）

ISBN 978-7-5203-7619-8

Ⅰ.①教… Ⅱ.①华… Ⅲ.①儒学—研究 Ⅳ.①B222.05

中国版本图书馆 CIP 数据核字（2020）第 253986 号

出 版 人	赵剑英
责任编辑	郝玉明
责任校对	张爱华
责任印制	张雪娇
出　　版	中国社会科学出版社
社　　址	北京鼓楼西大街甲158号
邮　　编	100720
网　　址	http://www.csspw.cn
发 行 部	010-84083685
门 市 部	010-84029450
经　　销	新华书店及其他书店
印　　刷	北京明恒达印务有限公司
装　　订	廊坊市广阳区广增装订厂
版　　次	2020年12月第1版
印　　次	2020年12月第1次印刷
开　　本	710×1000 1/16
印　　张	19.25
插　　页	2
字　　数	296千字
定　　价	118.00元

凡购买中国社会科学出版社图书，如有质量问题请与本社营销中心联系调换
电话：010-84083683
版权所有 侵权必究

目　录

引言：重思儒家教化的本真意蕴 …………………………………… 1

第一章　儒家教化的哲理系统 …………………………………… 8
  一　教化何谓 …………………………………………………… 9
  二　教化与践形 ………………………………………………… 11
  三　成德之教 …………………………………………………… 14
  四　礼仪与教化 ………………………………………………… 16
  五　施教之方 …………………………………………………… 18
  六　政与教之间 ………………………………………………… 20
  七　社会教化的落实 …………………………………………… 22
  八　教化与中国当代文化意识之反思 ………………………… 24

第二章　先秦时期教化儒学思想研究 ………………………… 29
  一　由仁义行——先秦儒家的心性论 ………………………… 29
    （一）教化的人性基础 ……………………………………… 30
    （二）为学方向与修养工夫 ………………………………… 43
  二　为政以德——先秦儒家的王道政治观念 ………………… 57
    （一）成己与成物的一致性 ………………………………… 57
    （二）王道政治的基本原则和途径 ………………………… 59
    （三）士人参与政治生活的方式 …………………………… 67

目 录

第三章 两汉时期教化儒学思想研究 ……………………… 79

一 秦代与儒家教化思想的曲折 …………………………… 80

二 汉代前期教化儒学的发展 ……………………………… 86
 （一）汉朝统治政策的变迁与儒学的复苏 ……………… 86
 （二）陆贾、贾谊与汉初政治精神奠基 ………………… 88
 （三）董仲舒与武帝复古更化 …………………………… 91

三 汉代儒家教化思想的历史实践 ………………………… 99
 （一）儒教礼制国家的建构 ……………………………… 99
 （二）谶纬之学与儒家教化思想 ………………………… 105

第四章 魏晋南北朝隋唐时期教化儒学思想研究 ………… 109

一 魏晋时期教化儒学之危机与变迁 ……………………… 109
 （一）教化儒学的内在危机：东汉名教政治与经学传统的
   崩解 ………………………………………………… 109
 （二）法家与玄学的外部挑战：礼、刑之争与自然、名教
   之辨 ………………………………………………… 112
 （三）教化儒学对法家、玄学之冲击的回应 …………… 116
 （四）魏晋时代官方对教化儒学的提倡及其历史评价 … 118

二 南北朝时期教化儒学的发展 …………………………… 120
 （一）儒家教化思想的延续 ……………………………… 120
 （二）儒、道、释三教之争 ……………………………… 125

第五章 宋代理学的兴起与儒家教化的圆熟 ……………… 130

一 儒家教化的复兴与理学的主要关切 …………………… 131
 （一）教化陵夷与文化自觉——北宋理学兴起的时代
   背景 ………………………………………………… 131
 （二）儒家教化系统的成熟与完善——理学关注的义理
   问题 ………………………………………………… 133

二 北宋初期复兴儒家教化的思想与实践 ………………… 134

（一）宋初三先生复兴文教的思想与实践 …………………… 134
　　（二）范仲淹、欧阳修、王安石等对复兴文教的贡献 …… 136
三　儒家教化思想的圆熟——北宋四子的道学 ………………… 137
　　（一）理学道德形上学的奠基——周敦颐 …………………… 137
　　（二）关学的奠基——张载的天人之学 ……………………… 140
　　（三）洛学的开创——程颢与程颐 …………………………… 145
四　南宋理学的完备与分化 ……………………………………… 150
　　（一）理学的集大成者——朱熹 ……………………………… 151
　　（二）心学的开山——陆九渊 ………………………………… 159

第六章　阳明心学的良知教化 ……………………………… 167

一　教化根基的失坠与阳明对之重建的探求 …………………… 167
　　（一）由"天理"到"人心"的转换 …………………………… 167
　　（二）康斋与白沙的得失 ……………………………………… 168
　　（三）"心"与"理"的冲突 …………………………………… 171
　　（四）阳明的探求 ……………………………………………… 172
　　（五）教化根基重建的两个必要条件 ………………………… 173
二　王阳明良知教化之理论奠基 ………………………………… 175
　　（一）由朱陆之争说起 ………………………………………… 175
　　（二）"心"的困境 ……………………………………………… 176
　　（三）"意"的本性 ……………………………………………… 178
　　（四）"理"的超越 ……………………………………………… 182
　　（五）"物"的分殊 ……………………………………………… 187
　　（六）小结 ……………………………………………………… 191
三　"范围三教"的良知教化体系 ………………………………… 194
　　（一）佛老之学与阳明心学的关系 …………………………… 194
　　（二）"三教同根"说的理论内涵 ……………………………… 198
　　（三）"点铁成金"之法 ………………………………………… 203

目 录

第七章 清代教化儒学思想研究 206

一 "经世致用"的价值观 206
  （一）学以经世 206
  （二）治道一体 210

二 "分合出新"的教化形态 214
  （一）反思与整合 214
  （二）求实与明道 224
  （三）返本与开新 234

三 "文质互变"的演化规律 240
  （一）"文质"大意 241
  （二）终始之道 242
  （三）阴阳之易 247
  （四）社会实践视域下的文、质关系 250
  （五）社会实践中的文、质问题 254

第八章 儒家教化与当代价值观建设 259

一 从"强化""内化"到"教化" 259
二 "顺个体而遂成" 261
三 "由仁义行" 263
四 美教化以正风俗 265
  （一）思维方式的调节和转向 265
  （二）价值要素的组合关系需引起重视 266
  （三）价值秩序的环节有待进一步充实 266
五 明德新民而止于至善 267

第九章 教化儒学：儒学系统重构的当代尝试
——以李景林先生的儒学研究为例 270

一 "教化"之正名 271
二 教化儒学的理论基础 273

三 教化儒学的理论形式 ······ 277
四 教化儒学的价值理念 ······ 279
　（一）重视"中道理性" ······ 280
　（二）由"个性"而"通性" ······ 281
　（三）坚守"道义原则" ······ 282
　（四）关切"人格教养" ······ 283
五 教化儒学的文化立场 ······ 284
　（一）走出三个理论误区 ······ 285
　（二）期待儒学在民间复兴 ······ 286
六 结语 ······ 287

参考文献 ······ 290

后记 ······ 300

引言：重思儒家教化的本真意蕴

梁漱溟先生曾指出："盖数千年间中国之拓大绵久，依于中国文化；中国文化发展自始不以宗教作中心，而依于周孔教化。"① 儒家"教化"不仅在中国文化中发挥着潜在的重要历史价值，在当今时代亦仍具有不容忽视的文化功能，儒家思想"注重发挥文以化人的教化功能，把对个人、社会的教化同对国家的治理结合起来，达到相辅相成、相互促进的目的"②。不过，有关儒家"教化"的本来内涵、内在义理及其思想历程，还有不少有待澄清之处，有待我们深入去研究。

孔子创立儒家一派，依仁立教，确立儒学的教化精神，其后孟子主"善政不如善教"、荀子倡"美教化"，延续两千多年一直未曾中断。汉代董仲舒继续推崇教化，认为"古之王者明于此，是故南面而治天下，莫不以教化为大务"（《汉书·董仲舒传》），"圣人之道，不能独以威势成政，必有教化"（《春秋繁露·为人者天》）；《汉书》总结儒家的来源及特征，将"顺阴阳明教化"（《汉书·艺文志》）作为其重要标识之一，并且认为"教化之流，非家至而人说之也"（《汉书·匡衡传》），教化并非采取说教的"家至人说"之方式。魏晋时代，虽然较为崇尚"触情而行"的自然之风，不过，仍有"名教中自有乐地"的执拗。到了宋明，同样依止于教化，比如朱子最重要的著作《四书集注》中的《大学章句》，他为《大学章句》作的序尤其值得注意，反映出朱子之心曲。整个《大学章句·序》就是围绕教化问题来讲《大学》的重要

---

① 梁漱溟：《中国文化要义》，学林出版社2000年版，第102页。
② 习近平：《在纪念孔子诞辰2565周年国际学术研讨会暨国际儒学联合会第五届会员大会开幕会上的讲话》，《人民日报》2014年9月25日第2版。

"教化儒学"的思想历程

性及其思想逻辑的,阐述了为什么要教、如何来教、教化的工夫次序是什么、教化的方法应如何、教化的效果会怎样等问题。也就是说,朱子之所以看重《大学》就在于他认为《大学》阐明了教化之理,有助于教化的展开及落实。再如王阳明,其核心理论"良知教",以良知为核心展开教化,良知教不仅强调是要确立其主体自身,还要致良知于事事物物。这是良知的本有意涵,也呈现出教化应有的意义。直到近现代,教化的本真意蕴同样一以贯之,梁漱溟先生认为"教化之所以必要,则在于启发理性、培植礼俗而引生自力"①,这个论断点出了教化的精神和旨趣,所以他依然强调"宁在教化",牟宗三先生则着力辩护"教化之大防"②,徐复观先生亟亟提点"教化精神"乃儒家精神性格"为人所忽略,而实系最伟大的一面"③……可见,"教化"贯通儒学思想始终,实乃其精神特质之所在,是我们进入、打开儒家思想的一个核心视域。

不过,以往我们提到儒家教化往往会有一种不太恰当的理解,偏颇地将教化理解为是由上而下的、强制性的灌输形态,比如君主教化臣民、圣人教化百姓、老师教化学生等,教化被视作从思想到行为的规训机制,这样理解会导致对儒学价值的相对负面定位,对教化自身的价值也无法恰当澄清。问题在于,我们对儒家教化的理解和表述通常只停留于平铺的视角,如从政治教化、道德教化、礼乐教化、诗教、书教、礼教等不同视域来看待儒家教化,而把立体的视角忽略掉了,即对教化的合法性根基、"教"如何能"化"、教化的过程机制等未加彻底追问,由此对教化观念的内在义理结构并未透彻理解。"教化"何以可能,才是理解儒家教化需要面对的首要问题。儒家所言教化,首先是自我的教化,不管是什么形态的教化模式,只有立足于主体性的自觉和认同,教化才具有生成、实现的基础和可能。因此,我们所理解的教化本质上其实是一种转化,首要即自我本体的实存转化,以此为基础,"教"而能

---

① 梁漱溟:《中国文化要义》,第213页。
② 牟宗三:《政道与治道》,吉林出版集团2010年版,第七章第四节。
③ 徐复观:《徐复观文集》卷二《儒家精神之基本性格及其限定与新生》,湖北人民出版社2002年版,第53页。

"化"才具有本体依据。故而，我们首先应找到人之为人的根本在哪儿，首先找到自己背后的本体，这是教化的前提。孔子找到的根据是"仁"："人而不仁，如礼何？人而不仁，如乐何？"（《论语·八佾》）这就是人之为人的本体或价值根据。但对大多数人而言，仁不是那么容易做到的，那怎么办呢？要"学"，要"教"。学也是一种教，是自我所寻求对自我的教，所以才能"学而时习之，不亦乐乎"（《论语·学而》）。还有"子以四教，文行忠信"（《论语·述而》），都是讲这个问题。尤其对老百姓来讲，教化很重要，孔子讲治理一个国家首先要"庶"，然后要"富"，最后不能忘记还要"教"。民如何教？① "民可使由之，不可使知之"（《论语·泰伯》），即顺应民众的本然生活方式来开展："圣人之治民，民之道也。禹之行水，水之道也。造父之御马，马之道也。后稷之艺地，地之道也。莫不有道焉，人道为近。是以君子，人道之取先。"（《郭店楚简·尊德义》）后来孟子提出"五伦"作为教化的内容，可视为以"人道"来"治民"的具体延伸，孟子讲道："人之有道，饱衣暖食，逸居而无教，则近于禽兽。圣人有忧之，使契为司徒，教以人伦：父子有亲、君臣有义、夫妇有别、长幼有序、朋友有信"（《孟子·滕文公上》）。教化的可能，在于人性自身的定位和觉悟；教化的必要，则彰显着其现实意义所在。

从内在结构层面追问："教"何以能"化"？转化如何实现？自我到社会的维度为何一定要展开？教化是有层级性的，有内在的逻辑，首先是对自我的根本确认。"仁者人也。"（《中庸》）孔子依仁立教，仁就是人自身内在自我的发现。仁虽然有时也需要学、教的环节，但并非是外在的灌入，而不过是在学的过程中回问自身的自我确证，亦即自我教化之实效："仁远乎哉？我欲仁，斯仁至矣。"（《论语·述而》）《中庸》开篇对"教"所做定位，进一步以"性"深化自我确证的内涵（"天命之谓性"），由此贞定此"教"之基本精神，"修道之谓教"是在"性""率性"的内在根基上得其开展。孟子接着讲尽心知性、存心养性，正是对此教化精神的接续和发展。孟子的贡献在于发明"本

---

① 参见李景林《"民可使由之"说所见儒家人道精神》，《人文杂志》2013年第10期。

心",即心论性,为内在的自我根基确定了完善的存在论基础。孟子就本心讲性善,特别需要解释的是,既然性善,社会上为何有那么多恶的行为出现。人性之恶的存在,性善论是可以解释的,恶不过就是善的缺失,本心放失而不知求,当然会"放僻邪侈,无不为已"(《孟子·梁惠王上》)。所以恶的存在是可以解释的,不能因为有恶就否定性善论;人性本善,但不是所有人守护住生、长此善的本心,所以离不开"教",而恶的存在更从反面强化了教化的理论必要性。孟子由性本善筑牢人性之根据,并将自我之教的可能阐发了出来。

仅仅这样还不够,这还不是自我教化的全部意义。在找到自我的根源、安顿好自身之后,真正的教化一定会有一个向外推展的过程,这是自我转化、自我充实之后的一个必然结果。《大学》所总结的"大学之教"——明明德—新民—止于至善、格—致—诚—正—修—齐—治—平的理论结构,正是对此教化推展的规模性刻画。不仅要落实好自己,还要影响社会,直至影响万物,孔子所谓"修己安人""博施济众",后来不断发展出所谓"成己成物",所谓"先觉觉后觉",所谓"民胞物与",所谓"仁者浑然与物同体",所谓"致良知于事事物物",等等,一脉相沿;现代儒学如杜维明仍总结出自我—社群—自然—天道的层级展开,来表征自我由内而外逐步外化、展开并不断上达的教化过程。①为什么一定要外化推及万物呢?"君子之心,豁然大公,其视天下,无一物而非吾心之所当爱,无一事而非吾职之所当为,虽或势在匹夫之贱,而所以尧舜其君,尧舜其民者,亦未尝不在其分内也。"② 关怀社会、安顿万物其实是成就自身、完善自我的一个必然要求,作为个体的自我转化,必须容纳向世界的打开过程,人和社会、万物应该是相通的,否则"自我"仍是有限隔的;此外,个体自我也需要依托与其相应的共同体来完成自身的义务展开、社会责任以及境界提升。换句话说,不外推则自我的转化仍是未完成态,对社会、万物的观照其实正是

---

① 杜维明:《二十一世纪的儒学》,中华书局 2014 年版,第四章第二节。
② (南宋)朱熹:《朱子全书》第 6 册,上海古籍出版社、安徽古籍出版社 2001 年版,第 513 页。

主体自身"教而化之"的应然过程。

故此,儒家教化的本质,简要概括的话还是"内圣外王"最恰切。内圣外王讲出了儒家教化的内外两面及其关联。"内圣外王"不是"内圣+外王",二者不是简单的拼接组合关系,而是一体关系,可以理解为综合结构,不过应明确是"综合之必然",亦即两面必然互相含蕴对方。内圣一定就包含外王的要求,否则就不是真内圣;外王就一定是立基于内圣的外王,否则就不是儒家的外王。但现有很多观点认为儒学已经失去了制度性依附,以往士大夫端身正己即可影响到其家庭以至家族,乃至邦国,现在家庭都是单个的原子式单位,已无法期待外王,儒学只要做好个体修身就可以了。其实不然,真正的儒学内圣一定会导向外王的追求,反之亦然,也不会存在一个只讲外王的儒学,否则就是不合"法"的。① 现代式的外王,并非专指政治秩序、更新治道之类,实则可在大大小小任何生活圈子里展开,如立足各自的职业去做好其职分之所当为,参与到社会共同体的运转而产生与自身职责相应的影响,还可以去做诸如志愿、公益之事来关怀、影响他人,等等。从广义的"外王"看,我们可以在生活秩序中能近取譬,外王可以无息之停。故儒学的现代转化依然会导向外王,也可以做到外王,只是外王的形态会与时偕新,但不会无有。另一个误区,则是认为外王的实现可以不必经内圣亦可达致,否认内圣作为前提、基础的理论逻辑。大至国家层面诸如专制、苛法、暴政,个体层面诸如僭越、违法、越礼,历史表明此类"外王"或可达致,但已越出儒学之域,为儒家所不取。亦即在儒家看来,并非所有的事功成就都称得上"外王"。总之,内圣外王之间的内在统一性,彰显的正是"教"与"化"的本原一体之义,上述两大误区所反映的"教"而无"化"、不"教"而"化",恰恰是本真的儒家教化所批判的不当模式。概言之,儒家教化—教而化之—教而必化、化必由教②。"教—化"的实现,印证着儒家精神的现实性。

---

① 如"心性儒学""政治儒学"式的称谓本身就是很成问题的,这不是要否定其在理论探索上的贡献,而是这种偏歧提法本身就包含对儒学义理的扭曲趋向。

② 《说文》解"教""化",其字义本然即此:"教,上所施下所效也","化,教行也"。

"教化儒学"的思想历程

近代以来,一句"礼教吃人"将传统礼教及其"代言"的儒家文化打入另册,至今仍难以全面恢复其本有面目及作用。礼教被统治阶层利用而变为钳制人性的工具,这种意义上的礼教确实应该予以批判。不过,礼教的本真面目并非如此,以前多指向对"礼"的质疑,殊不知"教"——礼的施教方式问题,才是问题缘由所在。因为古人"缘人情而制礼,依人性而作仪"(《史记·礼书》),从本质内涵来审视,礼本是顺应人之性情的制作,"先王以承天之道以治人之情"(《礼记·礼运》);在这样的意义上,我们也可以理解礼的本然价值:"礼,经国家、定社稷、序民人、利后嗣者也"(《左传·隐公十一年》),"道德仁义,非礼不成,教训正俗,非礼不备"(《礼记·曲礼》),故孔子曰"安上治民,莫善于礼"(《礼记·经解》)。虽然现实的运用可能会出现"礼之失,烦"的可能,但"恭俭庄敬,礼教也"(《礼记·经解》)的本质仍是值得肯定的,失之于"烦"恰恰是"教"的方式出现了问题。所以如果不从"教"的角度去反思,而仅仅是针对"礼"本身去否定,我们仍无法从根本上对以往的偏激批判路向实现纠偏,也就不能客观地对礼乐教化的本质加以认同和吸收。

礼教问题只是其中一个侧面,更普遍地看,"教化"关涉着价值观如何生成与传播的方式问题。教化乃以一种由内而外的——教而化之的方式,为价值观的生成和传播提供路径,并经由"把对个人、社会的教化同对国家的治理结合起来",实现从自我层面的个体自觉到社会乃至国家层面的稳定共识。"教化"本真结构所导出的价值观建构,首先和习俗所熟知的"内化""强化"划清了界限:"内化""强化"都是以"外铄"的方式,即由外而内进行价值观的灌输,而"教化"正相反,是由内而外、由己及人的价值观生成和传播。正所谓"由仁义行,非行仁义也"(《孟子·离娄下》)。在价值观的传播、弘扬层面,首先要做的固然是对价值观的如实、生动之言说和表达,让人从理性上认知其为正确的;但价值观的认同建构逻辑,更重要的还必须经过内心的"审查",即通过人性本体、自我根源的"审问"(如孔子言"汝心安乎"),让人发自内心地觉知其为"好"的、"对"的,人才会自觉自愿来接受,才有意愿去实行,才会有行动的动力,这样的价值观认同才是坚实稳固而有力量的。以前我们常讲"同情之了解",其实不对,应该是"了解之同情",如果能建立起"真了解"①,不用刻意强调某个东西好;其本身若是"好"的、"对"的,自然可相应引发内心之"同情",以至"认同"。不同情往往源于不"了解",所以我们本着儒家的精神去做事,必须回归教化的本真精神,正像礼教应有的本真落实方式一样:"其止邪也于未形,使人日徙善远罪而不自知也。"(《礼记·经解》)儒家"教化"如春风化雨、细微自然,使声色规范性消弭于无形,在潜移默化中孕育、生发出价值观的建构与共识。

总而言之,除了儒学的反思与重建问题,围绕当代中国的社会价值培育、公序良俗养成、政治文化转型等时代论题,"教化"都是不容忽视的理论视角,以往受关注较多的是"启蒙","启蒙"视角是我们不容忽视的,但对中国文化而言,或可说"教化式启蒙"才是当代文化复兴应取之"中国方案"。②

---

① 按此语所自陈寅恪的说法,"真了解"不是说的逻辑认知,而是强调体贴、觉知的意味。
② 参见程旺《"教化儒学"的理论系统及其展开》《人文杂志》2015年第7期。

第 一 章
儒家教化的哲理系统

"教化"是儒学的一个核心观念。儒家教化的形上学基础是理性人文义的"哲理",而不是单纯信仰义的"教理"。儒学并未独创一套为其自身所专有的仪轨系统,它所据以施其教于社会生活的仪式系统,就是作为古代中国社会普泛生活样式的"礼乐"。这不断经由儒学形上学诠释、点化、提升的礼仪和礼乐系统,具有一种因革连续的历史变动性和对其他宗教生活样式的开放和包容性。它与一般宗教仪式、仪轨系统所特有的固定性和排他的性质,有根本性的区别。儒学的教化,可以称作是"哲学义的教化"。①

儒学作为"哲学",以"教化"为其旨趣,其思想的视域是实现论的而非认知性的。儒学"教化"的哲学意义,就是要在人的实存及其内在精神生活转变、变化的前提下实现生命的真智慧和存在的"真实",由此达到德化天下,以至参赞天地之"化"育的天人合一。儒家哲学的目的,是要为人的存在寻求真实,实现和建立超越性的基础。如果说儒学是一种哲学,需要加一个定语,名之为"教化的哲学"。这是它与西方哲学的不同之处。

"教化"作为儒学的核心观念,历来受到儒家学者的肯认和重视。近现代以来,传统政治制度的解体,使其失去了制度性的依托。不过,这也为"教化"观念真正恢复其理想性和超越性价值本原的"虚"体之位,提供了一个契机。儒学还通过经典传习、礼乐教化、家庭教育等

---

① 参见李景林《教化的哲学——论儒学的根本精神》,《"2006·学术前沿论坛"北京市哲学会分论坛论文集》,2006年,第21页。

方式落实其教化观念,与社会生活和世道人心有着密切的关联性。

一　教化何谓

现代中国的学术,是按照西方的学术标准来划分学科。20世纪初以来,把儒学纳入西方哲学的框架,成为我们研究儒学的一种基本方式。其实,儒学并非一种西方意义上的纯粹的理论哲学,它的核心是"教化"。[①]

什么是教化?我们可以通过"普遍化""转变""保持"这三个关键词来理解它的概念内涵。

按照黑格尔(Georg Wilhelm Friedrich Hegel)《精神现象学》的讲法,教化可以理解为:个体通过异化而使自身成为普遍化的具有本质的存在。[②] 人不能停留在单纯的自然状态,要从中走出来。怎么走出来?孔子说:"质胜文则野,文胜质则史。文质彬彬,然后君子。"(《论语·雍也》)"质"是人的自然的方面,"文"则是其文化、文明的方面。文质彬彬,即自然和文明两方面要结合得很好。质的方面偏胜,就会过于朴野;文的方面偏胜,则会陷于琐屑空疏。一定要文质彬彬,把自然的状态加以升华,在文明的层面复返归于自然,才能达到人格的完成(君子)。[③] 这就是一种教化。孟子的说法更全面:"大人者,不失其赤子之心者也。"(《孟子·离娄下》)"赤子",是完全的自然。老子也讲复归于自然,复归于婴儿。但这个"复归",不是回到自然的状态,而是把婴儿的状态在文明的层面加以敞开,并保持住这份婴儿般的纯真。这样的人,才能是一个有教养的人。[④] 这是教化这个概念第一个层

[①] 李景林:《哲学的教化与教化的哲学——论儒学精神的根本特质》,《天津社会科学》2005年第6期。

[②] 参见[德]黑格尔《精神现象学》,贺麟译,商务印书馆1979年版,"第六章精神二、自身异化了的精神:教化"一节的相关论述。

[③] 李景林:《教化视域中的儒学》,中国社会科学出版社2013年版,第6页。

[④] 李景林:《教化儒学续说》,中国社会科学出版社2020年版,第274页。

"教化儒学"的思想历程

面的含义。黑格尔论教化,强调了个体通过异化或社会化而普遍化自身这一方面的意义。

美国当代哲学家理查德·罗蒂(Richard Rorty)强调了"教化"的另一重含义:人的精神生活的"转变"或"转化"。罗蒂在《哲学和自然之镜》一书中提出两个概念:"系统的哲学"和"教化的哲学"。他认为,西方传统哲学从主流来讲是一种"系统的哲学"。"系统的哲学",其关注点是基于认知的建构活动,通过认知的、理论体系的建构,为我们的社会生活提供一种"普遍的公度性"。"教化的哲学"在西方是非主流的,它所关注的是人的内在精神生活的转变。罗蒂所谓"教化",强调了一种"转化"或"转变"的观念。①

伽达默尔(Hans Georg Gadamer)《真理与方法》一书所阐述的教化观念,一方面发挥了黑格尔的教化思想,肯定教化使个体转变为普遍的精神存在这一层面的意义;同时又特别揭示出教化所具有的一种"保持"的特性。所谓"保持",就是在教化的结果中,人的精神尤其是感性的内容都未丧失,而得以"保存"。按照伽达默尔的看法,由教化所达到的个体的普遍化,不能被理解为一种单纯概念或知性的普遍性,他特别强调,获得教化的意识和精神"更具有某种感觉的特质"。在教化中,感性的自然内容并未丧失,而是作为某种"普遍的感觉""合适感"和"共通感"被完全地把握住。伽达默尔所谓教化的普遍化作用实质上落实为一种"合适感""共通感"的培养。② 这是伽达默尔不同于黑格尔的地方。

把"普遍化""转变""保持"这三个关键词所标示的理论层面统一起来,可以较全面地理解"教化"这一概念的内涵。罗蒂强调"教化"之引发人的精神生活变化和转变的意义。黑格尔承认有一个普遍性的本体,他的教化观念着重于人的存在的普遍化。从教化必须落实到情感生活的转变,并强调通过升华包括人的情感在内的自然内容而保持其

---

① 参见李景林《教化视域中的儒学》,中国社会科学出版社2013年版,第6页。
② 参见[德]伽达默尔《真理与方法》,王才勇译,辽宁人民出版社1987年版,第10—58页。

本真性的意义上，伽达默尔的"保持"观念，亦有借鉴的价值。近年，已有学者注意到儒家的教化思想，但却往往仅从宗教的意义上来理解，因而主张把儒家建设为一种现代宗教乃至国教。我认为这有失偏颇。政教分离是现代社会的一个重要进步，人类不能再走回政教合一的老路。①

二 教化与践形

引发人的内在精神生活和情感生活的转变，是"教化"概念的一个根本特征。罗蒂所言"教化"，仅是一个功能和作用性的观念，由此，其所谓人的精神生活和情感生活的转化，亦完全是一种相对性和偶然性的东西。所以，这"教化"与任何基础、实体、本质、真理——总之，与任何"普遍公度性"都是无关的。罗蒂对这种"普遍公度性"追求的批评，首先是针对笛卡儿（René Descartes）—康德（Immanuel Kant）的哲学传统的②。但吊诡的是，他对人的实存内容的看法，与康德却又殊途同归，根本一致。康德把道德法则规定为一个形式的普遍性原则，而把包括道德感在内的实质的或涉及情感内容的原则，统统看作主观、偶然性的东西完全排拒在外③。二者的哲学观念完全相反，是两个极端；但其对形式与实质关系的看法，却又一脉相通，都表现了一种对人的内在情感生活之相对和偶然性的理解。这一点，与西方文化的宗教观念有着内在的关联性④。而它对于我们理解儒家哲学的观念，颇具

---

① 李景林：《教化视域中的儒学》，中国社会科学出版社2013年版，第5—7页。
② 参见［美］理查德·罗蒂《哲学和自然之镜》，李幼蒸译，第八章。
③ 参见［德］康德《实践理性批判》，韩水法译，商务印书馆1999年版，第一部第一卷第一章第八节定理四及其注释一、二。
④ 《新约圣经·罗马书》里讲："法律是属神的，但我是属血肉的……善不在我内，即不在我的肉性内。"（《圣经》，中国天主教教务委员会印行，1992年，第1748页）这是说，人的实存性（肉身）是不足的，其现实存在不具有善的根源性；因此，人的行为不能有自身肯定性的道德价值，其至善的超越性价值只能由人的认罪和对基督的信靠，而不能由人自身的道德实践达致。康德和罗蒂对人的肉身实存性的看法，与基督教在精神上是一致的。

典型性的意义。

儒学的"教化"观念，则取形式与实质、内在与超越一体的理路，有其自身的特点。在儒家看来，自己决定自己的"自由"是一种"存在性的事实"，它必然在人的实存的内容上，亦即从人的精神生活和情感生活的内容上呈显出来。这个呈显，更确切地说，是以转化了人的实存内容的方式为人心所"实有"（实有诸己）。

因此，儒学的教化，首先要使人的精神气质发生转变，而要达到这种转变，必经由"工夫"。儒家讲工夫，其根本点不在方法和技术，而是贯通和呈显道或本体的实践历程。黄宗羲"工夫所至，即其本体"[①]一语，最能表现此义。儒学所言本体，由工夫而实现，这是儒家教化哲学的一个重要特色。

儒家言性，皆从心上说；言心，则从情上说；言情，则必落实于气。性、心、情、气、才，统而为一。儒家讲性、命的区分，把人的肉身实存性的实现归为"命"的范畴，是要强调性、心、情、气、才非并列的关系；"性"作为"体"，必在转化了人的肉身实存性的创造历程中动态地实现并呈显出来。从广义上说，仁、义、礼、智等道德规定和人的肉身实存性皆本自于天，皆为"性"，亦皆为"命"。但从人的自由决定而言，我们却必须说，仁、义、礼、智诸德为人心内在本具的先天内容，而人的肉身实存性的实现则受外在境遇的种种制约。"穷理尽性以至于命"，即言经由工夫的转化历程以实现天人、性命的合一。

这里所论性、命之统合，包涵着两个方面的意义。第一，转化肉身实存性以实现其本有的性体意义。孟子论性之实现，提出"践形"之说，宋儒言性，强调"变化气质"。形色、气质，即人的肉身实存性。"践形"和"变化气质"，都是指人的实存内在的转化。广义的"性"和"命"，皆包涵仁、义、礼、智的德性内容和人的肉身实存两个方面的整体。但从狭义而言，"性"仅指前者，而"命"则专指人的肉身实存一面。张载《正蒙·诚明》关于此点说得很好："性通乎气之外，命行乎气之内……尽其性然后能至于命。"这样说来，性命或天人的合一，

[①]（清）黄宗羲：《明儒学案·黄梨洲先生原序》，中华书局1985年版，第8页。

须经由一个形色、气质转化的历程方能得到实现。

关于"践形",《孟子·尽心上》说:"形色天性也,唯圣人然后可以践形。"又:"君子所性,仁义礼智根于心,其生色也,睟然见于面,盎于背,施于四体,四体不言而喻。""形色天性",是就人的实存言性。但这"形色"作为"性"的本真意义,并非现成的给予,而是要经由一种创造性的转变历程才能实现出来。"践",其义为显现、实现。"唯圣人然后可以践形":只有在"圣人"的人格完成形态中,"形色"作为人性的本真意义才能得到完全的实现和显现。"君子所性",即在君子人格上所体现出之"性"。而这"君子所性"之仁、义、礼、智,并非某种抽象的在认知意义上给定的概念,它要在人的实存的"形色"内容上展现出来;而其"生色",睟面盎背,著于四体,乃是经由转化人的实存(气质)至于精纯之存在性的实现,而非一种认知义的给予性。"践形",是性、命的动态合一。

应注意,在儒学的系统中,这转化个体实存的性命合一与实现,并不局限于个体之存在。毋宁说,这"践形"的实存转化,乃表现为一个诚中形外的敞开性。《大学》所谓"诚于中,形于外",《中庸》所谓"诚则形,形则著,著则明,明则动,动则变,变则化,唯天下至诚为能化",《孟子·尽心下》所谓"可欲之谓善,有诸己之谓信,充实之谓美,充实而有光辉之谓大,大而化之之谓圣,圣而不可知之之谓神",讲的都是这个道理。这敞开性,即我们前文所说的"圣"所达之"通"的境界。

第二,性体的创造与赋值作用。这性、命的统合,不仅是转化实存的一个创造性历程,同时亦是一个对存在完成赋予价值的活动。

孔子讲"义""命"关系,孟子讲"立命",又讲"正命"。"正命"指人的行为和存在完成了他正面的或肯定性的道德价值。而"立命"则是强调这个肯定性的道德价值,正是由人存心养性、修身的行为和工夫自身所赋予的。再进一步说,人经由工夫而"立命",乃本原于其自由的道德抉择。"立命"的根据在内而不在外。义与命,在这个意义上,实构成一因果性关系,孟子讲,人如不从"义"的原则而行,则其行为便"无义无命",讲的就是这个道理。

由此可见,"穷理尽性以至于命",由"尽性"而"至命",所经历的是一个存在转化和实现的过程。穷理之"知",亦转而成为一种依止于此存在实现的生命智慧。这尽性、至命,既是个体性、命的合一,亦是物我、天人的合一。它是存在实现论意义上的合一,而非认知意义上的"统一"。唯其如此,尽性至命,便既是一个创生、创造的活动,同时亦是一个"赋值"的活动。儒学所谓"性与天道"的形上本体,乃是在实存之实现完成历程中所呈现之"通"或"共通性",而非认知意义上的"共同性"。因此,这"通"性,不是抽象的实体,而是一种把当下实存引向超越,创造和转化了实存并赋予其存在价值的创生性的本原。儒家论天道,率言"生生""不已""于穆不已";论人性,则每以"成性存存""成之者性""纯亦不已"言之,都表现了这种形上学的精神。中国文化内在超越的精神方向,即奠基于此。①

三 成德之教

西方人也讲成德,也有道德学、伦理学,但其入手处,却是一种知识的眼光。比如西方哲学教人要"认识你自己",苏格拉底(Socrates)也有一个著名的命题,叫"知识即美德",在对德的理解上,是很具代表性的。西方哲学家总要对"善"下一个抽象的定义,论证道德的合法性,也表现了这种思想。

孔子所开辟的思想道路,其着眼点不在知识,而在人格的成就。人格的成就当然亦须知识、智慧;但在儒家看来,智慧是在人格成就的不同层次上实现出来的对人性和周遭世界的自觉。所以,人格的成就对于"知"来说是先在的。

学知识很重要,但学要以成德为本。《论语·述而》:"子曰:志于道,据于德,依于仁,游于艺。"《为政》:"子曰:君子不器。"以

---

① 参见李景林《教化的哲学—儒学思想的一种新诠释》,黑龙江人民出版社2006年版,第5—14页。

第一章　儒家教化的哲理系统

"道""德""仁"为据而"游于艺",这是孔子和儒家对知与德关系的基本看法。"器",就人来说,就是成就某一方面的专家。"君子不器",当然不是否定专门知识,而是说,"君子"之为君子,其根本点在于成就德行,而不在于知识技能。一个人能够成就其人格,其心灵才是敞开的,能顺应事物之理而无执定,能与物、与周围的世界沟通或贯通。儒家讲合外内之道而体证道体,皆从此意义上讲。

这里要强调的是,这个以成德为根据,是一种"实现论"的讲法,不是从知识或认识上着眼。一个人可以对道德之理有所"知",但并不表明他已经真正有德。儒家讲以成德为本,强调的是一种实现、经历和精神气质之转变,由此而真正拥有那个"道"和"德"。这就要提到先秦儒家"诚"这一观念。诚的哲学意义,子思率先做了表述,之后孟子亦对之做了发挥。按《中庸》的说法,"诚"字的含义,主要是标明了"性之德",诚才能"尽性"、成圣,达到"合外内之道"。

"诚"的字面意义是"实"。这"实",按后人的解释,可以有二义:一曰真实无妄,二曰真实拥有。"诚"之意义,指事物的存在(包括人)本然地是其自己。事物是其所是,就是真实,就是其性的实现。这不是在定义"道"和"性"。它在本原的意义上指出了达到"道"和完成"性"的含义和途径。诚是"真",这个真不是认识论意义上的"真",而是"真实"。真实,是内在地拥有之义。如水润下,火炎上,润下之性与水不相分离,炎上之性与火不相分离,即水真实地拥有润下之性,火真实地拥有炎上之性,这就是"诚"。事物天然如此,故《中庸》说"诚者物之终始","诚者天之道也"。其实,这样说是为人而设。自然物天然拥有其所"是",此不待言,不必言。从本原上说,人亦天然拥有其所是;但其存在的特点,却是其"性"能够作为一种共在的形式与个体相分离,成为一种与个体相对峙的普遍性形式。因而人往往能够非其所"是"而行,表现为"操则得,舍则失",往往会失其所"本有"。所以"人之道"是一"诚之"或"择善而固执之"的历程,经此历程,乃能有"诚",即"性"之实现和对其所是的真实拥有。

如果套用西方哲学的话来说,儒学不说"认识你自己",而要说

"实现你自己";不说"知识就是美德",而要说"美德成就智慧"。"成德",并非讲一般所谓的道德、伦理学,那是所谓的规范伦理学。儒家所说的德、仁、圣的成就,不局限于一种规范道德,它最终要达到的,乃是一种"一天人,合外内"的超越境界。

人其实是一种很矛盾的存在。一方面,它是一个"定在",有限定,有七情六欲;另一方面,它的智慧,使之能够对这"定在"有所超越。人就存在于这个有限定与超越的张力关系中。所以,我们从人类社会和人类历史里,可以处处发现卑鄙龌龊;也可以时时感受到神圣性的启示和激励。西方人讲人不可成"神",这很有道理,他看到了人的局限性和人与"神"的区别性的一面。儒家的思想则注重了人的神圣性的一面,它讲人皆可以为尧舜,突出了人之自身超越性的一面。

人确实有自己的限度。但西方人把这个限度看成了一个不可逾越的鸿沟,所以就必须承认有一个处于彼岸的"上帝之城",靠一种外力来救赎。承认人的限度,这一点要肯定。但另一方面,人理解自身的限度,其实已经发生了对这个界限的超越。这说明超越的力量还是存在于人自身中。儒家注意到这一点,并把它加以扩展,形成了自己价值实现和达致超越的道路。儒家"下学而上达"的路,是靠自力实现超越的路,这是承认在界限中有"通"性。在这个意义上,人一方面要通过成德成圣成性的路以达超越;另一方面,不至知天知命之境,亦不可说是已成德成性。所以孔子说:"不知命无以为君子也。"(《论语·尧曰》)这个意义上的"成德",同时亦超越了经验义、规范义的道德,而具有了宇宙论和形上学的意义。①

四　礼仪与教化

中国古称礼仪之邦。儒家很重视礼。礼实质上就是古人社会生活的

---

① 参见李景林《教化的哲学——论儒学的根本精神》,载《"2006·学术前沿论坛"北京市哲学会分论坛论文集》,2006 年,第 21—30 页。

第一章 儒家教化的哲理系统

样式，表现于社会生活的方方面面。从社会的礼乐制度到社会生活的礼仪礼俗，都可归入礼的范围。礼又有不同的分类，如《礼记·昏义》说："夫礼始于冠，本于昏，重于丧祭，尊于朝聘，和于乡射，此礼之大体也。"这些礼仪的内容，既表现了古人社会生活的样式，亦体现了古人超越性价值实现的途径与方式。可以说，它涵盖了古人个体、家庭、家族、社会、政治、情感及宗教生活的全部内容。

儒家把"礼"既看作人存在区别于自然世界的标志，同时也把"礼"看作人的行为无时无刻所必须遵行的行为原则。《礼记·曲礼上》说："鹦鹉能言，不离飞鸟。猩猩能言，不离禽兽。今人而无礼，虽能言，不亦禽兽之心乎？夫唯禽兽无礼，故父子聚麀。是故圣人作，为礼以教人，使人以有礼，知自别于禽兽。"礼是人区别于禽兽亦即自然存在的标志。有了礼仪，人才是一种文化了的存在。从这个意义上看，人无时无刻不生活在礼仪中。没有礼仪，可以说就没有人；不行礼仪，亦可说就不成其为人。礼又是人行为的准则，古人解释礼，说"礼，履也"（《说文解字》）。履即人的践履、行动。礼就是人行之准则。

不仅如此，礼简直可以说就是人存在的方式。美国学者芬格莱特（Herbert Fingarette）在《孔子：即凡而圣》一书里说：人是礼仪性的存在。他的这个说法，是针对西方人把人理解为理性的动物而发的。从这个角度看，礼仪不仅把人和自然存在（禽兽）区分开来，同时，礼仪或行为方式的不同，亦成为不同的文化和人群区分的标志。

这样，礼仪可以理解为由人的存在或生活而起，又规定了人的存在或生活样态的行为准则。《易·序卦传》："有天地然后有万物，有万物然后有男女，有男女然后有夫妇，有夫妇然后有父子，有父子然后有君臣，有君臣然后有上下，有上下然后礼义有所错。"又《礼记·中庸》："君子之道费而隐，夫妇之愚，可以与知焉，及其至也，虽圣人亦有所不知焉；夫妇之不肖，可以能行焉，及其至也，虽圣人亦有所不能焉……君子之道，造端乎夫妇；及其至也，察乎天地。"礼仪与君子之道，皆本原民众生活之常。故一种文化的理念，必以此礼仪的形式，乃能切合于民众的生活，而具有教化的意义。

儒家的文化理念，即寄托于此礼仪礼俗的形式，而对社会生活起一种提升、点化的作用。《礼记·经解》说:"礼之教化也微,其止邪也于未形,使人日徙善远罪而不自知也,是以先王隆之也。"《礼记·乐记》亦论到礼乐的教化意义:"先王有大事必有礼以哀之,有大福必有礼以乐之。哀乐之分皆以礼终。乐也者,圣人之所乐也,而可以善民心。其感人深,其移风易俗,故先王著其教焉。"礼乐同源,皆本乎人的内在情感生活,故此所论乐的"移风易俗"功能,亦适用于"礼"。

儒家对古代礼仪所做的诠释,主要是从礼仪的情感生活方面揭示其精神的、人文的内涵,以情文的统一和文质(文明与自然)的连续性来理解"礼"的内涵,体现了一种重古、重情、尚质的精神。这种对传统宗教礼仪的诠释,使古代的礼乐文明发生了一种理性或人文的转变。保持传统礼仪的完整性及其历史因革的连续性,因任民众生活样态而提升之、点化之,成为儒家落实其教化理念的基本方式。

五 施教之方

儒学是一种"哲学",但是,它在中国文化和社会生活中的地位却与西方的哲学有着根本的区别。如余英时教授所说,在中国文化中,精英层面的大传统与民间生活小传统之间有着密切的交流互动,这使儒学得以大行其"移风易俗"的教化作用。[①] 西方的哲学是一种单纯理论形态的学问,它与社会生活没有直接的关系,因而不具有直接的教化作用。而儒学作为"哲学",却与社会生活有着密切的关联性,这使它能够成为中国文化的教化之本和价值基础。

儒家以六艺为教,但很显然,它的着重点不在理论和知识。为学虽要涵泳于知识技艺,但却必须以道德仁义之成就为其本。儒学六艺,亦包涵知识技艺之内容,然其趣归,则要在于其德性教养和敦民化俗之功。经典的传习重在教养教化,而教养教化,更与生活的样式密不可

[①] 参见余英时《汉代循吏与文化传播》一文,载《士与中国文化》,上海人民出版社2003年版。

分。凡一文化的教化理念，必落实于某种特定的生活习俗、仪式、礼仪系统方能见其功。儒家重视礼乐之教化作用，但是，这个礼乐的系统，乃是由历史传统之延续而形成的一种普泛的社会生活形式，并非儒家自身所专有的仪式系统。这使儒家的"教化"与宗教的教化大异其趣。这一点，应予以特别的注意。

孔子的思想，体现了一种注重历史连续性的文化意识。生在"礼坏乐崩"、诗书礼乐废阙的时代，孔子以其承担中国古初文明延续开新的历史使命感，一方面修旧起废，积极进行礼制仪文的重建；另一方面又着力于对传统的礼乐文明加以人文的诠释，为之建立一个形上的超越性基础。在儒家的视野中，那"察乎天地"的超越性的"道"，与作为生活样式的"礼义"，具有内在的意义关联和发生学上的一致性。

孔子所确立的儒学传统，其思想的重心始终专注于生活的世界，而非认知性抽象理论体系的构建。儒学关注礼仪、礼乐的历史连续和重建，因为精神、情感、社会生活世界的丰富内涵总是展开为生生流行的历程；同时，儒学正是通过对这社会生活样式的人文诠释，建立起它自己的一套形上学的思想系统。"三王不袭礼，五帝不沿乐。"在中国文化的历史长河中，社会生活样式与时俱新，儒学理论诠释亦因之不断更新，二者总保持一种有活力的互动张力关系。这使儒学能够持续地保有文化的灵魂和内在的生命活力，以因应总处于流行变化中的生活现实。

儒学施其教化于社会生活的方式是很巧妙的。教化之行，必须切合和影响人的社会和精神生活样式。儒学于此，并不另起炉灶，独创一套为自身所独有的礼仪、仪轨系统。它所据以建立和安顿其教化理念的礼仪、仪式系统，为中国古代社会所固有。一方面，这种社会生活所固有的礼仪和礼乐系统，作为一种普泛的生活样式，与一般民众之人伦日用水乳交融，因而儒学所行教化，于中国古代社会，最具普遍性的意义。在这一点上，任何宗教形式的教化都无法与之相俦匹。另一方面，那不断经由儒学形上学诠释、点化、提升的礼仪和礼乐系统，亦具有一种因革连续的历史变动性和对其他宗教生活样式的开放和包容性。这与一般宗教仪式、仪轨系统所特有的固定性和排他的性质，亦有根本性的区别。一些学者以中国礼乐、礼仪传统中有鬼神、天帝祭祀的内容为据，

"教化儒学"的思想历程

来论证儒学是宗教，这是一种误解。混淆宗教仪轨与儒家教化所依托之礼乐、礼仪系统的性质，是这种误解发生的一个重要原因。儒家的教化是哲学义的教化，它与宗教义的教化实不可同日而语。[①]

六　政与教之间

一种文化精神，"教化"是其核心。这教化之本在西方文化为宗教所担当，而在中国传统文化上则是由中国的哲学，尤其是占据主流地位的儒家哲学来担当。教化，既要具备一套核心的教化的理念或教化之道；同时，还要有一种作为这教化之道或理念的现实实存性（现实的人格化）的体现。

作为文化精神之核心的教化之道，有两个重要的特点："虚"和"实"。这教化的理念或教化之道，本质上是一种理想性的存在，它理应与现实的世界尤其是政治的、政权的运作相互保持间距，从这个意义上讲，它必须是"虚"的；同时，这教化的理念又不仅仅是一种观念性的存在，必须要有一个"以身体道"的阶层或群体作为它实存性的人格体现和传承的载体，从这个意义上讲，它又必须是"实"的。教化理念或教化之道这"虚"与"实"两面，"虚"是其本，而"实"是其用，本"虚"才能用"实"，二者乃一体之两面，既相反而又相成。儒家教化理念在中国当代文化建设中立身之所的缺失，正是由于这"虚"与"实"的错位所致。

在历史上，各个文明系统大都存在过某种形式的所谓"政教合一"的阶段。这个政教的合一，就是把教化之道的本"虚"之体，进行了"实"的政治和权力运作。教化之道本体现着一种理想性，这理想当然不能脱离人的现实存在，因此这教化之道总在对现实世界起着一种奠基和赋予价值或价值本原的作用。也正因为如此，人们总是比较容易把二

[①] 参见李景林《教化的哲学—儒学思想的一种新诠释》，黑龙江人民出版社 2006 年版，第 1—4 页。

20

第一章 儒家教化的哲理系统

者混淆。欧洲中世纪以教会干预世俗政治,由此而有所谓神权与王权的斗争。这是政教相混淆的一个很明显的例子。中国历史上也存在过此种情况。儒家"内圣外王"的理想,原本是以内圣为本,但至汉代儒术独尊之后,这个观念在现实中却发生了一种微妙的倒转——君王即是圣者(皇帝也被尊称为圣上)。这种"虚"与"实",理想与现实的混淆,或现实理想化、理想现实化的状况,造成了很严重的后果。

现实的世界是一个定在,现实中所发生的事情皆具偏执和偶然性的特性。黑格尔把宇宙过程看作一个"恶"的过程。他讲,理性和精神有一种"狡计",它自身可以藏于背后,安坐不动,不受影响,而让各种私利动机出场,在它们的相互斗争中去实现自己。黑格尔讲"绝对理念""绝对精神",这"绝对"两字就表明了理念、精神之理想性的意义。但现实却是一个相对的、偶然的,充斥着"恶"的过程。所以,一旦我们把这"实"与"虚"或现实与理想相混同,让实存的权力代表一种理想性的理念来说话,并冒充这种理想性的理念来行使这权力的话,就不仅"污染"了这理念,同时,也造成了人的越界或僭越,从而造成人类历史上种种野蛮的、甚至灾难性的后果。这种情形在中西方历史上都出现过。人们批评儒学,认为中国历史上出现过的"以礼杀人"的现象,应该由儒学来承担罪过。但是,我们同样从西方的历史上看到过一个所谓"黑暗的时代",在那里,也存在过"以神杀人"的情形。其实,这"以礼杀人",并不是"礼"的罪过,"以神杀人",也不是"神"的罪过;而是人们把理念的"本虚"与现实的"用实",尤其是与政治运作和国家权力相混淆的结果。因此,文明的发展必须要将这"实"和"虚","政"和"教"分离开来,把教化的理念与现实的政治权力分离开来,使之保持一个间距。从这个角度,我们实可以把西方近代、现代化的过程看作一个文明的教化理念或教化之道与现实政治事务和世俗权力逐步解构,而复归于其"虚"体之位的过程。西方近代以来的所谓宗教改革、文艺复兴、启蒙运动,都可以视作这一分离、解构过程的不同环节。二者分离和解构的结果,使得教化之道由政治的事务逐渐转变为一种社会的事务,一种与人的个体内在生活相关的精神的事务。它作为一种内在于人的精神生活的教养的本原,由此而无形无臭

"教化儒学"的思想历程

地运化于社会生活的方方面面,具有了为人的现实存在赋值和奠基的意义。教化之道之"虚"与"实"的各安其位,使之真正地发挥出其"本虚而实"的作用。①

七 社会教化的落实

儒家落实其教化于社会生活的方式丰富多样,概括言之,有以下几点今天仍值得借鉴。

第一点是经典的传习。《礼记·经解》引孔子语云:"其为人也,温柔敦厚,诗教也;疏通知远,书教也;广博易良,乐教也;絜静精微,易教也;恭俭庄敬,礼教也;属辞比事,春秋教也。"这六艺之教,着重的都不是知识,而是身心的教养。任何一个社会、文化都有它的经典,经典要经常诵读,而不光是研究。中国古代社会就有诵读经典的传统。近年民间出现少儿读经的活动,有人对此产生疑虑,担心少儿诵读经典,很早就背诵那些"教条",会不会把孩子教坏了。我曾用"开窍"这个词来概括经典诵读的作用。孩子从小诵习经典,或到教堂里唱圣诗,听布道,在他的生命里会有一种东西种下来,等他后来遇到现实的问题,经历具体的事情时,就可能会突然明白,啊,原来人生的道理是这样!经典就起到这样一种点化和"开窍"的作用。我们这一代只是从书本里体悟一点东西,但生活中缺乏传统的教养和文化的氛围,根基就不行。老一代学者不是这样。按陈寅恪先生的说法,他们是被中华传统的文化所化之人,从里到外都纯熟通透了。中国老一代学人所具有的人格上的独立性和思想学术上的原创性,皆本原于此。

第二点是礼乐教化。礼是社会生活的样式,携带着丰富的文化信息。同时,它作为一种生活的样式,与民众生活具有一种内在的关联性,能够对人的教养和社会良性的道德氛围的养成起到潜移默化的作

---

① 参见李景林《教化的哲学——儒学思想的一种新诠释》,黑龙江人民出版社 2006 年版,第 460—461 页。

用。孔子很注重礼乐文化的重建及其历史连续性。他所生活的春秋末年，是一个礼坏乐崩的时代。孔子曾到夏、商之后的封国杞和宋去考察礼制。考察的内容包括"文"和"献"两方面。文即今所谓文献或经典；献者，贤也，指那些前朝的遗老，作为那个文化载体的贤人。文化不仅仅是一种抽象理论性的东西，是通过一定的生活样式渗透在人的行为里，体现在一批以身体道的人群中，它才具有活的生命意义，具有切实的教化作用。儒家的礼乐教化与一般的宗教仪轨的作用不同，其所据以行其教化的礼乐系统，为社会所本有，表现为一种普泛地渗透于整个社会的生活样式。儒学既强调礼制的历史连续性，又主张因应社会的发展，对这些礼仪形式加以适当的变通和重建，以切合特定时代的要求。要引导民间信仰、民众生活，就要有一套与之相契合的教化的理念，这样才能提升点化它，使之不至于陷入巫蛊小道，蜕化为一种惰性的力量。儒家的"神道设教"，是一种行之有效的教化方式。

第三点是重视家庭教育、女性妇德。儒家文化就特别强调孝道。《孝经》第一章开宗明义："子曰：夫孝，德之本也，教之所由生也。"《孟子·尽心上》："亲亲而仁民，仁民而爱物。"《孟子·梁惠王上》："老吾老以及人之老，幼吾幼以及人之幼。"《大戴礼记·礼三本》："礼有三本：天地者，性之本也；先祖者，类之本也；君师者，治之本也。无天地焉生，无先祖焉出，无君师焉治。三者偏亡，无安之人。故礼，上事天，下事地，宗事先祖而宠君师，是礼之三本也。"都把孝道作为人的德性养成和教化的一种重要方式。这当然不是局限于孝。《孟子·尽心上》说："亲亲仁也，敬长义也。无他，达之天下也。"孝是人最自然真挚的情感，将它推扩之于天下，乃能使之获得"仁、义"的普遍性意义和道德价值。儒家主张通过亲亲而仁民，仁民而爱物，由法祖而敬天的途径，建立起人我、人物、天人一体之超越的基础。所以儒家言道德教化，特别重视家庭教育，尤其是重视妇德的养成。[①]

[①] 李景林：《哲学的教化与教化的哲学—论儒学精神的根本特质》，《天津社会科学》2005 年第 6 期。

八　教化与中国当代文化意识之反思

在 20 世纪的大部分时间里，中国人的文化意识都沉浸在一种文化激进主义或反传统的状况中。美国学者列文森（Joseph R. Levenson）《儒教中国及其现代命运》（1968 年）一书，用"博物馆中的陈列品"来比喻儒学的现代命运，他认为在现代中国，儒学已经进入历史，沦为一种博物馆里的历史收藏物或陈列品；而正因为如此，它才得以保存。① 余英时先生在一篇题为"现代儒学的困境"（1988 年）的文章里，对现代儒学的境况做出这样一种判断：儒学在现代已经魂不附体，失去其寄身之所而成了一个"游魂"。② 这两个说法，在中国学术界激起了强烈的反响，大多数学者都对儒学的现代命运持一种悲观的态度。

但是，21 世纪初以来，中国人的文化意识发生了一种几乎是一百八十度的转变。可以举两个例子。第一个例子，北京大学的张颐武教授提出一个说法：对传播中国文化来讲，一万个孔子比不上一个章子怡。此话一出，立即引发了激烈的网络争论，而绝大多数人对之持批评态度。当然，张教授的说法有其自身的语境，可以不去评说。但这反映一个问题，就是大家对孔子作为中国文化代表这样一个形象或人格标志，开始表示认同。任何一个文化都有代表其文化价值的标志。但是，一百年来，我们中国人却把两千多年自身文化的这一人格标志打倒并踩在脚下。这一争论表明，中国人已开始回归对孔子这一文化人格标志的认同。另一个例子是"于丹热"，这并非一个孤立的现象。近几年，在包括儒学在内的古典文化学术研究领域，出现了一批学术明星。不同类型的明星，代表不同时代的精神取向。每个时代，都有它自己的明星。比如，抗战时期的明星就是抗日民族英雄；"文化大革命"时期的明星，

---

① 参见［美］列文森《儒教中国及其现代命运》，郑大华等译，中国社会科学出版社 2000 年版，第三卷第二部分和"结束语"。
② 参见余英时《现代儒学的回顾与展望》，生活·读书·新知三联书店 2004 年版，第 53—58 页。

第一章　儒家教化的哲理系统

是像王洪文一类的造反派；在我们这个人欲横流、物质享受至上的时代，涌现出一大批研究中国传统历史文化的学术明星，这是一个很了不起的现象。它说明，经过一百年的思考，我们中国人的文化意识正在发生一个根本性的转变，我们的历史记忆、文化记忆已经开始觉醒。

面对这种情况，我们需要对过去有关儒学在现代命运的定位，比如"博物馆"说、"游魂"说这样的结论，作一种新的反省。

应该说，余英时和列文森的说法，描述了当时中国文化的客观现实，但是，其对此现实所以产生之因缘的分析却未见正确。为什么把儒学比作"游魂"？余英时先生在他的文章里有这样的分析：传统儒学的特色在于其全面安排人间秩序，只有通过制度化才能落实儒学。传统社会在相当长的时期都存在政教合一、政教不分的状况，这样，儒学的存在很大程度上依赖于当时的政治制度，制度因此成为儒学在现实中的载体。儒学不是宗教。传统政治制度的解体，使儒学失去了它的寄身之所而成为一种无体的"游魂"。西方宗教的状况却与此不同。西方中世纪也有过宗教干预现实、政教不分的情况。近代以来，政教逐渐分离，宗教回归社会，成为一种社会的、人的精神生活的事务。政教分离以后，宗教保有教会的系统作为自身运行的体制，所以仍能够在社会生活中继续发挥它的作用。列文森的分析也强调儒学在现代中国作为博物馆收藏品的存在，意味着它在现实文化中的被驱逐。

但我们从近年来儒学研究状况的发展变化中，可以对儒学的现实意义有新的认识。近年来，民间儒学有兴起的趋势，比如各地书院、精舍、讲堂、义塾、会讲、读经等民间学术组织和活动逐渐兴起，大学里的一些儒学研究也逐渐具有了民间的性质。这样民间性质的儒学，与社会生活息息相关。可见，儒学精神并没有完全在社会生活中失去影响力。为什么中国人的文化意识在短期内会发生这么大的变化，儒学活动一呼百应，在民间会这么快兴起？我的理解是，儒学的根源在民间，核心在教化，它的载体不仅是制度。教化的实行，使儒学在中国人的社会和精神生活中有非常深厚的基础。

从历史上讲，文化生命的存在在于其生生不息的创造。这个创造，我概括为两条线：第一条线是"文脉"，每个时代，人们都在不断进行

"教化儒学"的思想历程

学术、理论的创造。例如每个时代有每个时代的儒学，都在创造性地延续着自身的传统，按现代新儒家的说法，叫作"返本开新"。另一条线是"血脉"。血脉表现为社会生活、个体精神生活的历史连续性，表现在社会中"以身体道"的阶层或群体的存在及其教化的作用。传统就是一个活的不断创造的过程。有了这样一个创造的过程，儒学才能真正契合于世道人心从而引领社会生活的方向。

过去儒学的断裂，最严重的一点，表现在社会生活的政治意识形态化所造成的儒学"血脉"的断裂。儒家很重视礼乐的系统及其教化作用。我们可以把这个礼乐系统理解为一种"生活的样式"。任何教化的理念本身都不仅仅是一种理论，更要通过仪式、仪轨、习俗等方式，把自身蕴涵的文化信息带入人的存在，从而对人的精神生活产生教化的作用，影响到个体的人格塑成和生命成就。比如西方人结婚去教堂，与中国人传统家族性的婚礼，拜天地，拜高堂等，其中的文化意义是不同的。再比如过去在农村，堂屋里要供上天地君亲师一类牌位。这种文化意义是通过具体的生活样式、礼仪形式汇入我们的精神生命中的。但是，在"文化大革命"中，孝道和这些礼仪系统，都被当作"封建"的东西连根挖掉。中国人原有的生活样式，在20世纪遭到了毁灭性的破坏，这样传统就失去了它的存在基础和生命的连续性。中国文化在这个层面上发生了断裂，以至于儒学在当代被定位为无体的"游魂"和"博物馆的陈列品"。我们不否认制度作为儒学载体的意义，但儒学的载体不仅仅是制度。西方在近代政教分离后，宗教作为社会和个人精神生活的事务，有自身独立的空间，能够作为一种文化的载体存在，关键原因乃在于它有许多信众，可以影响到民众生活。如果信众少，即使有宗教的组织在，也不会成为文化的载体。所以宗教也好，学术也好，主要是通过某种形式影响民心，影响生活。一种文化的理念，它最终的依托在民众生活，而不在制度本身。

中国传统的教化是政教合一的，但这政教合一的基础也是在民间。在先秦，孔子开创私人讲学传统，其影响开始当然是在民间。后来，汉武帝采纳董仲舒的建议，逐渐形成"独尊儒术"的局面，儒学始由私学转变为官学。此后的儒学，成为靠意识形态强力推行的东西，逐渐趋于形式化、固定化、教条化，其教化的作用由此亦被弱化了。不过，儒学在成为官方学术后并没有失去其民间性的基础，民间学术的继续存在和发展，成为消解官方学术意识形态化之僵硬性的一种力量。胡瑗是宋初著名的教育家。他在民间讲学，学生数千人，后来在朝做官的有几十人，这使他的"明体达用之学"对当时的学风产生很大影响。朱子的《四书集注》在元代以后成为官方的教典，统治整个学术界、思想界六百年之久。但开始时他的学术也不是官方学说，甚至一度被打成"伪学"，但他自信其学说的正确性，冒着生命的危险，照样讲学。当时的学者就有这种独立不倚的人格和自由的精神。

中国传统学术的根基在民间，民间学术的特点就是"自由"：自由的讲学、自由的讨论、在价值观上自由的选择。一种学术和文化，只有具有了这样一种自由的精神，才能真正发挥教化的作用。把内在的价值基础挺立起来，人整个的存在，由内到外都会发生一种转变或变化，这就是教化。长期以来，中国学术文化的民间传承断裂了，学术被政治化和意识形态化，社会失去了容纳民间学术的独立的空间，真正意义的教化和文化重建，当然也就无从谈起了。

我不赞成儒学已成为"游魂"和"博物馆收藏品"这个判断。儒学在历史上有过对制度的依存关系，但儒学教化的根本不在制度。现在看来，传统的断裂和儒学的花果飘零，原因在于我们长时期的反传统，以及社会生活、文化学术长期彻底的意识形态化。这种意识形态化，一方面造成文化"血脉"的断裂，另一方面也造成了"文脉"的枯竭，文化缺失了它的原创力，而退化为一种单纯的、并且缺乏真实性的历史"知识"。我们并不否定意识形态的作用，意识形态非常重要。我给意识形态下的定义是：不管是对是错都要坚持的东西。很多美国人都反对打伊拉克，但一旦决定下来要打，大家都支持总统，这就是意识形态。意识形态的根据是利益，教化的基础则是真、善。中国有中国的意识形态，我们也要坚持。但关键是必须把意识形态与文化、学术分开。文化、学术的建设，重在自由的选择和文化生命的历史连续，而不能靠强力的推行和外在的灌输。一个民族要把它内在的价值挺立起来，真正建立起至善的超越基础，就必须把意识形态与文化学术这两者区分开来。

"教化儒学"的思想历程

二者的关系是分则两立,合则两伤。

一支延续了数千年的文化血脉,不可能被轻易斩断。近年来中国人文化主体意识和认同意识的苏醒,民间学术的兴起,就表明了这一点。儒学本来没有死,用一种合理的方式把儒学与社会生活的联系重建起来,儒学之"魂"乃能附其"体";同时,中国文化亦才能有其"魂",从而真正实现它的现代转化。①

---

① 引自李景林《教化视域中的儒学》,中国社会科学出版社2013年版,第1—5页。

第 二 章
先秦时期教化儒学思想研究

一 由仁义行——先秦儒家的心性论

《汉书·艺文志》这样定义儒家："儒家者流，盖出于司徒之官，助人君，顺阴阳，明教化者也。游文于六经之中，留意于仁义之际，祖述尧舜，宪章文武，宗师仲尼，以重其言。于道最为高。"这几句话里，分别提到了儒家的渊源、功用、经典、宗师以及对儒家的评价，而"留意于仁义之际"一句则是概括了儒家的核心思想主张，这个概括可谓简明扼要、一语中的。道或道德是先秦诸子百家共同的思想追求，只是各自赋予的内涵不一样，而"合仁与义"言道德，正是儒家之区别于道家乃至其他各家各派的关键所在。

仁义作为儒家的核心观念，它关系到儒家对人性的理解，以及由此理解而生发的对参与社会生活之进路的主张。孟子认为，仁义内在于人性中，此乃人之为人的关键所在；人若率此仁义之性而行，则有明察人伦日用、治平国家社稷之功。其他儒者如荀子等对人性的理解或许与孟子存在差异，但在主张人做内在的仁义道德修养和向外以仁义的进路来关切社会上，却是一致的，"由仁义行"实是儒家共同的立场。

从总体上看，"由仁义行"体现在或须落实在内与外、修己与治人两个方面，后世往往又依此把儒学概括为"内圣外王"之学。宋明儒者之所以推崇《礼记·大学》，便在于该文高度概括了儒家学问在内、

"教化儒学"的思想历程

外两方面的"规模"和"次第"。①《大学》开篇就说:"大学之道,在明明德,在亲民,在止于至善。""明明德"系指内圣的方面,"亲民"则指外王的方面,"明明德"与"亲民"合一并进,达于"至善"的境地,这是儒者为学的根本目的。整个儒学的核心义理,基本上就是围绕内圣与外王这两个方面来展开的。这两方面内容在儒家那里本来是统一的,内圣内在地包含着对社会责任的担当,而外王的实现则以内圣为其条件和内容,但从个体工夫次第的角度来看,内圣是外王的根本。从逻辑顺序上说,只有先讲明自己的德性,由内圣出发,才能推己及人,尽他人和万物之本性,实现王道政治,否则,就不是"王道",而可能演变为"以力假仁"的"霸道"了。所以儒家(尤其是心性论儒家)非常重视个人的道德修养,以"修己"作为"治人"之本,并从人性中寻找其根据,由此发展出道德修养的方法。儒学之教化特质,首先即表现在有关人性教养和化成的观念上。

(一) 教化的人性基础

任何一种文化,都会自觉或不自觉地以对人本身的理解作为研究其他一切问题的前提和基础,但在不同文化中,对人的理解会有不同的角度。儒学非常重视人的问题,但却很少直接定义人是什么。在儒家这里,人是一个既定的存在,所以他们更多关注的问题是,人应该怎样存在、人为什么需要这样存在、人如何能够这样存在。很显然地,儒家追求道德的生活方式,那么,人为什么需要道德的生活,又如何能够实现道德的生活,这便成了儒家重点讨论的问题,而人性论则构成了展开这种讨论的基础。

人性论在儒学中占有非常重要的位置。人在本性上是善是恶,或是无善无恶,或是善恶相混,这些在人性问题上的不同见解,是儒者们构建修养工夫理论、社会政治理论的内在前提。主张性善的,一般比较重视人自身的努力,倾向于唤起人进行道德修养的自觉,以成就理想的道德生活;而主张性恶或性善恶相混的,则比较重视外在的礼法制度的力量,倾向于借助这种外在的力量以敦民化俗,实现社会治平。但这只是

---

① (南宋)黎靖德编:《朱子语类》卷八,中华书局1986年版,第249页。

总体上说，具体到各个儒者，见解又有不同，自先秦而后，对这个问题的讨论是越来越复杂的，而先秦儒家的不同观点正是后世这种讨论的渊源。

1. 孔子的成仁之教

根据陈来先生的考察，仁这一德目在西周春秋之时已经颇受重视，但在多数场合，仁只是众德之一，地位并非突出于诸德之上。[①] 到了孔子这里，仁则成为首出之德。《吕氏春秋·不二》说"孔子贵仁"，陈淳《北溪字义》说"孔门教人，求仁为大"[②]，今之学者又称孔学即是"仁学"[③]，此皆为不易之论。正是孔子对仁德的重视并赋予新义，"仁"成为儒学的核心概念，并由之开辟了其后两千年中国文化演进的一个重要方向。

孔子之所以重视仁德，以及他所赋予仁德的新义，与他对人的理解相关。

人能够做什么，或者更准确地说，人能够自主地做什么？这个问题，在上古社会是罕有肯定性的答案的。中国夏商周三代时期流行天命观念。殷商时期，人是为上帝、天命之类必然性左右的。到了周初，观念发生了变化，周人突出"德"的观念。不过总的来说，周人所讲的德，仍然是受制于天命的必然性的，也就是说，德在他们这儿不过是为自己谋取福祉的工具而已，德行并不是人自由的举动。

孔子的一个极其重要的贡献或者发现，即人并非完全受制于天命之必然性，而是有意志自由的，此意志自由之体现，是人能自主决定是否修行仁德，以及能完全依凭自力修行仁德。这是对前人观念的一个根本性的颠倒。我们来看《论语》里的几句话：

为仁由己，而由人乎哉？（《颜渊》）
我欲仁，斯仁至矣。（《述而》）

---

① 陈来：《古代思想文化的世界——春秋时代的宗教、伦理与社会思想》，生活·读书·新知三联书店 2002 年版，第 268—269 页。
② （南宋）陈淳：《北溪字义》，中华书局 1983 年版，第 25 页。
③ 徐复观：《中国思想史论集续篇》，上海书店出版社 2004 年版，第 231 页。

"教化儒学"的思想历程

> 有能一日用其力于仁矣乎，我未见力不足者也。(《里仁》)

第一句话有两个意思，一是为仁是自己的事，他人是无法干预的；二是为仁必须得依靠自己的力量，不能求助于他人。第二句话的意思是说，只要立志求仁，就一定能获得仁，正所谓"求仁而得仁"。与此相较，富贵之类外在的东西，不是只要求就能获得的。《述而》："子曰：'富而可求也，虽执鞭之士，吾亦为之。如不可求，从吾所好。'"富非求之必得，这正说明了这个道理。第三句话的意思是说，为仁这种能力是人人都有的，关键是看人是否去做。综合这几条来看，孔子的意思很清楚，相较于富贵之类需要受制于外在条件的欲求来说，行仁义乃是人能真正自主掌握的事情。这样，在周人那里，德行不过是获得天命的手段，但是否获得天命，却不是人能掌控的，而孔子则把德行视为人的目的本身，鼓励人立志于这种德性的修养。孔子发现了人的真正自由意志之所是。

孔子所谓"仁"的含义是什么呢？综合《论语》中诸多有关"仁"的讨论，仁的含义可从内外两方面来概括：内指德性修养，外指事功效果。从德性修养这方面看，《论语》中论仁的材料多可归结于此；从事功效果方面论仁，主要见于《宪问》记载的孔子对管仲的评价。在《宪问》中，门人即以管仲没有对公子纠尽忠的私德问题而怀疑其未仁，但孔子却从事功角度许之"如其仁"。由此可见，孔子论仁，并非仅从私德方面着眼。那么这是否意味着孔子也像前人那样，认为作为事功效果之仁与内在德性可以分开甚至对立呢？答案是否定的。孔子所论事功效果之仁，其实可归结到作为德性修养之仁上。他许管仲"如其仁"的理由，即助齐桓公"九合诸侯，不以兵车""相桓公，霸诸侯，一匡天下，民到于今受其赐"，实可由仁的"爱人"一义推出。又《雍也》记载子贡向孔子问仁：

> 子贡曰："如有博施于民而能济众，何如？可谓仁乎？"子曰："何事于仁，必也圣乎，尧、舜其犹病诸！夫仁者，己欲立而立人，己欲达而达人。能近取譬，可谓仁之方也已。"

第二章 先秦时期教化儒学思想研究

在这里，子贡显然是从外在事功上来理解仁的。孔子对子贡的问题未予正面回答，而是指点"能近取譬"的为仁之方。《宪问》：

> 子路问君子。子曰："修己以敬。"曰："如斯而已乎？"曰："修己以安人。"曰："如斯而已乎？"曰："修己以安百姓。修己以安百姓，尧舜其犹病诸！"

这一段话从修己推致安人再到安百姓，与上一段引文恰是从一正一反两面，说明仁德的培养，其要在于"修己"，而外在事功，不过是"修己"显诸行事的效果而已。

孔子以德性修养论仁，与此前比较通行的"爱亲之谓仁"的解释也不同。在孔子这里，仁的内涵远非孝悌爱亲所能涵盖，而是有着更为丰富的内在修养及社会责任方面的内涵。

孔子没有将仁等同于孝悌，也未把为仁之"本"归结为孝悌，不过，他强调仁德的培养须建立在人之真实情感的基础上，则孝悌爱亲之情也包括于其中。《子路》："叶公语孔子曰：'吾党有直躬者，其父攘羊，而子证之。'孔子曰：'吾党之直者异于是。父为子隐，子为父隐，直在其中矣。'"父子相隐乃人之天性，孔子认为"直"体现于其中，这并非要否定社会正义，而是强调"完全的人格必以扬弃了、升华了的自然真情为其真实的内容"。[①] 孔子为教主"忠信"，"忠信"即是真实。《学而》："子曰：'巧言令色，鲜矣仁。'"巧言令色之所以鲜为仁，就在于其不真实。由此来看，孔子论仁之"本"，乃在于孝悌在内的人的真实性情。

综上观之，孔子之仁，主要的标准在于内在的德性修养。这种德性修养建基于人的真实性情，它首先表现为对个体实存的教化，但又并非"成己"而已，并非仅限于孝悌之类家族伦理的范围内，而是还包含有"立人""达人"或"安人""安百姓"的社会责任意识在其中。在孔

---

① 参见李景林《教化的哲学：儒学思想的一种新诠释》，黑龙江人民出版社2006年版，第325—327页。

子这里，成己与成人实为一体之两面。徐复观先生将孔子之仁定义为"由自反自觉而来之责任感及由责任感而来之向上的精神与实践"①，可谓恰如其分。孔子由此建立的仁学，为中国文化开辟了一个新的方向。徐复观先生认为这是将之前周公以礼乐从外调节生活的"外在的人文主义"转化为"内发的道德的人文主义"，是"中国文化由外向内的反省、自觉，及由此反省、自觉而发生的对人、对己的要求与努力的大标志"。②李景林先生通过对比殷周与孔子的天命观，指出孔子以义、利辨天命，"确立仁义的道德原则为人最本己的可能性，从而将行'义'、德性内在化为人的天职"，这"可称作中国古代文化的一次带有根本性意义的'人文的转向'。这个转向，奠定了以后儒学乃至中国文化基本的价值取向和实现方式。这是孔子思想一个具有开创意义的大贡献"。③这是两个对孔子仁学之意义的很中肯的评价。

2. 孟子的"性善"论

孔子贵仁，以行仁义为人的天职。孟子继承了孔子的精神，更推进一步，在人性中来寻找行仁义的内在根据。

《孟子·滕文公上》说："孟子道性善，言必称尧舜。"这句话可以说是对孟子思想之根本特征的概括。主张性善，是孟子在人性论问题上的根本观点，也是他政治理论的出发点。而他的这一人性理论，主要是在与告子的辩论中来阐发的，我们下面就从这个辩论开始，来了解孟子的性善论。

人性中是不是本来就具有善的道德属性呢？告子认为善是后天强加于人的，孟子则认为善是人性中本有的。为此问题孟子与告子往复辩论。

告子先是以杞柳与桮棬为喻，说"性犹杞柳也，义犹桮棬也。以人

---

① 徐复观：《释〈论语〉的"仁"——孔学新论》，《中国思想史论集续篇》，上海书店出版社2004年版，第241页。
② 徐复观：《释〈论语〉的"仁"——孔学新论》，《中国思想史论集续篇》，第235页。
③ 李景林：《教养的本原——哲学突破期的儒家心性论》，辽宁人民出版社1998年版，第25—48页。

性为仁义，犹以杞柳为桮棬"。告子认为如果以人性为仁义，就相当于是将柳木与杯盘直接等同起来，这其实就是主张仁义属后天、外在。孟子不同意这种比喻，他说："子能顺杞柳之性而以为桮棬乎？将戕贼杞柳而后以为桮棬也？如将戕贼杞柳而以为桮棬，则亦将戕贼人以为仁义与？率天下之人而祸仁义者，必子之言夫！"若是依照告子以仁义之于人性是外在的，如桮棬之于杞柳一般，是后天对先天本性的戕贼，那么恐怕人人都会以仁义为恶了。在这一段辩论中，孟子主要是批评告子之言"祸仁义"，同时隐含仁义之于人性并非对立、外在的意思。

接着，告子以水为喻，说"性犹湍水也，决诸东方则东流，决诸西方则西流。人性之无分于善不善也，犹水之无分于东西也"，这还是申述其人性本无善与不善，善与不善实系后天人力所为的观点。孟子借用这一比喻，反驳说："水信无分于东西。无分于上下乎？人性之善也，犹水之就下也。人无有不善，水无有不下。今夫水，搏而跃之，可使过颡；激而行之，可使在山。是岂水之性哉？其势则然也。人之可使为不善，其性亦犹是也。"水性必然就下，其所以偶有上行，不过是迫于外在形势罢了。同样地，人就其本性来说是"无有不善"，所以有不善，也不过是出于后天的原因。在这一段中，孟子正面表达了人性本善的意思。

那如何证明人性本善呢，人性之善表现在什么地方？孟子举例说明道德情感是人天生本有的，善实是人性的本然呈现，是在实际生活中可求得其证的。《孟子·公孙丑上》说："人皆有不忍人之心。……所以谓人皆有不忍人之心者：今人乍见孺子将入于井，皆有怵惕恻隐之心。非所以内交于孺子之父母也，非所以要誉于乡党朋友也，非恶其声而然也。由是观之，无恻隐之心，非人也；无羞恶之心，非人也；无辞让之心，非人也；无是非之心，非人也。恻隐之心，仁之端也；羞恶之心，义之端也；辞让之心，礼之端也；是非之心，智之端也。人之有是四端也，犹其有四体也。"人之拯救孺子的举动，并非出自什么后天的知识推理、利益考量等，而是自然而然的不忍人之心或怵惕恻隐之心的当下呈现，这就是人性本善的最佳证据。顺是而论，不止恻隐之心，羞恶之心、辞让之心、是非之心也是如此，这四种情感，就像四肢一样，是人所本有的,不需要学习就会,不需要思虑就知道,所以称为"良知""良能";它们分别是仁、义、礼、智四种德性的发端,所以又称为"四端"。由此,孟子证明,"仁义礼智,非由外铄我也,我固有之也"(《孟子·告子上》),仁义礼智之道德,都不是外在强加于人,而是源于人性本身,所以说人性本善。只要人能顺着这善端扩充开去,就可以成为尧舜一样的善人。

既然人性本善,那么世上为什么还有不善之人或者恶的现象?孟子说:"乃若其情,则可以为善矣,乃所谓善也。若夫为不善,非才之罪也。……故曰求则得之,舍则失之。或相倍蓰而无算者,不能尽其才者也。"(《孟子·告子上》)就是说,从人性的本来情况来看,是可以为善的,所以谓之性善。至于有人去为不善,这不能归咎于其自然的资质,而不过是人受到了外在物欲的诱惑,放失了其本有良心的结果。人与人之间之所以有一倍、五倍乃至无数倍的差距,在于有人不知道存养其本有的善性。不知道从善,便是在戕害自己的本性,就像一座本来是水草丰美、树木繁茂的山峦,如果不知道保养,而天天去砍伐放牧,最终便会成为濯濯童山。孟子感叹道,人们有鸡犬丢失了,还知道去寻找,自己本有的良心泯灭了,却不懂得去找回来,所以他说:"学问之道无他,求其放心而已矣。"(《孟子·告子上》)求学问道的根本目的,就是要寻回放失的至善本心。如果能顺着这本有的良心而存养扩充之,足以平治四海,否则,就连自己的父母也会无力侍奉了。

需要注意的是,告子主张"食色,性也",以人的生理本能为人性的内容,孟子则提出"养心莫善于寡欲"(《孟子·尽心下》),以"寡欲"为恢复善良本心的修养工夫,这二者表面看来似乎是对立的,但其实并非如此。孟子反对告子的人性论,实质上是反对告子以道德仁义为外在的说法,他以道德仁义为人的本来善性,但并不因此而否定人的自然欲求。在这一点上,孟子与告子所主张的"食色,性也"并无冲突,但是,除了这种生理的本能需求外,孟子认为,人性中还有一项内容,即心之于道德理义的热爱,这是人所具有的跟口腹之欲一样的自然本性。然而,虽然同为人的自然本性,但"理义之悦我心"比"刍豢之悦我口"更为重要。《告子上》又说:"耳目之官不思,而蔽于物。物

第二章　先秦时期教化儒学思想研究

交物，则引之而已矣。心之官则思，思则得之，不思则不得也。此天之所与我者。先立乎其大者，则其小者弗能夺也。此为大人而已矣。"心为人身之主宰，如果放弃心的主宰，放纵耳目之官的欲求，人就与禽兽一般无二了；反之，听从心的主宰，人的身体欲求才能绽放出人性的光辉。对孟子以仁义论人性及其与食色欲求之关系上的观念，李景林先生总结道："孟子所反对告子者，在于他以仁义为外在于食色自然本性从而失却了此'食色'之性的人性意义。孟子虽以仁义礼智内在于人心，却并不抽象地、现成地以仁或仁义礼智定义性，而总是在其形中发外的具体生命存在意义上展现性的整体内涵。"[①] 不过，要达到孟子所描述的这种状态并不容易，《尽心上》说："形色，天性也；惟圣人然后可以践形。"是圣人才能做到"践形"即在具体生命存在中完美地展现人性的整体内涵。当然，这样的圣人也正是孟子及其他儒家所"仰之""钻之""欲罢不能"的终极成人目标之所在。

基于对人性的上述理解，《孟子·尽心下》说："口之于味也，目之于色也，耳之于声也，鼻之于臭也，四肢之于安佚也：性也，有命焉，君子不谓性也。仁之于父子也，义之于君臣也，礼之于宾主也，知之于贤人者也，圣人之于天道也：命也，有性焉，君子不谓命也。"对声、色、臭、味、安佚之类的生理欲望，以及对仁、义、礼、智、圣之类的道德寻求，都是人生以来就具有的本性。但是，声、色等生理欲望的满足与否，要受到种种外在因素的限制，不是想获得即可获得的，所以只能委之于"命"；而对道德仁义的寻求，则是只要努力存养，就能实现的，所以不能委之于"命"而称之为"性"。因此，要成为人而不堕落于一般禽兽，要成为君子而非小人，就应该自觉地存养本心，培植善性，成就道德的理想人格。

性善论不仅是个人道德修养的理论基础，也是孟子仁政学说和王道理想的理论依据和逻辑起点。《孟子·梁惠王上》记载，孟子劝说齐宣王推其不忍之心，"老吾老，以及人之老；幼吾幼，以及人之幼"。《孟子·公孙丑上》中更准确地概括道："人皆有不忍人之心。先王有不忍

[①] 李景林：《教化的哲学：儒学思想的一种新诠释》，第38页。

人之心，斯有不忍人之政矣。以不忍人之心，行不忍人之政，治天下可运之掌上。"人皆有不忍人之心，就是人性本善；由不忍人之心而行不忍人之政，就是说扩充人本有的善性，便可以实现天下平治的外王理想。

孟子所说的性善、良知，后来学者或认为是可由工夫体证到的人性呈现，或认为是一种理论假设。牟宗三先生曾记录了在20世纪初熊十力先生与冯友兰先生之间一次关于良知的交谈："三十年前，当吾在北大时，一日熊先生与冯友兰氏谈，冯氏谓王阳明所讲的良知是一个假设，熊先生听之，即大为惊讶说：'良知是呈现，你怎么说是假设！'"①据此记录，冯先生认为良知是假设，熊先生则认为是呈现。牟先生深受熊先生启发，他的观点是："性体心体……自始即不是对于我们不可理解的一个隔绝的预定，乃是在实践的体证中的一个呈现。"② 这两种见解，后来分别有学人持之。由于种种原因，当今学人可能很难对"良知是呈现"有亲切的体证，但即便视之为一种假设，也具有非凡的意义。正是在类似性善这种人文观念的熏陶、引领下，才会源源不断地有人不仅仅是出于对鬼神的畏惧、对政刑的逃避、对功利的算计等外在原因，而去主动地弃恶从善、崇德修业，通过德行的修养，实现自我的教化，并发挥积极的社会影响。

3. 荀子的"性恶"论

孟子之后，荀子也十分注重对人性的研究，但在人性的善恶问题上，他与孟子正相对立，孟子认为人性善，他则认为人性恶，并专门作了一篇《性恶》来阐述其观点。

为什么说人性恶呢？荀子说："今人之性，生而有好利焉，顺是，故争夺生而辞让亡焉；生而有疾恶焉，顺是，故残贼生而忠信亡焉；生而有耳目之欲，有好声色焉，顺是，故淫乱生而礼义文理亡焉。然则从人之性，顺人之情，必出于争夺，合于犯分乱理，而归于暴。故必将有师法之化，礼义之道，然后出于辞让，合于文理，而归于治。用此观

---

① 牟宗三：《心体与性体》（上），上海古籍出版社1999年版，第153页。
② 牟宗三：《心体与性体》（上），第153页。

之，人之性恶明矣，其善者伪也。"（《荀子·性恶》）人的本性，是生而贪图利益、喜嫉妒憎恨，生而有耳目之欲、声色之好，如果顺从人的这种本性发展，必然会发生争夺利益、戕害异己、纵欲淫乱的行为，社会将会秩序败坏而归于暴乱，这就是人性恶的表现。所以，需要制定法律来驯化百姓，设立礼义以引导人民，这样人们才会懂得辞让，合乎规矩，而社会也归于平治。

荀子说，"枸木必将待櫽栝烝矫然后直；钝金必将待砻厉然后利；今人之性恶，必将待师法然后正，得礼义然后治"（《荀子·性恶》），就像弯曲的木头必须通过整形矫正才能变直、钝了的刀刃必须经过打磨才能变得锋利一样，人的本性恶，也必须经由师法教化、礼仪引导才能变得正直。现实中的人，如果能"化师法，积文学，道礼义"，就成为君子；如果"纵性情，安恣睢，而违礼义"，则成为小人。由此看来，"人之性恶明矣，其善者伪也"。

基于这种性恶善伪的理解，荀子批评孟子的性善论。他说，孟子讲人性善，是没弄明白本性与人为的区别。所谓"性"，是天生的，是不学而有、不为而成的，就如目自然可以见，耳自然可以听。而礼义是圣人创制的，需要学习才能掌握，需要努力作为才能成就，这种需要后天学习、作为才能获得的，就是所谓的"伪"。孟子说人性本善，而所以恶，是因为丧失了本性的缘故，这种说法是错误的。如果人性真是善的，顺应人的本性就应该可以实现天下平治，那么圣人先王制定的礼义又有何意义呢？实际上，正是因为人性本恶，所以远古的圣人才会立君王以统领之，明礼义以教化之，起法正以治理之，重刑罚以禁止犯罪，使天下归于平治，而合乎善的目的。设想一下，如果去除君王、礼义、法正、刑罚，让人们率性而为，那以强凌弱、以多欺少的问题就必不可免了，而顷刻之间就会天下大乱了。显而易见，人性本恶，而所谓善，则是后天人为的结果。

荀子如此旗帜鲜明地针对孟子性善论而提出的性恶论，自宋以后很是受到接续孟子精神传统的儒者的非议，现代研究者除了大多仍认为荀子主张性恶外，又有认为荀子实质上是主张性朴、主张性善情恶、主张心善情恶、甚或主张性善等等看法，这些看法各有所据。李景林先生从

"教化儒学"的思想历程

人性的内容、人性的结构、人性实现的目的论指向三个方面来重新思考荀子人性论,这对本文理解荀子人性论的实质和精神有着更大的帮助。

第一,就人性的内容而言,先生指出,荀子出于其"明于天人之分"的观念来理解人性,特别强调人性中并无现成的、实质性的善恶之内容;他针对孟子的性善论而言"性恶",其实质是强调人性中本无"现成的善",而非言人性中具有"实质的恶"。荀子所谓天,是"不为而成,不求而得"的完全自然的东西;所谓人,是"可学而能、可事而成之在人者"。从分别天与人的角度来看,人性自然的欲求诸如《荣辱》所列"饥而欲食,寒而欲暖,劳而欲息,好利而恶害"等,本身并无善恶的道德属性,实际上,荀子举出用以说明性恶的证据,即所谓"顺是,故……""从人之性,顺人之情,必出于争夺,合于犯分乱理,而归于暴",这已非天然,而是属于后天人为的内容。而他对孟子的批评,似是对孟子的性善论有误解。孟子所谓"善端",其实"是人心'能、知'共属一体的原初存在方式在具体境域中的一种当场性和缘构性的必然情态表现,并非某种预设性的现成天赋道德情感"。仔细审读原文就会发现,孟子与荀子对人性之天然的内容的理解并没有实质差别。孟子谓人性于"善端"之外,也有声、色、臭、味等方面的生理欲求;荀子则在讲人的生理欲求的同时,也承认人有"知"从而有对"义"的抉择能力,如《王制》说:"水火有气而无生,草木有生而无知,禽兽有知而无义;人有气有生有知亦且有义,故最为天下贵也。"二人的区别在于,孟子以性、命区分人性,主张以人性中的善端为起点,扩充之以崇德修业;荀子则着眼于人性中的生理本能即被孟子归为"命"的那部分内容,并将之与礼义对立起来,以此突出礼义的价值。

第二,荀子批评孟子性善论,还有一个理由:"性善则去圣王,息礼义矣;性恶则与圣王,贵礼义矣。"(《荀子·性恶》)荀子认为,如果人性本善,那么礼义就没有存在的必要了,而礼义的存在,恰好说明了人性是恶的,因此需要礼义来教化。但这就出现了一个新的问题,即礼义从何而生呢?根据孟子的性善论,顺着人性中的善端扩充开去,便自然有仁、义、礼、智诸道德条目,但按照荀子的性恶论,礼义的产生似乎并无内在于人性的根据。对此荀子确实也是这样理解的,他说,譬如陶工陶制泥土以成器物，木工砍削木头制作器物，这器物系工人后天制成，不能说它们出自工人之性；同样地，"圣人积思虑，习伪故，以生礼义而起法度，然则礼义法度者，是生于圣人之伪，非故生于人之性也"（《荀子·性恶》）。然而细究起来，圣人之所以生礼义起法度，实际上也有其人性的依据，因为圣人所积的"思虑"，就是人性的内容之一。不过从"思虑"如何生起礼义法度，则还要从荀子论人性的结构说起。

关于人性的结构，《荀子·正名》说："性者，天之就也。情者，性之质也。欲者，情之应也。以所欲为可得而求之，情之所必不免也。以为可而道之，知所必出也。"又说："欲不待可得，而求者从所可；欲不待可得，所受乎天也。求者从所可，受乎心也……治乱在于心之所可，亡于情之所欲。"人性是包括了情、欲、知等诸多内容的复杂整体，而这些内容是有主次之分的，荀子认为，其中情、欲等出于形体的属于生理本能的内容，应当听从心之"所可"。《荀子·天论》说："天职既立，天功既成，形具而神生。好恶喜怒哀乐臧焉，夫是之谓天情；耳目鼻口形能各有接而不相能也，夫是之谓天官；心居中虚，以治五官，夫是之谓天君。"《荀子·解蔽》说："心者，形之君也而神明之主也。"这两段"亦是强调人的形躯、情感、欲望表现，必然地受制于心的判断和主宰作用"。由此可以看出，"荀子所理解的人性，乃表现为一个情、欲'从心之所可'的结构整体"。先生总结说："荀子论人性的结构，强调人的实存活动及其情欲要求必受制于心知及其抉择之支配，据'心之所可'以规定其实现的途径与行为的原则，由之而获得其正面（善）或负面（非善或恶）的道德价值和意义，而非直接现成地顺自然而行。"

理解了荀子所论人性的结构，可知在荀子这里，礼义法度的生起其实也有其先天的基础，并非与人性截然对立，只不过礼义法度并非先天地潜存于人性中，而是在人性后天的展开过程中、在人活动的具体情境中，经由"心之所可"而建立起来的。

第三，人心的"知"或"所可"可以有不同的内容和指向，如荀子所说，"有圣人之知者，有士君子之知者，有小人之知者，有役夫之

"教化儒学"的思想历程

知者"(《荀子·性恶》),这些不同的"知"或善或恶,那么如何保证人必然趋于礼义之善呢?对此,先生分析认为:"荀子善言'类',以为人之类性及理或道规定了其存在之终极目的,故人作为一个'类'的存在,本内在地具有一种自身趋赴于善的逻辑必然性或目的论意义之善性。"

荀子喜欢从"类"的角度来立论,《非相》说:"以人度人,以情度情,以类度类,以说度功,以道观尽,古今一度也。类不悖,虽久同理。"类有其不变的理,人作为一个类的理或道,在荀子看来就是礼义。荀子也喜欢讲人禽之辨,人作为一个类,与禽兽的区别在于其有礼义。遵从礼义与否,是人这个群类治乱的关键,有礼义则治,"无礼义则乱"。

礼义如此重要,人理应以礼义作为"知"的对象。《解蔽》说:"凡以知,人之性也;可以知,物之理也。以可以知人之性,求可以知物之理,而无所疑(定)止之,则没世穷年不能遍也。其所以贯理焉虽亿万,已不足以浃万物之变,与愚者若一……故学也者,固学止之也。恶乎止?曰,止诸至足。曷谓至足?曰,圣也。圣也者,尽伦者也;王也者,尽制者也。两尽者,足以为天下极矣……向是而务,士也;类是而几,君子也;知之,圣人也。"又《正名》说:"凡人莫不从其所可,而去其所不可。知道之莫之若也,而不从道者,无之有也。"人的认知能力不是无限的,应该有一个界限或方向,这个界限或方向,是知"道"而从"道",具体地说,是内知父子之义,外知君臣之正,明了礼法伦常,如此而渐臻于圣人的境界。

综上所述,荀子的性恶论乃是针对孟子的性善论而发,他批评性善是要强调人性中本无"现成的善",而他由此主张性恶,亦非认为人性中具有"实质的恶";他的目的,是要借此证明礼义法度的必要性。在荀子这里,善恶是由后天是否遵从礼义法度来决定的,但是否遵从礼义法度,从根本上来讲,还是取决于人心的"知"或"所可",这与后来受到荀子影响的法家之完全强调外在秩序、制度对人的规范是不同的。在主张个体做道德修养和致力于社会治平的道德理想上,荀子同孟子虽然论证思路不同,却是殊途同归。荀子的人性论有比较完整的逻辑体系，不过也正如李景林先生所评点的，荀子"对天人、性伪之间绝对对立的理解，使其人性结构仅具形式的意义而流为一'空'的结构，故只能从此结构之外另取一目的论原则，以成就其终始相接的理论圆环。是其理论的体系，似圆而终至于非圆。因而，儒家的伦理道德系统，终须建基于思孟一系的人性本善论，才能成为一个自身周洽完满的思想体系。思孟的学说在儒学史上能够蔚成正宗而不可或替，良有以也"。①

总的来讲，先秦儒家在人性论问题上的观点，虽然从孔子到孟子再到荀子，对人性是什么、是善还是恶等问题有着诸多具体不同的理解，但根本精神却是一致的，他们都主张通过工夫修养、为学进取实现人性的教化进而推动社会归治，而这一点，也正是儒学的要义所在，为后来的儒家所继承发扬了。

（二）为学方向与修养工夫

先秦儒家著作中论及修养工夫的词句比比皆是，其中最具系统性的表述为《礼记·大学》，朱子谓之"外有以极其规模之大，内有以尽其节目之详者也"②。《大学》区分学之内外，以修身为本，其论修身工夫，乃列其条目，序其次第，可谓相当完整了，然而这仍不足以囊括当时儒者所论工夫的全部。除了《大学》所列格物、致知、诚意、正心等条目外，其他还有反省、慎独、寡欲、养气、修己以敬、克己复礼、虚一而静等工夫名目，这些具体工夫或异名同实，或殊途同归，或相得益彰，或各得其所，不一而足。

琐细的工夫名目，本文不逐一讨论，仅就其能在整体上反映儒家之治学方向、基本原则、工夫进路者，择数条略加分析。

1. 学以为己

"学"是先秦儒家关注的一个核心话题。学的意义是什么？其一，《礼记·学记》说："君子如欲化民成俗，其必由学乎！"这是从社会治理的角度讲学（实即教）的意义。这个意义上的学，是儒家王道政治

---

① 本节所引李景林先生的文字和观点，俱见先生大作《人性的结构与目的论善性——荀子人性论再论》，《北京师范大学学报》2019年第5期。

② （南宋）朱熹：《四书章句集注》，中华书局1983年版，第2页。

主张的内容之一。《论语·子路》记孔子告诉冉有以"既富后教",《孟子·梁惠王上》记孟子劝说梁惠王、齐宣王在"制民之产"的同时还当"谨庠序之教,申之以孝悌之义",这都是从为政者的立场来谈学或教。而且这不止于设想,在古代实际上是有规可循的,《孟子·滕文公上》说:"庠者养也,校者教也,序者射也。夏曰庠,殷曰序,周曰校,学则三代共之,皆所以明人伦也。"《学记》也说:"古之教者,家有塾,党有庠,术有序,国有学。比年入学,中年考校。一年视离经辨志;三年视敬业乐群;五年视博习亲师;七年视论学取友,谓之小成。九年知类通达,强立而不反,谓之大成。夫然后足以化民易俗,近者说服而远者怀之,此大学之道也。"这是对古代教育形制的记载。儒家继承弘扬了古代教育的精神,而且从孔子开始,突破了"学在官府"的局限,改行"有教无类",孔子讲"既富后教"和孟子讲"谨庠序之教"的对象都是民,由此,学之"化民成俗"的普遍社会意义才得以彰显。其二,《学记》又说:"玉不琢,不成器;人不学,不知道。"这是讲个体为学的意义。本节主要围绕后一个意义上的"学"来展开讨论。

个体为学的目的是什么?就是为了学习知识技能以谋生吗?一般人可能是这样理解的,但在儒家看来,学习的更重要的目的在于学做人,"其核心是人的修养,其目的是立身成德,由此而成就人生的智慧"[①]。儒家把这称为"为己之学"。

"为己之学"这个提法出自《论语·宪问》:"子曰:'古之学者为己,今之学者为人。'"这里的"为己",不是为了个人利益的意思,而是与"为人"相对应的说法。程颐解释说:"为己,欲得之于己也。为人,欲见知于人也。"[②]"为己",指学习是为了切切实实地提高自己的知识、能力,使自己学有所得;而"为人",则是指把学习作为猎取功名利禄的手段。"为人之学"是做给别人看的,于个人的提升无益,孔子看重的是"为己之学"。在最基本的意义上,学以为己,就是要学习

[①] 李景林:《教化视域中的儒学》,中国社会科学出版社2013年版,第143页。
[②] (南宋)朱熹:《四书章句集注》,第155页。

第二章　先秦时期教化儒学思想研究

到真正的本领,切实地提高自己的能力。但儒家所主张的为己之学的目的并不仅仅是锻炼提高一般的本领,而是有更深的内涵,即获得德性上的成就。孔子十分看重对道的追求,甚至提出"朝闻道,夕死可矣"(《论语·里仁》),而他所谓的道,是以仁义德性为其核心内容的,所以为学的根本及主要内容在于培养德性。主张学以成德,并不仅仅是出于现实政治的需要或维护伦理秩序的考虑,根本的是在于对人之为人的认识,更有形上超越义在其中。李泽厚先生说,所谓"为己之学",专作道德讲,似仍不完备,还有一层对人生境界之体验、寻求的意思在。[①] 唐文明教授提出,"为己之学"关系到自我之所是、自我之本真性的问题。[②] 对此我们结合《易传》的说法更容易理解。《系辞传上》说:"一阴一阳之谓道,继之者善也,成之者性也。"又说:"成性存存,道义之门。"仁义关乎人之所是,修行仁义有实现、完善天道赋予之性命的形上意义。理解了这一点,我们才能懂得为什么孔子会说"君子无终食之间违仁,造次必于是,颠沛必于是"(《论语·里仁》)。

孔子所言学以为己,孟子又用"自得"来说明之。孟子说:"君子深造之以道,欲其自得之也。自得之则居之安,居之安则资之深,资之深则取之左右逢其源。故君子欲其自得之也。"(《孟子·离娄下》)"深造之以道",王阳明解释作"于当然之道而深造之也"[③],就是说,道是深造的对象。君子深入地钻研道,是为了使自己有所实得;自己于道有真正的体会,就能坚守它而不会有所动摇;能坚守它,对它的体会就能越来越深;对道的体会深刻了,就能取之不尽用之不竭,左右逢源。所以君子问学,以自得为贵。深造于道,学以自得,其实际内容便是通过道德修养完善、成就自身。在孟子看来,仁义忠信之善,是天赋于人的,是人之为人的本性所在,如果能好好修习仁义,存养着善的本性,可以使之像政治的爵禄一样上升到很高的程度,所以称之为"天爵"。孟子的自得之学,和孔子的为己之学一样,都是以致力于修行仁道、提

[①] 李泽厚:《论语今读》,安徽文艺出版社1998年版,第340页。
[②] 唐文明:《本真性与原始儒家"为己之学"》,《哲学研究》2002年第5期。
[③] (明)王守仁:《阳明先生遗言录》上,转引自陈来《中国近世思想史研究》,商务印书馆2003年版,第619—620页。

升自我为其实质的。

　　要注意的是，对德性的强调并不意味着排斥知识技能的学习，关键在于把握好二者的关系。知识渊博是孔子的名片之一，但他并非汲汲于琐屑知识的探求，而是有"道"贯通其中，从《论语》记载他"志于道""志于仁"诸主张，可知此"道"即德性精神。孔子不仅自己如此，他在教育学生时也是如此。我们应注意到，孔子为门人解答仁、孝、为政等问题，均无固定的答案，而是如明儒章潢所说，"随群弟子问仁、问孝、问政，莫不因才造就"①。《先进》载孔门四科，朱子《集注》说："弟子因孔子之言，记此十人，而并目其所长，分为四科。孔子教人各因其材，于此可见。"② 由此看来，孔子教人，并非让门人泛学一切知识，泛应一切事务，而是相应于人的个性特点，指点之以为学之方，这落实到个体身上来说，我们可将之理解为基于具体的个性而又贯穿了普遍的德性精神的生命之实现、完善或成就。

　　正是有道或德性精神一以贯之，所以孔子对知识技能的处理方式是从容悠游、以道驭技，从而知识技能乃服务于人的生命成就。《论语·述而》记载："子曰：'志于道，据于德，依于仁，游于艺。'"李景林先生对此的解释是：孔子"对知识、技能的态度，可以用一个字来概括：'游'。……这'游'字所标示出的为学路径是：为学既要涵泳于'艺'，又不偏执于'艺'。……由此路径，知识技艺被艺术化了。知识技艺是可以普及、可以重复进行作业的东西，而艺术则是充分个性化的产物。个性化，是使普遍而平均化的东西与个体的内在心灵生活相关联。在这里，才会有兴趣、趣味发生"；"表现整体生命的'学'，离不开'艺'，但又不能停留在'艺'上。人不能直接地由知识技能这条路来达到'真实'。生命要由'道'为人的分化了的现实存有奠基，并起到整合的作用。但道不是抽象的东西，它的具体的表现，就是'德'和'仁'"③。但是儒家所主张的学习又不能理解为只是为了个人的精神

---

① （明）章潢：《图书编》卷十四，《四库全书》本，商务印书馆 2008 年影印本。
② （南宋）朱熹：《四书章句集注》，第 124 页。
③ 李景林：《"学"何以能"乐"？——〈论语〉"学而时习"章解义》，《齐鲁学刊》2005 年第 5 期。

享受，它还有承担社会责任、平治天下的要求。学以为己，实质上是"合外内之道"。关于为己之学在外王方面的内涵，在第二部分再具体分析。

2. 子以四教

宋以后儒者又多解学以"为己"为德行、"为人"为事功，认为事功必须以德行为本，于是分德行与事功为二；又受佛老的启发，将德性概念本体化，追求心、性的超越意义，这样，为学便侧重在心性修养上下工夫。此风发展至明末尤烈，这招致顾炎武的激烈批评："不习六艺之文，不考百王之典，不综当代之务，举夫子论学论政之大端，一切不问，而曰一贯，曰无言，以明心见性之空言，代修己治人之实学。股肱惰而万事荒，爪牙亡而四国乱，神州荡覆，宗社丘墟。"① 顾炎武虽痛心于明亡而言辞过激，但所说后儒与孔子论学的区别，却不为无见。孔门四科，除德行外还有言语、政事、文学，并非唯德行是尊。显然，孔子教学的内容从总体上来讲是德业并重的，这也是兼具"为人"即承担社会责任内涵的"为己"之学的必然要求。《论语·述而》说"子以四教：文、行、忠、信"，就是对孔子教学内容的一个总结。

"子以四教"一句，解者纷纷，莫衷一是，推崇者有之，质疑者亦有之。质疑的意见，或解"行"为德行、修行，则忠与信为行中之两事，那么既已言行，又重复言存忠信，"义不可解"，此盖"弟子不善记也"。② 或谓"四教"不过是孔门弟子或再传弟子"大抵凭直觉或传闻"罗列的；"四教"不能以近代分科观念度之，否则还应有"仁"教、"礼"教、"孝"教等，才符合孔子施教的实际情况；"四教"解为四种教化似更可靠。③ 其实，如果我们不拘泥于具体字义的解释，而是在比较宽泛的意义上理解"四教"的话，这不失为对孔子教学内容的一个比较完整的概括，由此，我们也可以了解孔子的为学途径。下面先

---

① （清）顾炎武：《日知录》卷七"夫子之言性与天道"条，见陈垣《日知录校注》，安徽大学出版社2007年版，第384页。

② （元）陈天祥：《四书辨疑》，转引自程树德《论语集释》，中华书局1990年版，第486—487页。

③ 陈桂生：《"子以四教"别解》，《江西教育科研》1997年第2期。

看四教的内涵：

文："文"字在《论语》中多见，大致有二义，一是指文献、典籍，二是指与"质""野"相对的文化、文明。二义是可通的，文献为文明之载体，学为文明须以文献为阶梯。"文"的核心内容，是诸文化经典。孔子本人就重视对经典的学习，《述而》："子曰：加我数年，五十以学《易》，可以无大过矣。""子所雅言，诗、书、执礼，皆雅言也。"同时，孔子也重视对门人的经典教育，此即《史记》所谓"孔子以《诗》《书》《礼》《乐》教"。经典教育的作用，一是扩充知识。《雍也》："君子博学于文，约之以礼，亦可以弗畔矣夫？"《子罕》："夫子循循然善诱人，博我以文，约我以礼。"张栻注曰："博学于文，广闻见也。约之以礼，守规矩也。"[1]（这里与"文"对举的"礼"，不是《礼》经，而是实际上的规矩制度，所以与前面说"文"包括《礼》《乐》等并无冲突。）博学于文的一个目的是积累知识。二是成人、立人。《宪问》："若臧武仲之知，公绰之不欲，卞庄子之勇，冉求之艺，文之以礼乐，亦可以为成人矣。"人或有所长，但偏倚驳杂，以礼、乐裁成之，方能无弊。《泰伯》："兴于《诗》，立于《礼》，成于《乐》。"《季氏》："不学《礼》，无以立。"也是此意。《阳货》："子曰：小子何莫学夫《诗》？《诗》可以兴，可以观，可以群，可以怨，迩之事父，远之事君，多识于鸟兽草木之名。"这里把《诗》的致知、成人二义都说到了。除文化经典外，文还可以做更宽泛的理解，举凡礼、乐、射、御、书、数乃至政事等文化活动、文明生活的内容，也属于文。人要参与社会生活，不可以不学文。

行：孔子特别重视"行"。《论语》中提到"行"的地方，多是与"言"对举。孔子反对巧言令色，而强调言行一致，此即《子路》所谓"君子名之必可言也，言之必可行也"；他认为言过其实而行有不逮是可耻的，《宪问》记"子曰：君子耻其言而过其行"；甚至认为应该多行而少言、敏捷于行而谨慎于言，《学而》："敏于事而慎于言。"《里仁》："君子欲讷于言而敏于行。"与学"文"相比较，"行"更为重

---

[1] （南宋）张栻：《癸巳论语解》卷三，《四库全书》本，商务印书馆 2008 年影印本。

第二章 先秦时期教化儒学思想研究

要。作为"为己"之学,所习知识自当体之于身心,实之于行动,否则就只是停留在口耳的"为人"之学。

孔子并非对一切行都许可,他还主张行中应贯彻德性的精神,《子路》:"子贡问曰:'何如斯可谓之士矣?'子曰:'行己有耻,使于四方,不辱君命,可谓士矣。'曰:'敢问其次。'曰:'宗族称孝焉,乡党称弟焉。''敢问其次。'曰:'言必信,行必果,硁硁然小人哉,抑亦可以为次矣。'"士之行,当内蕴"有耻"之情而外措诸家国之用,如果只是言必期信,行必期果,虽亦有可观,却已沦为"小人"了。其后孟子说"大人者,言不必信,行不必果,惟义所在"(《孟子·离娄下》),可说是对孔子此论之旨的一个更清晰的表述。注者有释四教之"行"为"德行"的,虽是把在《论语》中含义原本很宽泛的"行"变成了一个纯德性概念,但仍不失为得孔学之精神。

忠、信:《述而》分忠、信为二,与文、行合为四教,但《论语》中每见两字连用,注者也多视之为一事。这两个概念有区别,但同属人的内在德性,大旨同归,可以合而论之。关于字义,程颐说:"尽心之谓忠,……见于事谓之信。"① 刘宝楠说:"中以尽心曰忠,恒有诸己曰信。"② 关于适用范围,皇侃疏引李充云:"为人臣则忠,与朋友交则信。"③ 此解太过狭隘,注者多不从。张栻:"忠则实诸己,信则笃诸人。"④ 黄怀信:"忠,以待人也。信,以律己也。"⑤ 二者意见分歧,但总体而言,忠、信为德性原则,与人的情感志意相关,其要义是真切笃实。孔子主张言行中均应贯彻这一原则。

对忠、信,可以从以下三个角度去理解。第一,忠、信之德的养成,有赖于人的自觉反省,如《学而》记曾子所说:"吾日三省吾身:为人谋而不忠乎?与朋友交而不信乎?传不习乎?"第二,忠、信可看

---

① 《程氏经说》卷七,《四库全书》本,商务印书馆 2008 年影印本。
② (清)刘宝楠:《论语正义》卷八,《诸子集成》,上海书店出版社 1986 年版,第 147 页。
③ 转引自程树德《论语集释》,中华书局 1990 年版,第 486 页。
④ (南宋)张栻:《癸巳论语解》卷四,《四库全书》本,商务印书馆 2008 年影印本。
⑤ 黄怀信等撰:《论语汇校集释》,上海古籍出版社 2008 年版,第 629 页。

作是其他德性的根本。忠、信强调真实的情感志意，而《论语》中涉及最多、也最重要的两个德性仁和孝，正是基于此而形成的。《学而》："子曰：巧言令色鲜矣仁。"《子路》："子曰：刚毅木讷近仁。"《颜渊》："子曰：仁者其言也讱。"这都是强调仁当以真实为质，不能有虚情假意。孔子批评宰我欲减三年之丧，主张父子相隐，则是主张孝当以自然真情为内容。从这个角度讲，忠、信与仁、孝是内在一致的。第三，忠还是道德践履的方法。《里仁》："曾子曰：'夫子之道，忠恕而已矣。'"朱子《集注》说："尽己之谓忠，推己之谓恕。"这个解释与《中庸》说"忠恕违道不远，施诸己而不愿，亦勿施于人"是一致的。"尽己"才能"推己"，所以忠对于道德践履而言是首要的方法。从这几点来看，"四教"中虽仅举忠、信，但其实可以包括孔子所言德性修养的多方面内容。

以上是四教分说。这四者合外内，兼知行，总结的不可谓不全面，至有人誉之为"圣教之全功"①。这里还有一点需要注意：后儒有不少认为四教乃孔子教人先后浅深之序，而不同意这一顺序者则认为四教非孔子之意。② 其实大可不必如此拘泥，四者本非独自施用，而是相辅相成的。

就"文"教而言，不仅用在致知，还含有力行、修德之义。《子路》："子曰：诵《诗》三百，授之以政，不达；使于四方，不能专对，虽多，亦奚以为？"这是强调文的学习必须要能落实到行中。学"文"对修德的意义，前已言及成人、立人，《礼记·经解》记述的一段话说得更为清楚："孔子曰：入其国，其教可知也。其为人也，温柔敦厚，《诗》

---

① （清）喇沙里、（清）陈廷敬等编：《论语上之三》，《日讲四书解义》卷六，《四库全书》本，商务印书馆 2008 年影印本。
② 肯定者如何焯《义门读书记》卷三："小学先行而后文，'弟子'章是也。大学先文而后行，此章是也。"《论语集注考证》："文行忠信，此夫子教人先后浅深之序也。"《困学纪闻》："四教以文为先，自博而约。四科以文为后，自本而末。"（转引自程树德《论语集释》，中华书局 1990 年版，第 486—487 页）反对者如杨简："孔子之言曰'行有余力，则以学文乎'，行为先，文为后，天下之常理，圣贤之常言。……《论语》曰：'子以四教，文行忠信。'此非孔子之言，亦非德行诸贤之言也。"（见杨简《慈湖遗书》卷九"《小戴曲礼》篇曰'太上贵德'"条、卷十一"《论语》乃有子之徒所记"条，《四库全书》本）

教也；疏通知远，《书》教也；广博易良，《乐》教也；絜静精微，《易》教也；恭俭庄敬，《礼》教也；属辞比事，《春秋》教也。"这里主要说的就是"文"的德性教化意义。

就"行"教而言，《学而》："子曰：弟子入则孝，出则弟，谨而信，泛爱众，而亲仁，行有余力，则以学文。"这里的"行"本已灌注了德性的内容，但还须进以学"文"才能完善。《卫灵公》："子张问行。子曰：言忠信，行笃敬，虽蛮貊之邦行矣……"则是强调言行当以忠信为质。

就"忠""信"之教而言，后儒多解忠信为文、行之本，这是正确的，但忠信诸德的养成，必见于行事之中，而非先有个独立的德性修养工夫在。观《论语》中孔子答群弟子问仁、问孝处，都没有给出固定的定义，而是就具体的行事来随机指点、因材施教，由此可知，德与行不可分。同时，德性修养亦当以"文"修饰整饬之。《公冶长》："子曰：十室之邑，必有忠信如丘者焉，不如丘之好学也。"很明显，仅有忠信之质，还不足以成人，还须进以学。《阳货》："好仁不好学，其蔽也愚；好知不好学，其蔽也荡；好信不好学，其蔽也贼；好直不好学，其蔽也绞；好勇不好学，其蔽也乱；好刚不好学，其蔽也狂。"学文对于德性修养，有裁成的意义。反过来说，"文"也当根据德的要求而有调整，孔子之所以放郑声、远佞人，及删述诗书，用意即在此。

所以，四教是一个整体，举一而可兼其余。由此也可看出，孔子主张的"为己"之学，是要在德业并进、实地修行的过程中来实现成人、立人的。

3. 忠恕之道

孔子提出的"己所不欲，勿施于人"的道德原则，对中国文化乃至世界文化都有深远的影响。18 世纪的法国启蒙思想家伏尔泰就十分推崇这一原则，他认为每个人都应该将之作为座右铭；他还针对西方教会中各派势力的相互倾轧而特别倡导中国的"宽容"精神。据说，法国资产阶级革命后发表的《人权宣言》第四条："政治的自由在于不做任何危害他人之事。每个人行使天赋的权利以必须让他人自由行使同样的权利为限"，就是由于受到伏尔泰推崇孔子"己所不欲，勿施于人"

思想的影响，而由罗伯斯庇尔写进去的。

"己所不欲，勿施于人"，是孔子"忠恕之道"的内容。孔子推崇"仁"的品格，他说："君子去仁，恶乎成名？"如果没有"仁"的品格，君子又如何当得起"君子"这个名称？所以他提出："君子无终食之间违仁，造次必于是，颠沛必于是。"（《论语·里仁》）"终食之间"是指一顿饭的时间，意思是片刻之间；"造次"是指匆忙、急迫的时候；"颠沛"意为仆倒，指处境艰难的时候。这句话的意思，就是说作为君子，无时无刻，不管遭际如何，都不能违背仁德。在孔子那里，"仁"是比"圣"稍低的一个境界，但是要达到圣，必须先达到仁，而且圣在孔子看来，"尧舜其犹病诸"（《论语·雍也》），连尧舜都还未必完全达到，所以仁几乎是人所能达到的最高境界，是完全人格的象征了。那如何培养"仁"呢？培养"仁"的最主要方法就是"忠恕之道"。什么是忠、恕呢？朱熹解释说："尽己之谓忠，推己之谓恕。"忠是指自我的修养，恕是指接人待物的态度。

我们先来谈谈恕。《论语·卫灵公》记载，子贡问孔子，有没有一句话可以让我终身奉行呢？孔子说："其恕乎！己所不欲，勿施于人。"由此可见，所谓恕，就是指"己所不欲，勿施于人"。这句话的意思是，我不愿意别人这样对待我，我也不能这样对待别人；我自己所不愿意做的事情，也不能强行要求别人去做。这是一个处理人与人之间关系的原则，它强调的是，在待人处世时，不能以自我为中心，而要将心比心，考虑到别人的实际感受。这个原则在《论语》中还有两种表达方式，《公冶长》："我不欲人之加诸我也，吾亦欲无加诸人。"《雍也》："夫仁者，己欲立而立人，己欲达而达人。能近取譬，可谓仁之方也已。"前一句话好理解，后一句话的意思则是，所谓仁，就是自己想有所成就，也要让别人能有所成就；自己想事事行得通，也要让别人能事事行得通。能这样从身边的事例中切实地体会这个道理，就是培养"仁"的方法了。在孔子那里，仁的最主要的内涵是爱人，爱人这样一种道德情感、道德境界，孔子认为就是要在具体的接人待物过程中，时时体会"己所不欲，勿施于人""己欲立而立人，己欲达而达人"，如此逐渐培养起来的。

《大学》将恕的方法具体化了，称之为"絜矩之道"："所恶于上，毋以使下；所恶于下，毋以事上；所恶于前，毋以先后；所恶于后，毋以从前；所恶于右，毋以交于左；所恶于左，毋以交于右。此之谓絜矩之道。""矩"是丈量方形物体的尺子，"絜"就是丈量、度量的意思，"絜矩"就是拿着尺子丈量事物，在这里是比喻以自身的感受为标准来体会他人的感受：我不愿意长上之人无礼于我，那我也不应该无礼于比我幼弱之人；我不愿意幼弱之人不尊重我，那我也不应该不尊重长上之人；推之于前后、左右，都是这个道理。这实质上就是孔子所说的"己所不欲，勿施于人"。

再来谈谈忠。"己所不欲，勿施于人"是处理自己与他人之间关系的一个原则，但要能实施这一个原则，前提是得尽心，修养自己的心性，这就是"忠"。忠就是中，是指内心真诚、笃敬、不虚伪的意思。程颐说："忠，体也；恕，用也。"又有人问程颐，要怎样才能在"恕"上用功呢？程颐回答说："恕字甚大，然恕不可独自用，须得忠以为体。不忠，何以能恕？看忠、恕两字，自见相为用处。"[①] 恕很重要，很有用，但是只讲恕不行。忠是体，恕是用，有体才有用，有忠才能真正地做到恕。程颐这个解释是符合孔子思想的。如果没有自己真实的情感作为基础，又如何能推己及人呢？如果内心情感不真实，那样表现出来的"己所不欲，勿施于人"，可能就是故意的、虚伪的，或者是武断地设想别人的所欲所不欲。

所以，当仲弓向孔子请教什么是仁的时候，孔子说："出门如见大宾，使民如承大祭。己所不欲，勿施于人。在邦无怨，在家无怨。"（《论语·颜渊》）出门就像接待贵宾，使唤百姓就像承担祭祀大典，内心庄严肃穆，认真谨慎。自己不喜欢的事情，也不强加于别人身上。这样，在什么地方都不会有怨恨。孔子这段话中前两句是讲忠，中间两句是讲恕，后两句是讲忠恕行仁的效果。显然，忠是恕的前提。当子路问孔子如何成为君子的时候，孔子说，要"修己以敬"，"修己以安人"，"修己以安百姓"（《论语·宪问》），也是把诚敬修己作为基础。当然，

[①]（北宋）程颢、程颐：《二程集》，中华书局1981年版，第184页。

"教化儒学"的思想历程

这不是说一定要先忠了才能恕，忠、恕不是两回事。如果在接人待物中能时时注意反观本心，推己及人，这实质上就是忠；反之，按照儒家仁爱之心为人所本有的看法，如果能真实地呈现自己的不忍之心、恻隐之情，那么必然会为别人考虑，必然能做到恕。所以程颐说忠恕"相为用"，二者是一体的，只是分别来讲述的时候，要以内心的真诚为体，外在表现出来的恕道为用。

忠恕之忠是指内心的真实、诚敬，所以恕之于人不是无原则地讨好于人、不得罪人的老好人态度。老好人在孔子那里被称为"乡愿"。孔子说："乡愿，德之贼也。"（《论语·阳货》）有人解释乡愿为，每到一乡，就趋迎这乡的人情，以之为自己的意见。朱熹说，乡是"鄙俗"的意思，所以乡愿就是同流合污的媚俗之人。总之，乡愿是指那种没有自己的原则，只是趋迎别人的意思，四处讨好，八面玲珑，想挑他的错误挑不到，想说他的好处也说不出的人。孔子鄙视这种人，因为这种人不讲道德原则，没有真情实感，是"德之贼"。

忠恕之道讲"己所不欲，勿施于人"，这是强调对自己行为的限制，强调不能将自己的好恶强加于别人，所以必须注意，这句话不能演变为"己之所欲，施之于人"。己之所欲，施之于人，那就是以为自己有什么样的欲望，别人也就有什么样的欲望，于是想要实现自己的欲望，也就帮助别人实现他的欲望，这实际上是把自己的好恶强加于人。人与人是有差异的，每个人的想法都有不同。如果因自己有什么样的想法就推测别人也有相同的想法，这是很荒谬的，极容易出现差错，这种做法不符合孔子的意思。还有些人将孔子所谓"己欲立而立人，己欲达而达人"径直解释为"己之所欲，亦施于人"，这也是对孔子意思的曲解。孔子的意思是说，个人要想实现自己的价值，也应该让别人实现他的价值。每个人的人生观、价值观可能不同，但不能互相倾轧排挤，而应该互相尊重，让彼此都能得到实现，让彼此都能得到适合其本人的成就。

要做到忠、恕，这不是靠外在的规范来强制实施，而是靠个人的自觉反省。主张内省，这是儒家道德修养工夫的特点。曾子说："吾日三省吾身：为人谋而不忠乎？与朋友交而不信乎？传不习乎？"（《论语·

学而》）曾子这里讲的反省，实际上就是孔子讲的"修己以敬"，也就是"忠"。后来的儒家大力发展了这种修身工夫。《大学》讲齐家治国平天下以"修身"为本，而修身则以"正心""诚意"为内容，《中庸》讲"至诚"之道，讲"慎独"，孟子讲"反身而诚"，到后来宋明儒学发展起涵养、主敬、悔过等一系列心性修养工夫，其源头都可追溯到孔子的忠恕之道。

4. 自诚明与自明诚

儒家非常重视"诚"。诚既是宇宙万物存在的本来状态，也是一种修养工夫，还是一种经过工夫修养所能达到的精神境界。最早系统地阐述"诚"的思想的是《礼记·中庸》。

"诚"是什么意思呢？朱熹说："诚者，真实无妄之谓。"[①] 王夫之说："诚也者，实也。实有之固有之也，无有弗然，而非他有耀也。若夫水之固润固下，火之固炎固上也，无待然而然。"[②] 诚有两个基本意思，一是真实，不假；二是实有，即真实地拥有，就是说，事物按照它固有的本性发展，现实事物存在状态违背了它们的本性，这就是不诚。《中庸》里讲的"诚"，基本意思就是这样。

《中庸》说："诚者，天之道也。"诚是天道的特性，该是什么就是什么，比如该刮风就刮风，该下雨就下雨，没有一点做作、假装。《中庸》又说："至诚无息。不息则久，久则徵，徵则悠远，悠远则博厚，博厚则高明。博厚，所以载物也；高明，所以覆物也；悠久，所以成物也。"天道的运行正因为其至诚无虚，所以能生生不息，悠久无疆；由于其悠久不息，所以能成博厚之地，高明之天。博厚之地载万物，高明之天系星辰。天道因其"为物不贰"，所以能"生物不测"，即因其至诚，所以能自然而然、生生不息地成就天地万物。天地万物本该也都保持诚的特性，这样才能不违天道。但是，人同其他事物不同，人生来就有聪明与愚笨、贤惠与不肖的区别，每个人都凭着自己片面的眼光来理解天道，或者说就是戴着有色眼镜来看待世界，于是就智者、贤者过

---

① （南宋）朱熹：《四书章句集注》，第31页。
② （清）王夫之：《尚书引义·洪范三》，中华书局1976年版，第116页。

之，愚者、不肖者则不及，都不能了解天道之本然、自己之真实，而有种种不符合本性的行为。所以《中庸》提出："诚之者，人之道也。"人要做"诚"的修养工夫，才能实现自己的真实本性。如果人能做到"至诚"，便是达到了极高明的境界，便能洞彻宇宙的本性，而能参赞天地的化育了。

从修养工夫的角度，《中庸》将人分为两类，一类是圣人，一类是普通人。圣人本就是至诚的，他能"不勉而中，不思而得，从容中道"，能不加任何勉强，自然而然地合于天道。但普通人则需要"择善而固执之"，经过"博学之，审问之，慎思之，明辨之，笃行之"的过程，努力地求合于天道。《中庸》又说："自诚明，谓之性；自明诚，谓之教。"至诚之人，在待人处世的时候自然地明白事理，这是其先天本性中就具有的能力；而先知道有这个道理，然后按照这个道理努力去做，以求达到诚，这是后天的教化。这还是把人分为两类。《中庸》所做的这种区分，对后世儒学有很大的影响。朱熹就将"自诚明"解释作圣人之学，将"自明诚"解释作贤人之学。而王阳明的门人更因为这种区分，各自主张不同的治学工夫，而产生学术的分歧。

不过不管是走自诚明还是自明诚抑或别的途径，都是要实现内心的诚。那么具体怎样做才能实现诚呢？就是要做到如《大学》所说的"诚意""毋自欺"。北宋时期，刘安世跟从司马光学习，五年时间，就学得一个"诚"字。刘安世问"诚"的具体方法，司马光告诉他当从"不妄语"入手。刘安世刚开始以为很容易，但仔细反省平日言行举止，才发现言行不一致的地方有很多，于是就此下了七年的工夫，才做到"不妄语"。刘安世说，做到不妄语以后，"自此言行一致，表里相应，遇事坦然，常有余裕"。司马光评价刘安世，"平生只是一个诚字，更扑不破"。而他教刘安世"诚"字的根据，在于"诚是天道，思诚是人道，天人无两个道理"，只是因为有了身体躯壳所产生的物欲的牵扰阻隔，天与人才有了分别，所以需要"假思以通之"，"假"是借助的意思，即要借助思或反省的修养工夫，实现内心的真诚不妄，打通天人的隔阂（《宋元学案·元城学案》）。由此可见，通过诚敬的修养工夫，是可以达到很高的精神境界的。

二　为政以德——先秦儒家的王道政治观念

自孔子开始，儒者便以积极承担社会责任为自己的使命和抱负。对于如何平治天下，儒家自有其理论逻辑和施政方案，这集中表现于他们的王道政治观念，本章将围绕这一王道政治观念的基本理路来进行讨论，由此展现儒家敦民化俗的社会教化目的。

（一）成己与成物的一致性

儒家主张学以为己，这为己并不是要让人当一个"自了汉"，而是在自我生命成就的目标中包含着积极承担社会责任的内容。这一点，从后儒对"古之学者为己，今之学者为人"一句的疏释中，可以充分体现出来。

据程树德《论语集释》集诸古注，唐以前对"古之学者为己"章的解释，可以《荀子·劝学》为代表。《劝学》云："君子之学也，入乎耳，著乎心，布乎四体，形乎动静，端而言，蠕而动，一可以为法则；小人之学也，入乎耳，出乎口，口耳之间则四寸耳，曷足以美七尺之躯哉？古之学者为己，今之学者为人。君子之学也以美其身，小人之学也以为禽犊。"这包含两层意思：其一，为己之学即君子之学，是以"美身"即完善自己为目的；为人之学即小人之学，则徒以学取悦于人，以学猎取名利，此学与自家身心了无关涉。其二，为己之学需要践履落实，为人之学则只是口耳讲说。何晏等《论语集解》引孔安国说"为己，履道而行之也；为人，徒能言之也"，就是此意。第二层意思是第一层意思的具体引申，所以总的来讲，学以"美身"、完善自己，这是唐以前注者对"为己之学"的比较通行的解释。

这种解释有个问题：既然推崇学以"为己"，却仅以"美身"释之，那么孔子立人达人、安人安百姓之义将置于何地呢？此解得内而遗外，依据此解，便不能以"为己"来概括孔子之学。唐以后的注者普遍对此做了修正，自韩愈、李翱作《论语笔解》起，便开始赋予"为己"之学以平治天下一面的内涵，而最具代表性也最有影响的是程、朱的注解。朱子《论语集注》引用了程颐的两个说法："程子曰：'为己，欲得之于己也。为人，欲见知于人也。'""程子曰：'古之学者为己，其终至于成物。今之学者为人，其终至于丧己。'"这两个说法在解释"为人"上有不同，朱子对此做过说明："此两段意思自别，前段是低底为人，后段是好底为人；前为人只是欲见知于人而已，后为人却是真个要为人。然不曾先去自家身己上做得工夫，非惟是为那人不得，末后和己也丧了。"① 程、朱的解释既承接古注，即鄙薄功利性的"为人"（"低底为人"），而主张实有诸己的"为己"；同时又另创新意，肯定积极的成人、成物义上的"为人"即"好底为人"。这积极的"为人"自是儒家的题中之义，但与"为己"相较，程、朱认为由"为己"自然能导致"为人"，反之，若专是"为人"，则"为人"与"为己"终将皆不可得。"为己"与"为人"实为体与用、本与末的关系。这样，经程、朱的解释，孔子所言修己、治人诸内容，都可以用"为己之学"统一起来了。

程、朱的解释广为自宋迄清的儒者宗奉，但他们所释"为己"与"为人"、"成己"与"成物"的关系，通常被具体化为内在德行与外在事功的关系。近人钱穆在其《论语新解》中也说："孔子所谓为己，殆指德行之科而言。为人，指言语、政事、文学之科言。"② 宋以后儒者多偏于分德、业为二，又以德性为事功之本，为学工夫遂着力于明明德之上，这虽在《论语》中可找到一些依据，但未必尽合孔子原意。

孔子开创的儒家"为己"之学，实际上是一"合外内之道"。一方面，学以"为己"、致力于德性修养，关乎人之生命的完善；另一方面，儒家认同的"己"即自我，并非彼此孤立的个体，而是社会伦常关系中的人。所以儒家讲学以"为己"，讲生命的完善，不同于道家、隐者的避世而居、独善其身，而是把尽社会责任视作为己之学的当然内容。社会秩序是"大伦"，人之参与社会生活、维护人伦，是行义，即行其所当然，而非关乎外在的名利，所以虽是"为人"（积极义的），

---

① （南宋）黎靖德编：《朱子语类》卷四十四，中华书局1990年版，第1133页。
② 钱穆：《论语新解》，生活·读书·新知三联书店2002年版，第374页。

但其实是"为己";反过来,"为己"自然地包含了"为人"。"为己"与"为人",并非先后分开的两件事,而是合一在学以"为己"的历程中。

"合外内之道"一语出自《礼记·中庸》。《中庸》为孔子为己之学的内外合一做了形而上的论证。《中庸》是从形而上的"天命之谓性"的角度立论,既然人和万物都禀赋天命以成性,那么人和万物从其本性来讲是相通的,故而人若能做到"诚",即真实地拥有自己,亦即尽其性,自然就能同时尽物之性,尽人、物之性的结果,就是人与物各依其性的彼此成就。通过人的积极施为而达致如此成就,人就起到了跟天、地一样的促进万物化育的作用,故而地位可与天、地并列。据此,人积极参与社会事务、承担社会责任,乃自然包含于尽性、成己的过程中,亦是尽性、成己的必然要求。

(二)王道政治的基本原则和途径

1. 为政以德

先秦孔、孟、荀诸儒均亟思用世,可都不遂其志,原因是什么呢?司马迁说孟子被视为"迂远而阔于事情",故而诸侯不用。这与司马谈说儒者"博而寡要,劳而少功,是以其事难尽从"的评判极相似。但司马迁认为是因为当时诸侯正忙于征战,"以攻伐为贤",孟子对"德"的鼓倡显然不能切合时务需求,所以不受欢迎。司马迁接着又用邹衍来比较说明:"邹衍睹有国者益淫侈,不能尚德,若大雅整之于身,施及黎庶矣。乃深观阴阳消息而作怪迂之变,《终始》、《大圣》之篇十余万言。……王公大人初见其术,惧然顾化。……其游诸侯,见尊礼如此,岂与仲尼菜色陈蔡、孟轲困于齐梁同乎哉?故武王以仁义伐纣而王,伯夷饿不食周粟;卫灵公问陈,而孔子不答;梁惠王谋欲攻赵,孟轲称太王去邠。此岂有意阿世俗,苟合而已哉?"这段话更描述了当时诸侯"不能尚德"、致力攻伐的现状与孔、孟对德义立场的坚守之间的格格不入。司马迁的话也点出了儒家的政治观念乃以"德"为其核心。

儒家的德政主张首倡于孔子。《论语·为政》:"子曰:'为政以德,譬如北辰,居其所而众星共之。'"理解了这一章的含义,则孔子的政治思想可得大半了。

"教化儒学"的思想历程

何晏《集解》释此章,引包氏曰:"德者无为,犹北辰之不移而众星共之。"皇侃《义疏》:"譬人君若无为而御民以德,则民共尊奉之而不违背,犹如众星之共尊北辰也。"邢昺《注疏》:"北辰常居其所而不移,故众星共尊之,以况人君为政以德,无为清净,亦众人共尊之也。"朱子《集注》:"为政以德,则无为而天下归之,其象如此。"可见从魏晋以迄南宋,学界主流是以"无为"来解释孔子此章所谓"德"的。清儒毛奇龄对此提出批评,其《论语稽求篇》曰:"包氏'无为'之说,此汉儒搀和黄老之言。何晏本习讲老氏,援儒入道者。其作《集解》,固宜独据包说,专主无为。夫为政以德,正是有为。夫子已明下一'为'字,况为政尤以无为为戒。《礼记》:'哀公问为政。孔子曰:政者,正也。君为政,则百姓从政矣。君之所为,百姓之所从也。君所不为,百姓何从?'夫子此言若预知后世必有以无为解为政者,故不惮谆谆告诫,重言叠语,此实可与论语相表里者。为政以德,正是有为。夫子明下一'为'字,则纵有无为之治,此节断不可用矣。"稍后刘宝楠著《正义》,引李允升《四书证疑》曰:"既曰为政,非无为也。政本于德,有为如无为也。又曰为政以德,则本仁以育万物,本义以正万民,本中和以制礼乐,亦实有宰制,非漠然无为也。"民国时程树德著《集释》也持是解,批评郭象以黄老之学解经,朱子沿袭其谬,"殊失孔氏立言之旨"。历史上的这些注解,当以毛、李、程三人之说为是。

又有当代学者黄怀信先生解"德"为"恩德",谓"此号召执政者实行惠民政策"。[①] 这个解释不对,有视德为工具之嫌,与儒家"由仁义行,非行仁义也"的理念不符。此德当是指对执政者德性的要求,而不是执政者施恩惠于人的手段。另王夫之《四书笺解》也认为此章是对执政者而言的:"若以德责人使正,则是'道之以政',非辰居星拱之道也。此'为政'二字,是言为政者,犹言人君能修德耳。"

浅而言之,为政以德,就是强调执政者当修德,做好臣民的榜样,在此过程中自然有对臣民的德性教化作用,相应地产生积极的社会治理效果。这个意思在《论语》中有多处表达。《论语》两记季康子向孔子

---

① 黄怀信等撰:《论语汇校集释》,上海古籍出版社2008年版,第99—100页。

请益之事,《颜渊》:"季康子问政于孔子,曰:'如杀无道,以就有道,何如?'孔子对曰:'子为政,焉用杀!子欲善而民善矣。君子之德风,小人之德草,草上之风必偃。'"此章孔子表示执政者修德必然产生范导民众品性之效。《为政》:"季康子问:'使民敬、忠以劝,如之何?'子曰:'临之以庄则敬,孝慈则忠,举善而教不能则劝。'"此章可以说是对上章内容的具体化,人君如能做到"临之以庄""孝慈""举善而教不能"数德行,则能使民众"敬""忠""劝"。其余《颜渊》"政者,正也。子帅以正,孰敢不正"、《子路》"其身正,不令而行;其身不正,虽令不从"等语,均是强调人君的道德模范作用。

若深言之,"为政以德"还有形而上的意蕴。古注多释"德"为"得",皇侃《义疏》:"言人君为政,当得万物之性,故云以德也。故郭象云:'万物皆得性谓之德。'……故郭象云:'得其性则归之,失其性则违之。'"朱子《集注》:"德之为言得也,行道而有得于心也。"据此,为政以德或还可从两个角度来理解:一方面,执政者于道或万物之性有得,才有此能力为政;另一方面,为政之要,在于使万物各依其性,得其所得。这两层意思的关键或前提,还是在于人君修德。

孔子重视执政者德性的理路,为后来儒者继承。《大学》说:"自天子以至于庶人,壹是皆以修身为本。"《中庸》引孔子曰:"文武之政,布在方策。其人存,则其政举;其人亡,则其政息。"《中庸》又说:"君子动而世为天下道,行而世为天下法,言而世为天下则。"荀子隆礼重法,但他尤所重者仍在人,其《君道》说:"请问为国?曰闻修身,未尝闻为国也。君者仪也,民者景也,仪正而景正。"凡此种种,都是认为执政者修德为民众效法,而能自然趋于天下平治。《中庸》"人存政举,人亡政息"之说和荀子之论,更视人较政、法重要,对执政者德性的作用做了格外的强调。

2. 行仁政而王

也许是对"有国者益淫侈,不能尚德"的现状深有体会,孟子对执政者的个人德性不似上述儒者那么强调,转而突出执政者当以道义方式治理社会的一面,这也可以说是对孔子提出的"为政以德"观念之内涵的一个补充和完善。

"教化儒学"的思想历程

孟子尊王贱霸，他不屑于管仲式的霸道，而推崇"行仁政而王"的王道。他主要的仁政主张，可集中见于《梁惠王上》。《梁惠王上》开篇就提出了仁政的基本价值原则："王何必曰利？亦有仁义而已矣。"一般可能会认为儒家处理义利关系的原则是重义轻利，这个说法在理解孟子的适用于个体的德性修养理论时是适用的，但若用于理解他的仁政主张则不够准确，在此，孟子并非截然轻视利，他是针对"后义而先利"而提出"亦有仁义而已矣"的。孟子对梁惠王阐述了"后义而先利"的危害："苟为后义而先利，不夺不餍"。对为政者来说，其执政目标的达成必然需要功利，但作为执政理念、政治导向，却不能先之以利。如果完全以利益为价值导向，"后义而先利"，那结果必然是"上下交征利"且"不夺不餍"而产生危殆；反之，"未有仁而遗其亲者也，未有义而后其君也"，如果讲求仁义，则社会伦常得以维系。

孟子虽未像《大学》、荀子有如"国以义为利""不与民争业"这样鲜明的提法，但他因其价值立场而产生的对民利的重视却远超二者。以义为利是对为政者的要求，对普通民众则未必适用。孟子对普通民众的状态有清醒的认识，他说："无恒产而有恒心者，惟士为能。若民则无恒产因无恒心，苟无恒心，放辟邪侈，无不为己。及陷于罪，然后从而刑之，是罔民也。焉有仁人在位，罔民而可为也。是故明君制民之产，必使仰足以事父母，俯足以畜妻子，乐岁终身饱，凶年免于死亡，然后驱而之善，故民之从之也轻。"孟子区分士与民，认为民"无恒产因无恒心"，因此利的保障对他们而言是首要之务。孟子此论，孔子"君子喻于义，小人喻于利"（《论语·里仁》）之说可谓开其先声，近世冯友兰先生人生境界论、马斯洛需要层次论对人的境界或需要做不同层次的划分，与之也有相合之处。同时，孟子对民众在基本生存需要上的不得保障以及因此而导致的他们与道德生活的隔阂更有着深切的同情。基于对民众"无恒产者无恒心"的特点及其困苦生活的认识，他反复提倡"制民之产"。

"制民之产"实即为民谋利，这具体可分为两个环节：其一保民；其二养民。关于保民，战国之时，战乱频仍，民众常常沦为诸侯为一己私利而争城掠地的无辜牺牲品，这实乃"无罪而就死地"。因此，实行

第二章　先秦时期教化儒学思想研究

王道的第一步就是要改变这种状况，不随便牺牲民众，让他们得以保全生机。在这个基础上，再积极组织生产，使民众能"养生丧死无憾"，这是养民之事："不违农时，谷不可胜食也；数罟不入洿池，鱼鳖不可胜食也；斧斤以时入山林，材木不可胜用也。谷与鱼鳖不可胜食，材木不可胜用，是使民养生丧死无憾也。养生丧死无憾，王道之始也。五亩之宅，树之以桑，五十者可以衣帛矣。鸡豚狗彘之畜，无失其时，七十者可以食肉矣。百亩之田，勿夺其时，数口之家可以无饥矣。"孟子在《梁惠王上》数次阐明的这个方案，主要集中在如何组织农业生产上，而在《公孙丑上》则有一个更全面的说法："尊贤使能，俊杰在位，则天下之士，皆悦而愿立于其朝矣。市廛而不征，法而不廛，则天下之商，皆悦而愿藏于其市矣。关，讥而不征，则天下之旅，皆悦而愿出于其路矣。耕者，助而不税，则天下之农，皆悦而愿耕于其野矣。廛，无夫里之布，则天下之民，皆悦而愿为之氓矣。信能行此五者，则邻国之民，仰之若父母矣。率其子弟，攻其父母，自生民以来，未有能济者也。如此，则无敌于天下。无敌于天下者，天吏也。然而不王者，未之有也。"这里除了第一条，其余四者都关乎整个社会生产。孟子实际上是把组织好社会经济生活作为其王道政治的基础，只是其中更偏重农业而已。如此这般重视社会生产并有相应的施行计划，在先秦各家中是不多见的，孟子并非真的"迂远而阔于事情"。

孟子没有由重视民利走向功利主义，而是归本于德性教化。紧随制民之产之后，他提出当"谨庠序之教，申之以孝悌之义"，即对民众行教化之事。对其中逻辑，《滕文公上》叙述颇详："人之有道也，饱食煖衣，逸居而无教，则近于禽兽。圣人有忧之，使契为司徒，教以人伦，父子有亲，君臣有义，夫妇有别，长幼有序，朋友有信。放勋曰：'劳之来之，匡之直之，辅之翼之，使自得之，又从而振德之。'"人若只知逐利，则近似于禽兽，因而"饱食煖衣"后还需要教以人伦，振其德性。孟子这个思路与孔子是一致的。孔子讲先富后教，孟子的论说就像是对孔子的详细阐发。

尽管孔孟先富后教的理路相似，但萧公权先生还是注意到，"孟子于养民之要不厌反复申详，而教民一端则多附带及之，仅举梗概。……

"教化儒学"的思想历程

以视孔子之以信为本，以食为末者，轻重之间，显有不同"。孔子以"信"较"食"更重要，与孟子首重制民之产确乎不同。萧公权先生推论孟子这个主张的原因有二：首先，孟子以充裕的物质生活为道德的必要条件，《滕文公上》所记"民之为道也，有恒产者有恒心，无恒产者无恒心"可为其证；其次，"孟子本不忍人之心，欲矫当时虐政之弊，故于民生之涂炭，再三致意而发为'保民'之说。此殆深受时代之英雄，非孟子立意求改仲尼之道也"。① 这个推论是有道理的。孟子以不忍人之心为人君行不忍人之政的内在动力，实则他对民的特别重视就可视作他自己推不忍人之心的表现，他的民本思想在中国思想史上独树一帜。

我们再来看"为政以德"这个命题，在孔子那里主要突出的是为政者应当注重修德、凭自己德性为政的意思，在孟子这里则更多地表现为为政者以仁义道德教化民众、让民众修德的意思。不过在孟子这里，制民之产而非道德教化才是首要的社会治理手段，而制民之产就意味着为政者不要与民争利，不与民争利也就是为政者的仁义道德。所以，在孔、孟这里，政治理想的实现与否，归根到底还是取决于执政者是否具备需要的德性。

孟子的仁政措施，前承孔子，后启荀子。不过与孟子尊王贱霸不同，荀子在尊王的同时，对霸道亦有肯定，他说"故用国者，义立而王，信立而霸，权谋立而亡"，又说"纯而王，驳而霸，无一焉而亡"（《荀子·王霸》），霸道只是程度不及王道而已。另外，孟子推不忍人之心，行不忍人之政，荀子则隆礼重法，二人主张实现政治理想的方式有很大不同。

3. 齐民以礼

《论语·为政》："道之以政，齐之以刑，民免而无耻；道之以德，齐之以礼，民有耻且格。"前面说"为政以德"是对执政者个人德性的要求，这里所说"道之以德，齐之以礼"则是指执政者用德、礼作为教化民众的途径。"道之以德"是比较抽象的价值导向，"齐之以礼"

---

① 萧公权：《中国政治思想史》，新星出版社2010年版，第59—60页。

则有具体的礼制可以施用。孟子认为礼法与仁心是相辅相成的，但这里特别强调了礼法对于仁心的意义。《万章下》也说："夫义，路也；礼，门也。惟君子能由是路，出入是门也。"义的德性原则还需要落实到礼的具体规定上，经由礼才能实现义。不过，孟子虽然有见于此，他主要着眼点却在心性，于礼法这一面的关注度则不及孔子、荀子、《礼记》等。

礼的起源很早，但到周代才大为丰富完备。朱子《集注》引尹氏曰："三代之礼至周大备，夫子美其文而从之。"这说明了周代尊礼的态度和对完备礼的作用，礼乐文明乃成为周代的一个显著特征。周礼是一个庞然大物，总的来说，涵盖了个人、家族、乡党、朝廷等各个阶段、各种场合的内容，起到了今天的宗教仪式、政治制度、法律、伦理、生活礼仪等所起的作用，它全方位地规范了人的生活，型塑了当时人的特定的生活样式。正因为礼的作用如此突出，怀抱外王理想的儒家自然对礼给予特别的关注。

儒家的产生，正值周陷入诸侯争霸、礼制遭到极大破坏的时候，礼制的破坏一方面意味着社会陷入混乱，另一方面也意味着人们的生活样式、政治结构等开始发生变化。自孔子开始，儒家忿疾于礼坏乐崩、民不聊生的困局，乃尊崇周礼，欲图恢复礼乐文明，但同时也非简单沿袭周礼，而是针对当时礼制的形式化之弊，因应现实变化，赋予礼制以新的情感基础和价值内涵，使之再具活力，这种新义首先表现在对"礼之本"的解释上。

礼因何而生？《礼记·坊记》："礼者，因人之情而为之节文，以为民坊者也。"这里"因人之情"是讲礼的情感基础，"为之节文"是讲礼的特征和作用。

孔子批评形式化的礼制，他说："人而不仁如礼何？人而不仁如乐何？"（《论语·八佾》）没有仁德为其内容实质，礼制也就变成了僵化的形式，失去其应有的意义。而仁德的原初表现，即人的情感，故而礼制的真正基础是情。孔、孟俱以亲亲之情为丧葬礼的基础，由此而推论其他礼制，亦莫不能从人的情志生活中找到其根源。

荀子的说法与孔孟有所不同，荀子是根据其"性恶论"，认为欲求无节则乱，故而要用礼义定争止乱，平衡欲与物的关系，其真正目的在于养欲。荀子说："孰知夫礼义文理之所以养情也！……苟情说之为乐，若者必灭。故人一之于礼义，则两得之矣；一之于情性，则两丧之矣。"情符合礼义，则情与礼义两得；听任情性，则情与礼义两丧。这是主张在情与礼之间建立恰当的关系，目的在养情。从历史的角度看，情与礼的关系有三种："凡礼；始乎梲，成乎文，终乎悦校。故至备，情文俱尽；其次，情文代胜；其下，复情以归大一也。"礼的产生有一个从最初的粗疏到成文再到完备的过程，完备的表现是"情文俱尽"，即情与文都恰到好处。由此可以看到，荀子论礼义，仍是以人的情或欲为其实质的基础。所以荀子这样理解丧礼："三年之丧，何也？曰：称情而立文，因以饰群，别亲疏贵贱之节，而不可益损也。故曰：无适不易之术也。创巨者其日久，痛甚者其愈迟，三年之丧，称情而立文，所以为至痛极也。"立礼制之文，乃是"称情"而生，三年之久，正用以表"至痛"之情。正是因为情与文的这种关系，礼并非外在于人，所以荀子把尽礼称作"人道"。由此我们可以得出结论，荀子与孔、孟之说实无二致，不过孔、孟偏于发掘礼的内容即情，荀子偏重礼之外在规范的作用。

礼之外在规范的作用，即礼为情节文的一面。品节情而予以恰当的文饰，这就是礼。从对个体情感之文，到对整个社会，礼都意味着一种差别、秩序。《荀子·富国》："礼者，贵贱有等，长幼有差，贫富轻重，皆有称者也。"每个人在贵贱、长幼、贫富之类社会序列中都各有其恰当的位置，因此而具有相应的权利和义务，这就是礼的规定。《易·序卦下》："有天地，然后有万物；有万物，然后有男女；有男女，然后有夫妇；有夫妇，然后有父子；有父子，然后有君臣；有君臣，然后有上下；有上下，然后礼义有所错。"这更是从万物化生的角度论证了礼义规定之秩序的合理性。

礼不同于完全内在的德性，也不同于完全外在的政刑，而是介于两者之间，因此它兼具了道德教化和规矩准绳两方面的作用。强调其道德教化的作用，可见《论语·颜渊》："颜渊问仁，子曰：'克己复礼为仁。一日克己复礼，天下归仁焉。为仁由己，而由人乎哉？'颜渊曰：

'请问其目?'子曰:'非礼勿视,非礼勿听,非礼勿言,非礼勿动。'"此章以视听言动遵礼而行为修行仁德的具体方法。强调规矩准绳的作用,可见《礼记·经解》:"礼之于正国也,犹衡之于轻重也,绳墨之于曲直也,规矩之于方圆也。"礼这两方面的作用,最重要的是保持平衡,"情文俱尽"是其理想状态。《论语·学而》记载有子所说"礼之用,和为贵。先王之道斯为美,小大由之。有所不行,知和而和,不以礼节之,亦不可行也",这里所表达的"和"与"节"的关系,实际上也就是礼的两方面作用相统一的关系。

(三)士人参与政治生活的方式

1. 士及其使命

孟子从人都有行孝悌的能力的角度肯定"人皆可以为尧舜"(《孟子·告子下》),荀子从涂之人"皆有可以知仁义法正之质,皆有可以能仁义法正之具"的角度确认其"可以为禹"(《荀子·性恶》),但二人谈的只是一种抽象可能性,在现实中,出于种种原因,人与人之间不得不有差异。儒家重视为学,孔子讲"唯上智与下愚不移"(《论语·阳货》)、"生而知之者,上也;学而知之者,次也;困而学之,又其次也;困而不学,民斯为下矣"(《论语·季氏》),以学与不学、学习程度的高低为标准,可以因人之文化差异而将之分为知识精英与社会大众这两个群体,其中知识精英在中国古代称为"士"。

儒家在士这个阶层出现的过程中起了非常积极的作用。章太炎先生作文记孔子之功,其第二功是:"《周官》所定乡学,事尽六艺,然大礼犹不下庶人,当时政典,掌在天府,其事迹略具于《诗》《书》,师氏以教国子,而齐民不与焉。是故编户小氓,欲观旧事,则固闭而无所从受,故《传》称宦学事师,宦于大夫,明不为贵臣仆隶,则无由识其绪余。自孔子观书柱下,述而不作,删定六书,布之民间,然后人知典常,家识图史。"第四功是:"春秋以往,官多世卿,其自渔钓饭牛而兴者,乃适遇王伯之君,乘时间起,逮乎平世则绝矣。斯岂草野之无贤才,由其不习政书,致远恐泥,不足与世卿竞爽,其一二登用者,率不过技艺之官,皂隶之事也。自孔子布文籍,又养徒三千,与之驰骋七十二国,辨其人民,知其土训,识其政宜,门人余裔,起而干摩,与执

"教化儒学"的思想历程

政争明。夫膏粱之性习常,而农贾之裔阅变,其气之勇怯,节之甘苦,又相万也。猝有变衅,则不得不屈志以求。故自哲人既萎,未阅百年,六国兴而世卿废,人苟怀术,皆有卿相之资,由是阶级荡平,寒素上遂,至于今不废。"① 依章太炎先生之说,孔子整理文化典籍并传布民间,又广授门徒使行走于世,这推动了文化的普及和社会风气乃至阶级的改变。文化的普及自然推动了更多士人的涌现,很多庶人能经由学成为士,而孔门弟子正是士人群体的重要力量。

知识学习本就是传统士人生活的重要环节或成为士人的途径之一,如《国语·鲁语下》所说:"士朝而受业,昼而讲贯,夕而习复,夜而计过,无憾而后即安。"《礼记·王制》记录"先王"的教育内容也说明了这一点:"乐正崇四术,立四教,顺先王《诗》《书》《礼》《乐》以造士,春秋教以《礼》《乐》,冬夏教以《诗》《书》。"但在儒家这里,士于知识学习的同时,还有更高的价值追求。我们先来看《论语》的记载,《里仁》:"子曰:'士志于道,而耻恶衣恶食者,未足与议也。'"《宪问》:"子曰:'士而怀居,不足以为士矣。'"《泰伯》:"曾子曰:'士不可以不弘毅,任重而道远。仁以为己任,不亦重乎?死而后已,不亦远乎?'"《子张》:"子张曰:'士见危致命,见得思义,祭思敬,丧思哀,其可已矣。'"这数章反映了孔子及其弟子赋予士人身份的内涵。孟子和荀子也持这种理解。《梁惠王上》:"无恒产而有恒心者,惟士为能。若民,则无恒产,因无恒心。"《尽心上》:"王子垫问曰:'士何事?'孟子曰:'尚志。'曰:'何谓尚志?'曰:'仁义而已矣。杀一无罪非仁也,非其有而取之非义也。居恶在?仁是也;路恶在?义是也。居仁由义,大人之事备矣。'"《荀子·劝学》:"学恶乎始?恶乎终?曰:其数则始乎诵经,终乎读礼;其义则始乎为士,终乎为圣人。"在孔子之前就已经有人注意在经典教育中培养德性了,另外士人群体也出现了分化。相较之下,上引文献说明了儒家所认同的士有其独特的内涵,即超脱世俗功利甚至生死,以"道"为唯一的价值追

---

① 章太炎:《驳建立孔教议》,转引自萧公权《中国政治思想史》,新星出版社 2010 年版,第 35 页。

求，此道以仁义之德为具体内容，体诸人身则具象化为圣人的理想人格。

出于对自身士人身份的价值内涵的体认，儒者自视为道的承担者，对文化传承有着特殊的自信和使命感。《论语·子罕》："子畏于匡，曰：'文王既没，文不在兹乎？天之将丧斯文也，后死者不得与于斯文也；天之未丧斯文也，匡人其如予何？'"这是夫子自道他于文的传承有天命在。荀子则区分"仰禄之士"和"正身之士"，认为正是有不计利害的正身之士在，纲纪文章才得以保存。

不止于传承斯文，儒家更认为士对社会大众负有觉悟的责任。《孟子·万章上》说："伊尹耕于有莘之野，而乐尧舜之道焉，非其义也，非其道也，禄之以天下弗顾也，系马千驷弗视也；非其义也，非其道也，一介不以与人，一介不以取诸人。汤使人以币聘之，嚣嚣然曰：'我何以汤之聘币为哉？我岂若处畎亩之中，由是以乐尧舜之道哉？'汤三使往聘之，既而幡然改曰：'与我处畎亩之中，由是以乐尧舜之道，吾岂若使是君为尧舜之君哉？吾岂若使是民为尧舜之民哉？吾岂若于吾身亲见之哉？天之生此民也，使先知觉后知，使先觉觉后觉也。予天民之先觉者也，予将以斯道觉斯民也。非予觉之，而谁也？'思天下之民匹夫匹妇有不被尧舜之泽者，若己推而内之沟中。其自任以天下之重如此，故就汤而说之以伐夏救民。"伊尹正是章太炎先生所说的"自渔钓饭牛而兴者，乃适遇王伯之君，乘时间起"，是出身草野的贤才，孟子借他的口来表明先知先觉的士负有觉悟后知后觉之大众的天职。

士要尽其传承文化、觉悟大众的天职，得经由仕进、教育等途径。

2. 学而优则仕

在社会分化为精英与大众的背景下，如何实现平治天下的王道政治目标，对信奉"人存政举，人亡政息"逻辑的儒家而言，选贤任能是必然的结论。然而选贤任能是人君的职责，对士人而言则当努力进学，使自己成为贤者、能者，然后仕进担责，此即"学而优则仕"。

《论语·子张》："子夏曰：'仕而优则学，学而优则仕。'"今人就此章后半句引起不少争议，很多批评者将这句话解释为"学习好了就去做官"，认为其实质上是鼓励为了做官而读书的功利行为。这种批评有

"教化儒学"的思想历程

两个理论错误：第一，批评者的本意是反对把学功利化，但却忽略了学与仕之间的内在联系；第二，这种批评同时也功利性地理解仕，把仕看作至少不是怎么好的行为，而忽略了仕的积极意义。

将学和仕功利化的现象，古已有之，孔、孟书中论学时就多次以之为批评对象，荀子所谓"仰禄之士"也即指此。但这种功利化的学并非儒家所说的学，在上一节里已分析过，在儒家这里，学的根本目的在立身成德，功利结果则非所志在必得。同时，如果只是把仕作为获取功利的手段，儒家也是反对的。在孟子看来，不符礼义只为功利的仕是不可取的。

儒家的学在立身成德的目标中，还内在地包含着外王一面的内容，而仕正是实现这一外王目标的主要渠道，因此，从理论上讲，儒家不仅不反对仕，反而主张仕。《论语》中就记载了孔子对仕的重视。《子路》："子贡问曰：'何如斯可谓之士矣？'子曰：'行己有耻，使于四方，不辱君命，可谓士矣。'曰：'敢问其次。'曰：'宗族称孝焉，乡党称弟焉。'曰：'敢问其次。'曰：'言必信，行必果，硁硁然小人哉！抑亦可以为次矣。'"此章列举了士的几种处世方式，其中"使于四方，不辱君命"即仕之职。数相比较，为孔子所推重的，不是有一二嘉言善行者，也不是一乡之善士，而是能内守德义外履职责的仕进之士。又"子曰：'诵《诗》三百，授之以政，不达；使于四方，不能专对。虽多，亦奚以为？'"此章更直接表明孔子持学习应能仕进承担政务的观点。仕的意义是什么？《微子》所记子路对荷蓧丈人说的话讲得很清楚："不仕无义。长幼之节不可废也，君臣之义如之何其废之？欲洁其身而乱大伦。君子之仕也，行其义也，道之不行已知之矣。"当时已经颇有因世乱而隐逸之人，孔子却反其道而行之，汲汲求仕，但其仕非关名利，而是行义，亦即维护社会伦常、承担社会责任的方式。

孔子赋予仕的意义极大，故而出仕的条件也很高，此即"学而优"。"优"主要有"有余力"（出自《学而》"行有余力，则以学文"章）、"优异"（或"优足""优长"等）两种解释，实则二者没有本质区别。有余力表明学得优异；学得优异乃有余力。所以这句话的意思还就是"学好了就去做官"，只是需要把握儒家赋予学和仕的内涵。

第二章　先秦时期教化儒学思想研究

　　孟子对仕之意义的解释与孔子略有不同。《孟子·滕文公下》："周霄问曰：'古之君子仕乎？'孟子曰：'仕。传曰：孔子三月无君，则皇皇如也，出疆必载质。公明仪曰：古之人三月无君则吊。''三月无君则吊，不以急乎？'曰：'士之失位也，犹诸侯之失国家也。礼曰：诸侯耕助，以供粢盛；夫人蚕缫，以为衣服。牺牲不成，粢盛不洁，衣服不备，不敢以祭。惟士无田，则亦不祭。牲杀器皿衣服不备，不敢以祭，则不敢以宴，亦不足吊乎？''出疆必载质，何也？'曰：'士之仕也，犹农夫之耕也，农夫岂为出疆舍其耒耜哉？'曰：'晋国亦仕国也，未尝闻仕如此其急。仕如此其急也，君子之难仕，何也？'曰：'丈夫生而愿为之有室，女子生而愿为之有家。父母之心，人皆有。不待父母之命、媒妁之言，钻穴隙相窥，逾墙相从，则父母国人皆贱。古之人未尝不欲仕也，又恶不由其道。不由其道而往者，与钻穴隙之类也。'"孔子主要说明了仕的价值内涵，孟子则侧重说明仕之于士，如耕之于农夫，是其职守之所在，但孟子没有借口是职守而屈就于仕，而是强调仕进必须"由其道"。

　　仕进所由之"道"具体是什么？《告子下》："陈子曰：'古之君子何如则仕？'孟子曰：'所就三，所去三。迎之致敬以有礼，言将行其言也，则就之；礼貌未衰，言弗行之，则去之。其次，虽未行其言也，迎之致敬以有礼，则就之；礼貌衰，则去之。其下，朝不食，夕不食，饥饿不能出门户，君闻之，曰：吾大者不能行其道，又不能从其言也。使饥饿于我土地，吾耻之。周之，亦可受也，免死而已矣。'""所就三"与《万章下》所说"孔子有见行可之仕，有际可之仕，有公养之仕"大概相当，是讲三种仕的情况。"所去三"实际只有所去二，是对应于"所就三"的前两种讲不仕的原因。这三种仕或不仕的情况，孟子书中都具体讨论过。

　　第一种，仕或不仕取决于人君能否实行其主张，但需要注意的是，即便有机会实行主张，出仕也要符合道义原则。违背原则的行为，实乃出于功利的意图；只求功利结果，则原则可以更多地放弃；放弃道义原则是没有正义结果的。《万章上》有一个意思一致的说法："吾未闻枉己而正人者也，况辱己以正天下者乎！"正是出于这一立场，孟子批评

"教化儒学"的思想历程

公孙衍、张仪,二人虽"一怒而诸侯惧,安居而天下熄",但他们"以顺为正",不足以当虽富贵、贫贱、威武而不改其道的"大丈夫"。

第二种,仕或不仕取决于诸侯是否礼敬。《万章下》记万章问孟子何以不应诸侯之召而往见之,孟子举鲁缪公欲友子思而子思不悦、齐景公招虞人以旌而虞人不至为例,说明"非其招不往",即诸侯相召不符礼义则不往见。孟子说自己是庶人,"庶人不传质为臣,不敢见于诸侯";虽庶人犹然需要以礼相召才往见,况且诸侯是以其"多闻"和"贤"而欲见他,"为其多闻也,则天子不召师,而况诸侯乎?为其贤也,则吾未闻欲见贤而召之也"。比于子思,诸侯对贤人不可召,只可往见之:"欲见贤人而不以其道,犹欲其入而闭之门也。夫义,路也;礼,门也。惟君子能由是路,出入是门也。"此例一方面强调诸侯对士人当"致敬以有礼",另一方面也展现了一种士人因其贤德而具有的超越官爵权势的人格独立性。

第三种,迫于生计,不得已而出仕。即便是这种出仕,也有其道。《万章下》:"仕非为贫也,而有时乎为贫;娶妻非为养也,而有时乎为养。为贫者,辞尊居卑,辞富居贫。辞尊居卑,辞富居贫,恶乎宜乎?抱关击柝。孔子尝为委吏矣,曰:'会计当而已矣';尝为乘田矣,曰:'牛羊茁壮长而已矣。'位卑而言高,罪也;立乎人之本朝而道不行,耻也。"此处引孔子曾任委吏和乘田之职为证,说明贫而仕所由之道是"辞尊居卑,辞富居贫"。之所以如此,朱注曰:"盖为贫者虽不主于行道,而亦不可以苟禄。"又引李氏曰:"道不行矣,为贫而仕者,此其律令也。若不能然,则是贪位慕禄而已矣。"儒者出仕本是为了行义,不得不因贫出仕,也不能贪慕爵禄而放弃道义原则。

与孔子多讲"士志于道,而耻恶衣恶食者,未足与议也""君子之仕行其义"等似乎不屈从于现实而一意致力于道义不同,孟子论出仕,则对现实考虑得更多,更具灵活性。但对于坚持道义至上、以道自任,孟子与孔子是始终一致的。此外,"战国时期,'士'的人数激增,而流品也日益复杂"[①],有很多士人但求功利,在此环境中,孟子仍坚守

---

① 余英时:《士与中国文化》,第48页。

道义以致被视作"迂远而阔于事情",是非常难能可贵的。

士人为什么需要通过仕进的方式以行其义呢?这主要应该是决定于当时社会较低的分工水平和生产水平。《孟子·滕文公上》记载了孟子与农家之徒陈相之间的一场辩论,孟子反对陈相"贤者与民并耕而食,饔飧而治"的观点,提出:"有大人之事,有小人之事。且一人之身,而百工之所为备。如必自为而后用之,是率天下而路也!故曰:或劳心,或劳力;劳心者治人,劳力者治于人;治于人者食人,治人者食于人,天下之通义也。"社会分工是必然的,分工总体上就劳心、劳力两类。当时劳力即生产劳动的水平极低,孟子为诸侯陈述制民之产的方案时,尚且以"五亩之宅,树之以桑,五十者可以衣帛矣;鸡豚狗彘之畜,无失其时,七十者可以食肉矣;百亩之田,勿夺其时,八口之家,可以无饥矣"为期待,由此可见一斑,故而此时的生产劳动并不受重视。孔子说欲学稼学圃的樊迟为小人,以"贱""鄙"评自己掌握的知识技能,显系当时生产知识还没有像今天这样拥有改变社会的力量,以平治天下为使命的士人,要实现其礼义信,主要只能依赖出仕。

3. 进退出处之间的选择

与"贤者在位,能者在职"的政治理想相应,儒家还有一个德必得位的观念。《中庸》记孔子曰:"舜其大孝也与?德为圣人,尊为天子,富有四海之内。宗庙飨之,子孙保之。故大德必得其位,必得其禄,必得其名,必得其寿。"大德之人必得其位、禄、名、寿,这似乎有来自天命的保障。孟子也说:"古之人修其天爵,而人爵从之。"(《孟子·告子上》)古之人有"仁义忠信,乐善不倦"之德,自然而有"公卿大夫"之位。与德必得位相反的是德不配位,这种情况儒家认为其结果不好。《周易·系辞下》说:"德不配位,必有灾殃;德薄而位尊,智小而谋大,力小而任重,鲜不及矣。"《孟子·离娄上》说:"惟仁者宜在高位。不仁而在高位,是播其恶于众也。"德不配位招致恶果的原因并不神秘,关键在于其德能不足以行仁政。

对德位相配之重要性的理论分析,并无力决定现实。在实际的政治生活中,有德者无其位、有位者无其德的"德不配位"现象比比皆是。在执政者德不配位的时候,士人应如何自处呢?

"教化儒学"的思想历程

士人出仕的自身条件是"学而优",客观条件则在天下有道还是无道。孔、孟认为,士人应该根据有道还是无道的环境来决定进退出处。《论语·颜渊》:"所谓大臣者,以道事君,不可则止。"《论语·泰伯》:"子曰:'笃信好学,守死善道。危邦不入,乱邦不居。天下有道则见,无道则隐。邦有道,贫且贱焉,耻也;邦无道,富且贵焉,耻也。'"孔子认为,士应当紧守自己的道,至死不变,天下有道则出仕行道,天下无道则退隐。孔子本人实际上也是这么做的,他虽汲汲于求仕,但不为得仕而改易其道,以至于一生颠沛流离。孟子赞孔子为"可以仕则仕,可以止则止,可以久则久,可以速则速"的"圣之时者",乃以学孔子为志愿,他于天下有道无道形势下的选择也与孔子一致,正如《孟子·尽心上》所说:"尊德乐义,则可以嚣嚣矣。故士穷不失义,达不离道。穷不失义,故士得己焉;达不离道,故民不失望焉。古之人,得志,泽加于民;不得志,修身见于世。穷则独善其身,达则兼善天下。"不过,士人能在不论有道还是无道的情况下都谨守自身之道,这自是难能可贵,但其只能受制于有道或无道之势而选择进退出处,却无力积极着手改变天下无道的困局,这不得不说是旧有权力结构等原因造成的儒家在政治思想、政治行动方面的先天不足。

在德不配位的形势下,士人除了退隐独善其身的选择外,孟子更开创了一个以"天爵"来抗衡"人爵"的"以德抗位"的精神传统。《孟子·公孙丑下》记载,孟子因故不朝见齐王,景丑氏责以君臣大伦和"君命召不俟驾"之礼,孟子回答道:"天下有达尊三:爵一,齿一,德一。朝廷莫如爵,乡党莫如齿,辅世长民莫如德。恶得有其一以慢其二哉?故将大有为之君,必有所不召之臣;欲有谋焉,则就之。其尊德乐道,不如是,不足与有为也。"这段话中值得注意的是,爵、齿、德表面上并列为达尊,但君当"尊德乐道""欲有谋焉,则就之",因此,相较于孔子的"以道事君"和略显被动的"守死善道",孟子实际上把"道"或"德"提到了高于"位"的地步。《万章下》:"缪公亟见于子思,曰:'古千乘之国以友士,何如?'子思不悦,曰:'古之人有言:曰事之云乎,岂曰友之云乎?'子思之不悦也,岂不曰:'以位,则子,君也;我,臣也。何敢与君友也?以德,则子事我者也。奚可以

第二章 先秦时期教化儒学思想研究

与我友？"这里的"以德，则子事我者也"，即清楚地表明了德高于位的观念。更进一步说，人君并非只是爵位，治理国家长养人民本来是人君的职责，但在人君德不配位的情况下，辅世长民之德的承担者转到了士的身上，由此，则人君之爵的合法性乃当由有德之士来认定。《梁惠王下》："齐宣王问曰：'汤放桀，武王伐纣，有诸？'孟子对曰：'于传有之。'曰：'臣弑其君，可乎？'曰：'贼仁者谓之贼，贼义者谓之残，残贼之人谓之一夫。闻诛一夫纣矣，未闻弑君也。'"从爵的角度看，纣是君，但孟子因为他残贼仁义，而从德的角度否认他的君的资格。由此，孟子真正凸显出德义至上的精神，士以道、德自任而抗衡权位才有了精神动力和理论支撑。

退处之士除了独善其身，实际上还有一种承担社会责任的方式，即从事教育。《周书·泰誓》："天佑下民，作之君，作之师。"此即指示了施教是除为政之外的又一泽加于民的渠道。子夏"仕而优则学"一句，戴望《论语戴氏注》曰："言仕而优异则教。此'学'字，谓教也。礼，七十致仕，然后为人师。"刘宝楠《正义》曰："古者大夫年七十而致事，则设教于其乡，大夫为大师，士为少师，是仕而优则学也。"戴、刘二人对原文的解释未必确切，但应有所本，亦说明了为人师是仕进外又一事。儒家教育事业的开端是孔子。孔子删定六经，整理文献，传承文明，又有教无类，打破学在官府的传统，开全民教育之先河。他的教育，同时亦是承担社会责任的方式。《论语·为政》："或谓孔子曰：'子奚不为政？'子曰：'《书》云：孝乎惟孝，友于兄弟，施于有政。是亦为政，奚其为政？'"孝友德性本是孔门教学的重要内容，学以立身成德，进而措之人伦日用中，自然不必为政而有类于为政的功用。《史记·孔子世家》记载："孔子以《诗》《书》《礼》《乐》教，弟子盖三千焉，身通六艺者七十有二人。"其后孟子以"得天下英才而教育之"为"王天下不与存焉"之一乐。孔、孟是在仕进之外以施教来承担社会责任的典范。

4. 君子不器

仕进或经邦济世必然需要学习运用相关专业技术知识，而知识的学习运用往往容易带来对德性教养的弱化和功利性需求的突出，这种后果

"教化儒学"的思想历程

显然是不符合儒家理念的。如何在德性教养与知识学习运用之间建立起合适的关系，是一个需要认真对待的问题。

费孝通先生在其《中国绅士》一书中曾说："在中国传统社会里，知识分子作为一个阶级来说，是不懂技术知识的。他们的垄断权是建立在历史智慧、文学消遣，以及表现自身的艺术才能的基础之上的。"[①] 列文森在其名著《儒教中国及其现代命运》一书中引述了这个观点，并以绘画为例进一步分析了明代文人、官员的非职业化特征。类似观点在马克斯·韦伯（Max Weber）的《儒教与道教》中早有提及。造成他们所说这种文化现象的原因是多方面的，但从逻辑上说，文人们崇奉的儒学（特别是宋以来的儒学）乐于做内与外、本与末、体与用、道与器、德行与事功等有关抽象原则与具体事务的区分，并在这种区分对待中一般看重前者，这种价值观念也摆脱不了干系。虽然其间不少儒者也力图修正，如朱子强调由格物以致知，王阳明主张"事上磨练"，顾亭林等倡导"实学"，但总体来说，倾向于追求超越的价值理想而非具体的从事实务的知识，仍是普遍的现象。这种价值观念在专业分工越来越细密、从事实务成为主要谋生手段的现代工业社会显得很不合时宜。不过另一方面，现代社会也显现出越来越多的弊端，其中，现代人往往被异化为工具性的存在而忽略对生命价值的寻求，这一点就颇受诟病。为此，不少识者又返回到古代经典、宗教、艺术等中去寻找安身立命的精神资源。从事具体工作以谋生与避免工具化以维护生命本身的价值，这看似是矛盾的两个方面，但必须得统一起来。儒学要在现代社会继续发挥作用，就必须面对这些问题，并给出自己的答案。对此，有必要反思儒家的相关理论。

讨论抽象价值原则与具体知识技艺的关系，《论语》中有一句经常被引用到的话，即《为政》："子曰：'君子不器。'"器，一般解作专业知识、具体技艺；君子不器，就是说君子应该不受某种专门的器物之用拘束。为什么君子应该不器呢？古注中有两种理解角度。一种是从知识上看，认为君子应该掌握尽可能多的知识，成为知周万物的通才，而不

---

① 费孝通：《中国绅士》，惠海鸣译，中国社会科学出版社2006年版，第43页。

第二章　先秦时期教化儒学思想研究

是局限于某项专门的技艺。何晏等《论语集解》引包咸曰："器者，各周其用，至于君子，无所不施也。"皇侃疏："君子当才业周普，不得如器之守一也。"表达的就是这个意思。另一种是从德与业、道与器的关系上看，认为君子但以修德、体道为本，则能不拘于器用而又能无所不用。做这种理解的如朱子《集注》："器者各适其用，而不能相通。成德之士，体无不具，故用无不周，非特为一材一艺而已。"邢昺《注疏》："此章明君子之德也……君子之德，则不如器物各守一用，言见几而作，无所不施也。"

以"不器"为通才、能"无所不施"的解释，在知识、技术相对浅陋的古代社会或许还能找到实例来支持，但在知识爆炸的当代社会，就显然行不通了。而且，以通才释"不器"，也不合逻辑，这诚如李光地《论语札记》所说："若以无所不知无所不能为不器，是犹未离乎器者矣。"[①] 考诸《论语》，孔子虽以"博学""多能""多学而识"著称，但他对此不以为然，而是强调其中有一贯之道。《述而》："子曰：志于道，据于德，依于仁，游于艺。""艺"指知识技艺。这句话表明孔子对知识的态度，不是反对它，而是在"志于道"前提下的"游"。如何游？《庄子·养生主》："庖丁为文惠君解牛，手之所解，肩之所倚，足之所履，膝之所踦，砉然向然，奏刀騞然，莫不中音，合于桑林之舞，乃中经首之会。文惠君曰：'嘻，善哉！技盖至此乎？'庖丁释刀对曰：'臣之所好者道也，进乎技矣。'"不被具体的知识技艺拘束，而是留心由技进道，以至于以道驭技，这就是"游"。知识为人类生活所不可或缺，所以必然有知识之用，但若蔽于知识之用，被知识限隔，就是"器"；反之，若能超越这一限隔而"游"于其中，能役物而不为物役，就是"不器"。

孔子讲"君子不器"，更有"依于仁"的内涵，即在器用中贯通德性的精神或原则。这个贯通，不是朱子等理解的成德后就能用无不周，而应当是随所用而均能依于德义处置之。《里仁》："子曰：君子之于天

[①] （清）李光地：《论语札记》，转引自程树德《论语集释》，中华书局1990年版，第97页。

下也，无适也，无莫也，义之与比。""子曰：君子喻于义，小人喻于利。"小人蔽于器用而逐利，君子则能不厚此薄彼，惟义所在。《中庸》中有一段话能帮助理解这层意思："君子素其位而行，不愿乎其外。素富贵，行乎富贵；素贫贱，行乎贫贱；素夷狄，行乎夷狄；素患难，行乎患难；君子无入而不自得焉。在上位不陵下，在下位不援上，正己而不求于人则无怨。上不怨天，下不尤人。故君子居易以俟命，小人行险以徼幸。"居于何位，这往往非人能自己做主的，所以属"命"。小人逐利，故为外境所牵，投机钻营。惟君子能"正己"，行其所当然之道，不因所处之位不同而有改变。

在儒家这里，修德不只具有社会伦理的意义，更有超伦理的实现人的生命存在之价值的意义，而君子之德是一个抽象的原则，必依于具体的器用来显现，所以修德并不拒斥器用，器用反倒是为学的题中之义。但不能只讲学以致用，还应该讲学以至道，即超越形体、职业、境遇等的有限性，在有限中实现无限，在必然中获得自由。这才是孔子所讲"学以为己"的为学之道。

"君子不器"的意思我们可以推广一下：现代人参与社会生活的渠道远比古代宽广，除了从政、教育以外，还有无数的社会职业。人们从事何种职业，现在大概还只有少数人能根据兴趣自主抉择，而多数人则需要凭借专业技能从事特定职业作为谋生手段。职业可能非自己自由决定，对个体表现为一种限制，但人若不管从事什么职业，不管身处什么境遇，都能在其中遵循德义的原则，贯之以德义的精神，从而超越具体的限隔而成就君子之德，这就是孔子"君子不器"精神的当代延续。

第 三 章
两汉时期教化儒学思想研究

秦汉时代是儒家教化思想开始产生全面社会影响的时期。经过秦代后期短暂的挫折后，随着汉朝的建立而日渐兴盛，并逐渐取代汉初占统治地位的黄老道家思想，成为官方承认的正统学说，为天下学士所宗，成为中国文化的主流和教化教养生活的主导学说。

许多学术思想史描述刻意突出汉王朝的政治态度在其中的作用，但事实上，儒家成为主流，并非拜汉朝所赐，而是自然的结果。即便在黄老之学大兴的汉初，儒学在民间的影响力也非诸子可比。特别是在社会教化的意义上，儒家的地位无可取代。这一切，乃是由儒家本身的思想文化特性所决定，而非政治因素影响的结果。儒家的官方化，是以五帝时代五经博士的建立和经术取士为标志的，至于所谓"罢黜百家，独尊儒术"，乃是今人涂饰的形象，事实上，汉王朝并未真正罢黜百家。而且，这一说法的特性是将儒术定位于诸子学系统，而暗含了一种批评语态，这正是近代中国思想演变的写照，所谓使儒家回归诸子。但如果从诸子的立场看，对汉王朝而言，儒学本来就一直处于诸子的地位，这由《汉书·艺文志》可以考见。汉王朝的经学建构，本身并非出于独尊儒术的目的，而是与大一统局面相关的王官学的重建。而儒家在此过程中的地位提升，则缘于儒家与六经的密切关联。孔子地位的特殊性以及儒家与孔子的关联，是儒家特殊地位的根源所在。（诗书礼乐乃直承周代王官学而来，易、春秋则为新增，而最见新的时代精神。而在汉朝人看来，易、春秋亦同属王官，而且较之四教更重，因为四教乃是普泛的社会教化之学，易、春秋分别对应于卜筮和史官传统，是王官所独有而不传外。至汉代，则易、春秋的传承也变得公开化并有民间学统。）从儒

"教化儒学"的思想历程

家作为一个王官学衰落后兴起的新学说而言，儒学属于诸子学系列；但从儒学主要继承和阐释三代经典传统而言，则儒学与经典的关系绝非其他诸子可比。《汉书·艺文志》代表汉人对传统学术的根本观解，虽今人颇置疑问，而就汉人而言，则颇可见其中观念特征。

西汉中期以后，儒家教化观念向行政、司法、选举等领域全面渗透。武帝时代基于儒家教化理念而进行了全面的政治改革。同时，循吏所开创的教化传统，作为借助政治力量推动的教化实践，实有其历史的重要意义。从根本上讲，这不能视为儒家观念的下行或普及，因为儒家精神本就是传统精神之表达，毋宁说是此基本精神的自觉和拓展。自觉就其以教学的方式传授而言，拓展就其化蛮夷风俗而言。这一努力构成官方学术与民间观念相互接榫的重要方式。另一方面，从思想发展角度而言，由陆贾、贾谊到董仲舒等人，儒家教化思想在进行不断的理论发展。当然这里还涉及儒家经学与谶纬之学的历史影响及其评价问题。谶纬之学与经学体系的并存及向经学系统的渗透，是汉代儒家思想的重要维度之一。东汉以后，谶纬甚至成为官方思想的一部分，这一点值得注意。但众所周知，汉儒内部对谶纬一直存在不同态度。谶纬是否具有教化意义？这也是一个令人深思的思想史课题。

一　秦代与儒家教化思想的曲折

尽管秦自商鞅变法后，采取的实际上是体现法家精神的制度措施，但就秦国历代执政者而言，并无一种明确的法家治国理念如现代人所想象。毋宁说，秦国君主采取的是一种强权和实用主义政治策略。当然，这恰恰也是法家思想的根本特质。不过，从一定意义上讲，甚至我们可以认为，先秦时代根本不存在一个带有学派自觉意味的"法家"知识群体，毋宁说从李悝到商鞅、韩非，他们都是面对现实政治的强权和实用主张的鼓吹者，而这一共同特征使其思想彼此借鉴且有了一种历史的继承关系。所以，我们看不到法家历史上的师承授受关系，而更多发现法家人物和儒道两家的密切关联如李悝之师子夏，吴起之师曾子，韩

第三章　两汉时期教化儒学思想研究

非、李斯同师荀卿，而慎到、韩非在哲学上更接近道家立场。因此，"法家"可以说是汉代思想史书写过程中的历史建构，用章学诚的话讲，体现出"辨章学术，考镜源流"的意义，而不可以现代所谓思想学派目之。因此，就不可以一种学派冲突的眼光来看待儒家思想和所谓"法家"之冲突，并臆造出子虚乌有的"儒法斗争"，而应从引发冲突的具体问题和争执双方各自的观念和现实意图进行考察和理解，而不可抽象地认为某种观念即是儒家的或法家的。正如在秦始皇三十四年（前213年）发生的著名的焚书事件所引起的争议中，博士淳于越复封建的动议也并非就代表儒家的根本政治主张，而是当时广为流行的政治观念，而李斯之反对封建的理由乃至由此而提出的焚书和禁绝百家言的建议也绝非出于一种学派立场，而是法家一贯的集权主张和敌视文化思想的观念之体现。

　　正是由于秦国这一传统，秦始皇在吞并六国、混一海内之后，并未一开始便采取带有意识形态意味的法家文化措施，而是一方面沿袭战国以来形成的博士制度，其具体内容虽后世不可得而详，但由汉初沿秦制所立博士官而言，则属于《诗》《书》古学与百家语新学并存的局面，而且，由于儒家在先秦的显学地位和其文化优势，博士官中儒者的数量应不在少数，这由伏生、叔孙通等人皆曾为秦博士官可见。不过，博士官的职责是备顾问，并无教化功能。在秦焚书禁私学之前，真正承担社会教化的，仍是私学体系。但私学体系与伴随着统一集权而来的思想文化统一和教化统一掌控的需求之间的矛盾也日渐突出。焚书事件可谓这一矛盾的总爆发。因为，单纯就封建抑或郡县的制度争议而言，并无导向禁学术的必要，在秦初并六国之时，便曾发生过丞相绾建议封建子弟的事件，亦未曾激起轩然大波。因此，淳于越廷争封建事件而起焚书之祸，实属秦始皇、李斯借题发挥。而焚书事件，可以说是新兴一统帝国将教化权力全面收回和集中于中央的企图。（章学诚等人就认为，以吏为师乃是古制，秦之失在以法为教，这显然还是出于政教统一的意图。）秦统一后的一系列政治措施，皆是出于"持一统"的意图。对秦而言，"以法为教"而非"以吏为师"才是重点，因此，章学诚的分辨并无实质意义。因为将古官师合一时代的《诗》《书》典籍予以禁毁，本身便

"教化儒学"的思想历程

显示出秦与整个华夏文明传统的决裂,在这个意义上,"以吏为师"没有独立的意义,而是依附于"以法为教"的。

关于"焚书坑儒"事件,从古至今的评价分为两极。古人称此举之目的在于"灭学",有人会辩驳说其实际在于灭私学。然而以法为教,以吏为师,最终必然导致社会意义上的灭学后果,因为随着春秋战国以来私学兴起而来的思想学术的下行和普及已然使社会文化发生了根本的改观,这时还希望通过废灭私学回归"学在王官"的形态以保持思想文化的统一,无疑是愚蠢至极的行为。法家和道家似乎永远不肯接受民智已开,智慧已开,文明已兴的现实,而试图开出淳朴无欲的至德之世的空头支票。

先秦时代教化儒学之发展历程的回顾。儒学的存在形态及其对社会的作用方式,其作为显学对社会全方位的影响,一是对社会上层的教化与规劝,这也是儒家最为人所关注的一面;二是整顿礼乐和传承经典、教养子弟所展现的对社会大众的教化。即儒者所承担的官方以吏为师的系统之外的师者功能。当然,在儒家自身的政治叙述中,儒者之师乃是王道教化的辅佐力量,这可以视为在政治权力面前所作的自我存在合理性辩护。而事实上,在政统与道统分离之后,虽然劝导执政者行王道仍为儒家的重要意图,但也意识到宣称王道本身的传承和实现已然落到儒家身上,后儒以为孔子作《春秋》,以布衣而行天子之事已然明确了这一点。也就是说,在儒家看来,真正合理良好的政治秩序之建立必须以教化为本,而当现实中的王者已不足以行教化之道时,传扬教化,推行王道的任务已然落到儒家身上。儒家一方面应当为王者师,另一方面则在王者不兴之时,也承担着使斯文不坠的职责。

秦始皇在一统六国、以皇帝制度为本建构新的统一帝国时,一开始同样本着秦国一贯的实用政治立场,试图将百家学说收归己用,对于战国以来的"显学"即儒家学术并未采取排拒立场。经常为人们所举的例子是秦始皇二十八年(前219年),东行郡县上邹峄山立石,与鲁诸儒生议刻石颂秦德,议封禅望祭山川之事。《史记·封禅书》对此事记述更为详细云:"(秦始皇)即帝位三年,东巡郡县,祠邹峄山,颂秦功业,于是征从齐鲁之儒生博士七十人,至乎泰山下。诸儒生或议曰:

第三章　两汉时期教化儒学思想研究

'古者封禅，为蒲车，恶伤山之土石草木；扫地而祭，席用菹稭，言其易遵也。'始皇闻此议各乖异难施用，由此绌儒生。"许多人由此推论秦始皇颇欲与儒者合作，实则不过意图粉饰太平、虚应故事而已。至于所谓始皇由此绌儒生，理由竟是所谓其议论"各乖异难施用"，则显然是道法家贬抑儒学的一贯言辞，与司马谈《论六家要旨》之说如出一辙，最有可能是司马谈草创《史记》时之成说，司马谈于武帝封禅之典未能参与，竟至忧愤而卒。《太史公自序》云："是岁天子始建汉家之封，而太史公留滞周南，不得与从事，故发愤且卒。且言：'今天子接千岁之统，封泰山，而余不得从行，是命也夫，命也夫！'"盖武帝议封禅，多用儒者讨论其礼，以故司马谈言封禅，则绌儒者为乖异难施用。事实上，战国以后的礼制讨论，本来就是聚讼纷如的局面，问题不在于儒者牵引故事，而在于以学术的方式讨论制度，不可避免地会陷入此种状态。儒者以学术立场讨论政事，固可谓迂阔。而以一种政治实用主义立场责备儒生，亦可谓悖谬。而且，始皇如果真的因此绌儒，其所谓乖异，大致如所说，乃因儒家对封禅礼仪的简素主张不能合始皇夸侈骄奢之胃口而已。"《史记·封禅书》载齐鲁儒生博士所言封禅仪式，尊外物而抑己欲，为推行中央集权、皇权至上政策的秦始皇所不容，故其另辟一套封禅仪式，这实是两种不同文化的碰撞。"①儒家的"繁文饰词，相难不决"是战国至秦汉道法家嘲讽的主要方式。如所谓"坑儒"事件，汉代卫宏《诏定古文尚书序》引传说云："秦既焚书，患苦天下不从所改更法，而诸生到者拜为郎，前后七百人，乃密令冬种瓜于骊山坑谷中温处，瓜实成，诏博士诸生说之，人人不同，乃命就视之。为伏机，诸生贤儒皆至焉，方相难不决，因发机从上填之以土，皆压，终乃无声。"这段带有明显小说家言色彩的传说显然不可能是历史的真相，而其中体现的仍然是对儒者辩难不决的调侃。至于有人提到始皇南巡至湘山遇风，秦博士以儒家言解说湘君，皆不足道，且以湘君为尧女，古传如此，非只儒家由此说。至于望祀舜禹，或亦以为遵儒家祀典，重古圣人，实则古祀典如此。

---

① 李梅、郑杰文等：《秦汉经学学术编年》（上），凤凰出版社 2015 年版，第 7 页。

"教化儒学"的思想历程

整体而言，焚书坑儒事件皆非有意针对儒家而发，近代以降许多出于反儒家立场而对秦始皇此举歌功颂德恐怕是一厢情愿，因为一己的学派私见和情绪立场而为始皇、李斯的极端专制政策和文化毁灭措施唱赞歌，可谓现代知识人精神德性堕落至极的写照。不过，在这个过程中，受影响和打击最剧烈的当数儒家，因为儒家是当时百家学说知识群体中传习《诗》《书》经典，称述古先圣王之道而批判时局的主要力量，也是民间私学及社会教化的主要承担者。而秦廷将教化权力收回官方的做法也可以视为是政治权力与儒家对教化权力的一次争夺。由伏生、叔孙通等博士经师和儒生在秦末的表现看，主要产生影响的是焚书事件，而这一措施在民间遭到了抵制，执行得并不彻底。至于坑儒事件，则其影响实际远不如后人想象之大。

另一个重要的问题是秦代及楚汉相争时期的儒者形象问题。许多人发现，《史记》《汉书》所记载的此时期儒者的形象与后世人心目中的儒者形象大相径庭。活跃于秦汉之际的儒者，如叔孙通、陆贾、郦食其、陈余等人，其行为风格更富于策谋之士的意味，与后世人所熟悉的书生和道德家的形象不合，章学诚甚至因此将"儒士"与"经生"区分开来，否认经学家的儒家思想身份。如何理解这一现象？必须明白，随着孔子之后儒学的传播和分化，儒学的社会影响力迅速扩大，特别是儒学成为显学后，儒家内部的流品也日渐复杂。事实上，中国思想史上一直存在一个"谁是儒家？"的问题。儒家没有宗教式的认信仪式，也并无严格的教义体系。也正是因此，儒者之名在历史上不断泛化，对儒者思想身份的辨析和自我理解也不断变化。孔子并无创建一个"儒家学派"的意识，所以他对门弟子立四科之目，就德行、政事、言语、文学四科而言，孔子也并不将立德作为其唯一要务，尽管是其根本要务。也就是说，在立德的基础上，孔子也重视立功和立言的意义。也正是因此，秦汉时代涌现出郦食其、随何、陆贾这样机敏善辩、奔走游说于列国之间的人士，儒家中这些人士的突出，又恰是和割据纷争的时代主题相应的，是战国游士之风在儒家群体中的反应，但也并非本不属于儒家或儒家不当具有之内容。当然，这些也不构成儒家之所以为儒家的内容，否则，儒家将无以区别于纵横之徒。因此，章太炎根据对秦汉之际

第三章　两汉时期教化儒学思想研究

儒者的表象化认知而界定儒学，显然不得要领。而且，章氏显然没有试图去关注和理解郦食其等人的策谋游说背后的政治选择。当然，若根据后世的标准，郦食其等人显然不能算作纯儒，但其反抗暴秦、主张宽仁政治的态度则始终如一，其选择刘邦集团并极力推动其一统事业，皆本于此动机。而这与儒家的基本政治精神实属一贯。就儒者对时局的深度介入而言，恰说明儒者并非所谓空谈无用。而中国历史上形成的对儒家根深蒂固的偏见却呈现为两极形态。若儒者以传经讲道为务，则讥其学为无用空谈，不识时务，不能有安邦经国之效；若儒者在政治上有所建树，则又责其用诈谋，不能守道。近代国人对儒家和儒学之挑剔苛责，可谓无所不用其极。

儒家本有四科之目，传经本儒家之事，并非如章氏所言，无与儒学者。《艺文志》六艺与儒家分途，乃是基于汉廷官学系统建构之观念基础，事实上，离开儒学，则六艺经典系统的建构本身都将落空，因为春秋以降，儒家而外，并无一个由周至汉的官方六艺经典传承统绪。究其原因，在于以王官为本的教养体制的失坠，此即各类史籍所谓"学失官守"。钱穆先生将之称为旧学而与诸子之新学相对照。战国时代，随着社会政治文化的全方面裂变，这种存在于贵族社会上层的教养传习系统已全然崩坏，而主要通过儒家以传。因此，可以说，儒家是以私学的身份而承继了此前的王官之学的传统，这种承继是文化精神意义上的，而非政治权力意义上的，这也是此后教化权力之争的根源。对儒家而言，一身而肩负传经与传道两大责任，事实上，传经与传道并非二事，后人分开，固非全无因由，但视为二事，也容易滋生流弊，导致经学与儒学两分之惑。

因此，秦汉之际的经典传承人，严格意义上讲，他们或许不能称为"经学家"或"经生"，因为这些名号是应当在严格意义上的汉代经学系统建立之后方真正成立的，皆属儒家学者，而非儒家之外，另有一个经生群体。司马迁立《儒林传》，以经学为核心叙述汉代儒学之传承，而将之上接先秦儒家传统，实为不刊之论。章太炎所谓经生多骨鲠之士，儒家则多趋时云云，显属人为抑扬之举。

二 汉代前期教化儒学的发展

（一）汉朝统治政策的变迁与儒学的复苏

秦帝国的二世而亡一直是中国历史上的一个典型，成为历代史家和文人感慨兴怀和考察省思的对象。杜牧云："秦人不暇自哀而后人哀之，后人哀之而不鉴之，亦使后人而复哀后人也。"正是这一情绪的写照。赵翼诗云："坑灰未冷山东乱，刘项原来不读书。"可谓对秦廷文化灭绝政策的绝妙讽刺。

楚汉相争之际，干戈扰攘，未遑修文学，讲教化。刘邦起身微末，最初也有一种对于儒家的天然排斥心理，这种排斥心理源于社会底层人员对于带有贵族色彩的文明阶层的抵触和敌意。儒家作为三代文化的继承和弘扬者，其学说和行为方式中皆带有较强烈的传统和贵族文化特质，如表现在对传统礼仪和经典的重视和一系列与时俗不同的行为方式上。如郦食其传称："沛公不好儒，诸客冠儒冠来这，沛公辄解其冠，溲溺其中。与人言，常大骂。未可以儒生说也。"陆贾时时前说称《诗》《书》，刘邦骂之曰："乃公居马上得之，安事《诗》《书》？"又在灭项羽之后，与诸臣论功时对众折随何为"腐儒"，称"为天下安用腐儒？"又叔孙通从汉王时，初服儒服，汉王憎之，乃变其服，服短衣，楚制，汉王喜。皆此类。

由此可见，儒家在战国至秦汉之际，虽称显学，而实遭遇一系列现实的困境。特别是来自秦王朝的政治压力和民间百姓的排斥和敌意，使儒家存在一种两难之局，儒家必须善加回应与协调，才能在社会历史的变化中保持其存在和影响。正如前文所言，这一时代显名于世的儒者大多采取了通权达变的方式，这一方面证明了儒家并非不达世务，仅能传习古书的经生学士；另一方面则在此过程中也不断调整自身以因应时代的需要和变化。这在叔孙通的身上至为典型，他也因此被后人不断贬斥奚落。叔孙通以虚与委蛇的手段应付秦二世，逃离秦廷；投奔刘邦后，为迎合其喜好而改服短衣楚制；这些似乎都显得谲诈而无操行，往往被

第三章 两汉时期教化儒学思想研究

后人引为口实。楚汉相争之际，叔孙通所推荐者皆盗贼勇力之士，也因此颇引起其率领的儒生弟子们之不满，这恰体现其对时务的敏感。至于天下大定之后，则因高祖厌恶群臣争功之际，乘间进说，制定朝仪。并针对当时的需要而提出"夫儒者难与进取，可与守成。臣愿征鲁诸生与臣弟子共起朝仪"。这一事件当事人的种种表现可谓一时心态之写照。刘邦一方面亟须通过起朝仪的方式树立君主的权威和整顿朝堂秩序，同时又有着出身下层人对仪文讲究的畏难情绪。叔孙通一面极力说明此时起朝仪的必要性，即时局由进取向守成的转变，同时又积极寻求儒家所持守之古礼与时代特征的融合。故而对高祖畏难之意，申说其制礼原则云："五帝异乐，三王不同礼。礼者，因时世人情为之节文者也。故夏、殷、周之礼所因损益可知者，谓不相复也。臣愿颇采古礼，与秦仪杂就之。"这点也引发后人批评，认为叔孙通所创之礼体现了专制天下之精神。这可以说是儒家与现实相妥协的体现。其中最有意味的插曲是叔孙通至鲁征诸生共起朝仪时，鲁国两生不肯参与，并批评叔孙通道："公所事者且十主，皆面谀以得亲贵。今天下初定，死者未葬，伤者未起，又欲起礼乐。礼乐所由起，积德百年而后可兴也。吾不忍为公所为。公所为不合古，吾不行。公往矣，无污我。"鲁两生代表了更为传统、更体现道德理想精神的儒家观念。叔孙通对此的回应是"若真鄙儒也，不知时变"。现代人对这段对话的评价，往往支持鲁两生，而对叔孙通颇致微词。当然，叔孙通与鲁两生的不同态度与选择可能代表了当时齐学与鲁学的精神差异，鲁学守道，齐学趋时。总体而言，恰是守道和趋时两者共同成就了儒学。守道使儒家得以在世代激流中坚持其精神品格和道义理想，而趋时则使得儒家能够适应时代变化对其学说做出相应调整。而在其历史表现中，则往往不同的人物和流派有不同的偏向。

郦食其、随何、陆贾等人以其辩才谋略为汉王朝的统一大业立下汗马功劳，也让一向轻儒的刘邦对儒者刮目相看，显示了儒家的用世之能。叔孙通则成为汉朝朝廷礼仪制度的主要制定者，具有更为长远的制度文化影响，虽然其所定仪法并不全然与儒家礼乐传统精神相合，但因时损益，也自有其不可磨灭的历史价值。《史记》称叔孙通"定宗庙仪法及稍定汉诸仪法"，《汉书》谓高祖时代，"命萧何次律令，韩信申军

"教化儒学"的思想历程

法,张苍定章程,叔孙通制礼仪,陆贾造《新语》",可谓汉代制度文化精神的雏形之奠定,而其中基于儒家文化精神的措施五占其二,儒家对汉王朝历史的塑造实发端于此。

(二) 陆贾、贾谊与汉初政治精神奠基

陆贾在汉初儒者中最富传奇色彩,也是最富智慧者。两使南越,使尉佗归附汉朝,表现出杰出的外交才能;为陈平画计平诸吕,安刘氏,更显其筹谋能力。查慎行云:"陆贾,汉初儒生之有体有用者,观其绁尉佗以礼义,说高帝以《诗》《书》。当吕后朝,不汲汲于功名,既能全身远患,又能以事外之人,隐然为社稷计安全,有曲运智谋所不逮者。子房已从赤松游,汉之不夺于诸吕,亦赖有此人也。"

陆贾还是汉初唯一留下系统论著的儒家学者,更为引人注目的是其著作成为奠定汉家立国基础的五大支柱之一,此即《新语》。对于《新语》的创作动机,《史记》言之极详:

陆生时时前说称《诗》《书》,高帝骂之曰:"乃公居马上而得之,安事《诗》《书》?"陆生曰:"居马上得之,宁可以马上治之乎?且汤武逆取而以顺守之,文武并用,长久之术也。昔者吴王夫差、智伯极武而亡;秦任刑法不变,卒灭赵氏。向使秦已并天下,行仁义,法先圣,陛下安得而有之?"高帝不怿而有惭色,乃谓陆生曰:"试为我著秦所以失天下,吾所以得之者何,及古成败之国。"陆生乃粗述存亡之征,凡著十二篇。每奏一篇,高帝未尝不称善,左右呼万岁,号其书曰《新语》(《史记·郦生陆贾传》)。

这是汉朝立国中极重要的一段对话,也成为汉代政治思想的开端。由反思秦亡教训而触及治国的根本法则问题。刘邦"马上得之",乃是通过战争而获得政权者最为习惯的暴力强权观念。强权对政治生活而言的确是一个问题。陆贾并不否认强力在取得政权过程中的作用,但指出,强权不可能成为政治的根本法则。陆贾通过区分"得之"与"治之"即"取"与"守"来阐述这一观念。认为取得政权的过程可以通过武力即马上得之,此所谓"逆取"。称之为"逆",即意味着这并非完全正当而合理的方式,但在现实政治历史中,必须承认此"逆"的存在,并了解"逆"在特定形势下之不可避免。但这并不意味着"逆"

可以成为政治行动的恒常法则。"逆"往往是特定形势下针对特定政治目标而采取的非常手段，而在目的达成之后，即必须回归正常的形态，即"顺"。与"逆取"之用武相对，"顺守"必采取文治。文治的根本方式是"行仁义，法先圣"。陆贾指出，崇尚武力和刑罚皆属于"逆"的措施，而夫差、知伯和秦朝的灭亡反复证明，一味采取强权措施是其败亡的主要原因。就刘邦的反应看，他也由此段对话而达到了对治国根本法则的反思，故而命陆贾著书阐明秦亡汉兴之原因，特别是提到"古成败之国"，则显示出一种基于历史意识的政治哲学反省需求。《新语》书名也因此具有特别的意味，显示出汉朝建立后一种明确的"新"的意识，即开创新的政治历史局面的期待。而《新语》则成为这一新局面的精神起点。

对秦亡教训之反思的第二波体现于贾谊《过秦论》。与陆贾相比，贾谊的结论并无特异之处，"仁义不施而攻守之势异也"。贾谊对政治问题更全面的省思见于其《陈政事疏》。在疏中，贾谊指出当时的事势，"可为痛苦者一，可为流涕者二，可为长太息者六"。除了对汉廷构成直接威胁的诸侯王的分裂倾向和政治野心，以及匈奴对汉朝的袭扰外，贾谊将关注的重点放在教化上。贾谊用痛切的笔触描绘了当时风俗的奢靡与不敬，指出"夫俗至大不敬也，至亡等也，至冒上也"，并认为这构成对汉朝社会秩序稳定的根本威胁。贾谊由此特别针对汉初占统治地位的黄老道家"无为"思想进行了尖锐批评，指出良好风俗的建构必须通过有意识的教化努力，而非无为可致。贾谊特别以秦政为例，指出政治措施对风俗人心的根本影响，尽管这种影响是反面的。

> 商君遗礼义，弃仁恩，并心于进取，行之二岁，秦俗日败。故秦人家富子壮则出分，家贫子壮则出赘。借父耰鉏，虑有德色；母取箕帚，立而谇语。抱哺其子，与公并倨；妇姑不相说，则反唇而相稽。其慈子耆利，不同禽兽者亡几耳。然并心而赴时，犹曰蹶六国、兼天下。功成求得矣，终不知反廉愧之节、仁义之厚，信并兼之法，遂进取之业，天下大败，众掩寡，智欺愚，勇威怯，壮陵衰，其乱至矣。

"教化儒学"的思想历程

秦政及其历史影响是政治影响乃至塑造民心风俗的鲜活例证,这也从反面证明了黄老道家无为而治思想在政治实践中的空洞性。民众的行为方式和心理习惯都具有极强的可塑性,而且极容易受到环境的影响。因此,风俗和人心皆可善可恶,端在于教化的引领。贾谊特别指出汉初风俗颓败与秦政影响的关系。"其遗风余俗,犹尚未改。今世以侈靡相竞而上亡制度,弃礼谊、捐廉耻日甚,可谓月异而岁不同矣,逐利不耳虑非顾行也。"(《汉书·贾谊传》)而秦政对人心风俗的恶劣影响是秦朝土崩瓦解的根源,贾谊引用了《管子》国有四维的观点,指出礼义廉耻四维的建立是国家稳固的根本,"秦灭四维而不张,故君臣乖乱,六亲殃戮,奸人并起,万民离叛,凡十三岁,社稷为墟。"因此对新兴的汉王朝而言,进行全面的政治革新,重新奠定教化基础以移风易俗乃是当务之急,而非所谓无为而治。在贾谊看来,当时的朝廷"特以簿书不报期会之间以为大故,至于俗流失,世败坏,因恬而不知怪,虑不动于耳目,以为是适然耳。"正是不知为政要务的表现。贾谊指出,"夫移风易俗,使天下回心而乡道,类非俗吏之所能为也。俗吏之所务,在于刀笔筐箧,而不知大体"。为政之大体,在明人伦,兴教化,故贾谊云:"夫立君臣,等上下,使父子有礼,六亲有纪,此非天之所为,人之所设也。"将君臣上下之等、父子之亲理解为人之所设,看似与儒家传统观点不合,事实上,贾谊在此应该是为了强调教化对于推动伦常秩序之社会建构的根本意义。贾谊由此劝说汉朝廷建立"经制"为教化之本。"今四维犹未备也,故奸人几幸而众心疑惑。岂如今定经制,令君君臣臣,上下有差,父子六亲,各得其宜。奸人亡所几幸而群臣众信上不疑惑,此业一定,世世当安而后有所持循矣。若夫经制不定,是犹度江河亡维楫,中流而遇风波,船必覆矣。"

贾谊特别突出皇太子教育的重要性,认为这是政治稳定和教化施行的根本保障。"古之王者,太子迺生,固举以礼,使士复之,有司斋肃端冕,见之南郊,见于天也。过关则下,过庙则趋,孝子之道也。故自为赤子而教固已行矣。昔者成王幼,在襁褓之中,召公为太保,周公为太傅,太公为太师。保,保其身体;傅,傅之德意;师,道之教训。"(《贾子·保傅》)

第三章 两汉时期教化儒学思想研究

历史上人们往往对贾谊的身世坎坷深寄同情，甚至因此对汉文帝颇有微词。但正如许多人所言，在一定意义上，贾谊也并非"不遇"，因为他所提出的一系列政治改革建议都被汉朝廷直接或变相地予以采纳并逐渐付诸实施。真正耐人寻味的是汉文帝对贾谊的态度。很多人都相信了《史记》的说法，认为汉文帝好黄老刑名之学，治国遵循道家无为而治的方针，因此对贾谊所提出的儒家政教措施并无兴趣。但就汉文帝的实际表现看，我们很难找到文帝崇尚道家的充分历史证据，此其一；文帝对贾谊一开始就无比欣赏，对这位"洛阳少年"破格越级提拔，甚至在他提出朝政改革措施后，大为赞赏，甚至"议以谊任公卿之位"，这些都显示出文帝对贾谊，实际上也是对儒家的肯定和支持，此其二；文帝之所以后来疏远贾谊，并非其本意，而是因为当时朝中元老重臣如绛侯周勃等人对贾谊的打压，而文帝作为被这些元老拥戴而登基的君主，不得不对他们采取妥协顺遂的态度，以稳定自己的统治根基，此其三；就文帝在位时诸措施看，文帝不断地进行刑法改革，废除古代各种苛虐刑罚如连坐、肉刑等，与法家重刑思想恰相背驰，因此文帝绝不可能是法家刑名思想的信奉者。至于道家，则文帝时立一经博士、《孟子》博士，命晁错就伏胜受《尚书》，这些都恰恰是推崇儒家的表现。而人们往往据《史记》基于黄老立场的一句话而无视现实中各种具体的崇儒表现，实属习非成是之举。文帝好黄老，很可能是窦太后本人好黄老言，以及在此后景帝之世和武帝初年的强势举措而造成的笼统时代印象。文帝作为政治家，本身对各家学说可能都采取一种政治实用主义态度，而文帝政治措施中显露的理想主义特征，则显然更富儒家色彩。

（三）董仲舒与武帝复古更化

贾谊的不幸在于他的时代还没有到来，文帝时代的汉帝国还没有根本摆脱汉初的各类困境，与民休息仍是根本的时代主题，虽然各种问题的症状和弊端已然显露，但还缺乏解决的力量和契机。而随着武帝时代的到来，经历六十余年积累的汉帝国终于迎来了全新的历史局面，一个大有为的时代来临了。在一个应该无为的时代，即便欲求有为亦不可得；而在一个应该有为的时代，在政治改革变得迫在眉睫，社会文化也

"教化儒学"的思想历程

经过充分积累而将有充分表现之际,则无为也不合时宜,而且成为一种负面的力量。因为就一个文明体而言,一种丰富而灿烂的文化创造和表现也恰是其所以展现此文明之存在和能力的根本方式,如果不能有所表现,也未必即能天长地久,更可能始终处于混沌蒙昧的原始形态,而最终萎缩消亡。如果没有武帝时代的奋发有为,我们恐怕将永无华夏历史中强汉盛唐的历史辉煌和光荣记忆。如果文明体的生灭荣枯也是其不可避免的宿命,则因为害怕衰落而不敢走向繁荣不但不能规避衰落的命运,同时也是怯懦的表现。

因此,武帝时代的儒家转向并非其个人喜好和倾向使然,也并非统治集团的利益驱动,而是华夏文明在新的历史时期其生命力量的勃发,而儒家之所以被称为中国文化之主流,被汉廷采纳为官方思想,并非因为"适应统治阶级需要",而是因为儒家才是中国文化精神之主要呈现形态,儒家之成为主流,是因为儒家本来就是主流。所谓儒家是百家之一,只是就传统王官之学衰落后私学并立的局面而言。实际上,儒家所以战国时代即为显学,在新的博士官系统中占据主导地位,皆因其作为三代文化精神之全面继承者的独特身份而决定。不是儒家塑造了中国文化,而是儒家本来就是中国文化精神最全面最核心的体现者。

武帝即位之初,便"向儒术,招贤良,赵绾、王臧等以文学为公卿,欲议古立明堂城南,以朝诸侯。草巡守、封禅、改历、服色事。"这成为武帝时代复古更化的开端,虽然因为窦太后的阻挠而暂时停顿,但汉朝廷全面变革的大势已成。武帝的改制措施包括诏举贤良方正论治国之道,先后启用倾向儒家的赵绾、王臧、窦婴、田蚡主政,设立五经博士,绌黄老、刑名家言和纵横之术。元光元年(前134年),用董仲舒议,正式开始命郡国举孝廉各一人,奠定了中国选举制度的基础。这样一种措施固然是新兴官僚帝国政体的现实需要,同时也是儒家教化政治思想的体现。正如董仲舒在对策中所言:"今之郡守、县令,民之师帅,所使承流而宣化也。故师帅不贤则主德不宣,恩泽不流。"而汉初选举制度尚未确立之时,官员选拔多用功臣及官宦子弟和民间买官之人,"长吏多出于郎中、中郎、吏二千石子弟,选郎吏又以富赀,未必贤也。"而且缺乏必要的考核机制。造成一方面"吏既无教训于下,或

第三章 两汉时期教化儒学思想研究

不承用主上之法,暴虐百姓,与奸为市,贫穷孤弱,冤苦失职",另一方面,官员们则不辨贤愚,"累日以取贵,积久以致官,是以廉耻贸乱,贤不肖浑淆"。董仲舒强调长吏的师帅身份,正是本诸教化政治理念。

董仲舒作为汉代群儒之首、儒者之宗,其思想对奠定汉帝国的精神起到重大的作用。

武帝在诏问贤良的过程中所制策问正是围绕教化问题而展开的。武帝所问凡三,其一曰:"盖闻五帝三王之道,改制作乐而天下洽和,百王同之。……呜呼!凡所为屑屑夙兴夜寐,务法上古者,又将无补与?三代受命,其符安在?灾异之变,何缘而起?性命之情,或夭或寿,或仁或鄙,习闻其号,未烛厥理。伊欲风流而令行,刑轻而奸改,百姓和乐,政事宣昭。何修何饬而膏露降、百谷登,德润四海,泽臻草木,三光全、寒暑平,受天之祐,享鬼神之灵,德泽洋溢,施乎方外,延及群生?"武帝第一问即显示出强烈的效法上古兴趣,特别是将周衰以后的五百年历史作为一个反面的例子,正显示其追慕圣王之治的决心。武帝提问的中心放在了"改制作乐"上,这正是围绕政治制度的建构与改革而展开。因此,武帝问策的中心从一开始便凸显出了"复古改制"的主题。

近代儒家常因其"崇古"态度和"复古"主张而饱受诟病。上古及三代圣王之制是儒家教化政治的理想形态之折射。因此,儒家所言之古,从其实质内容而言,并非历史事实意义上的古,而是将古作为与今之衰敝式微形态相对的理想社会生活方式。因此,复古并非如一些人想象的,要人真正完全复归于古代,而是将"古"作为一种批评和改造现实的理想化坐标。

儒家一方面主张复古,同时又主张改制。二者看似相反,恰构成儒家政教精神的完整形态。单纯以复古或改制来看待儒家都是不得要领的。儒家之改制,往往以复古为口号,而在复古的形式中融入全新的时代内容。因此,儒家之改制,从本质上讲,是适应时代需求并以解决当下形势需要而发,但以复古为形式,则使古与今彼此联通起来,体现出对人类历史文化之连续性的重视。

武帝第二问的主题涉及传统政治中劳逸的不同,即传说中虞舜时代

"教化儒学"的思想历程

的无为而治与周文王之勤劳国事，二者同为圣王，何以有劳逸不同？帝王之道是否同条共贯即具有内在共同的原则与精神一致性？与此相连的一个问题是治国以俭素为尚还是应该完善制度崇尚文明，此即文质问题。同样还有政治生活中以宽仁之德政为本还是以严刑峻法为先。当然，武帝在制文中已经显露出强烈的崇尚德政，否定刑罚的倾向。从根本上讲，这一问同样关注的核心是教化问题，而较之前文更为具体。特别是文质之辨和劳逸之辨，皆触及儒家教化观念的核心。

第三问因上两次问到的讨论内容而更进一步引申，明确提出天人相与和古今问题，关心的是人类政治生活的根本内在法则。特别是指出三王之教，所祖不同而皆有失，从而指出了政治史中最常见的政治衰败和变革的规律问题。任何政治方案和教化措施都不可能完美无缺，那么有无一个可以保持社会安定的永恒治道？

武帝上述三问，皆可以说是中国古代政治哲学的中心问题。

董仲舒以《春秋》为据，以为《春秋》之道，在"视前世已行之事，以观天人相与之际"，其可畏之处，在灾异谴告，人主当以此自警醒，而欲明天人，兴治道，皆在彊勉。

> 道者，所繇适于治之路也。仁义礼乐皆其具也。故圣王已没，而子孙长久安宁数百岁，此皆礼乐教化之功也。王者未作乐之时，乃用先王之乐宜于世者，而以深入教化于民。教化之情不得，雅颂之乐不成，故王者功成作乐，乐其德也。乐者，所以变民风、化民俗也。其变民也易，其化人也著。故声发于和而本于情，接于肌肤，臧于骨髓，故王道虽微缺，而管弦之声未衰也。
>
> 政乱国危，乃因所任非其人，所繇非其道。故治乱废兴，在于己，受命之符乃积善累德之效。
>
> 命者，天之令也；性者，生之质也；情者，人之欲也。或夭或寿，或仁或鄙。陶冶而成之，不能粹美，有治乱之所生，故不齐也。孔子曰："君子之德风也，小人之德草也，草上之风必偃。"故尧舜行德则民仁寿，桀纣行暴则民鄙夭。夫上之化下，下之从上，犹泥之在钧，唯甄者之所为；犹金之在镕，唯冶者之所铸。绥

第三章 两汉时期教化儒学思想研究

之斯来，动之斯和，此之谓也。

董仲舒认为，王者欲有所为，宜求其端于天。董仲舒在此提出其基于阴阳学说的天道思想，认为，"天道之大者在阴阳，阳为德，阴为刑，刑主杀而德主生，是故阳常居大夏而以生育养长为事。阴常居大冬，而积于空虚不用之处，以此见天之任德而不任刑也。天使阳出布施于上而主岁功，使阴入伏于下而时出佐阳，阳不得阴之助，亦不能独成岁终，阳以成岁为名，此天意也王者承天意以从事，故任德教而不任刑。刑者，不可任以治世，犹阴之不可任以成岁也。为政而任刑，不顺于天，故先王莫之肯为也"。在董仲舒看来，直至武帝时代，汉代的政治策略始终都在沿袭亡秦弊政，未能发生根本改观，故云："今废先王德教之官而独任执法之吏治民，毋乃任刑之意与？孔子曰：'不教而诛谓之虐。'虐政用于下，而欲德教之被四海，故难成也。"因此，董仲舒建议武帝，如果有追慕上古之心，则必须进行全面的政治改革，其核心措施即"更化"，彻底改变治国方针，建立以德教为主的政治秩序。故在对策中，董子如此说：

《春秋》深探其本而反自贵者始，故为人君者，正心以正朝廷，正朝廷以正百官，正百官以正万民，正万民以正四方。四方正，远近莫敢不壹于正，而亡有邪气奸其间者，是以阴阳调而风雨时，群生和而万民殖，五谷孰而草木茂。

今天子有可治之势而不能治者，凡以教化不立而万民不正也。夫万民之从利也，如水之走下，不以教化堤防之，不能止也。是故教化立而奸邪皆止者，其堤防完也；教化废而奸邪并出，刑罚不能胜者，其堤防坏也。古之王者明于此，是故南面而治天下，莫不以教化为大，务立大学以教于国，设庠序以化于邑。渐民以仁，摩民以谊，节民以礼，故其刑罚甚轻而禁不犯者，教化行而习俗美也。圣王之继乱世也，扫除其迹而悉去之，复修教化而崇起之。教化已明，习俗已成，子孙循之，行五六百岁尚未败也。至周之末世，大为亡道，以失天下，秦继其后，独不能改，又益甚之，重禁文学，

"教化儒学"的思想历程

不得挟书，弃捐礼谊而恶闻之，其心欲尽灭先圣之道，而颛为自恣苟简之治。故立为天子十四岁而国破亡矣。自古以来，未尝有以乱济乱，大败天下之民如秦者也。其遗毒余烈，至今未灭。使习俗薄恶，人民嚚顽，抵冒殊扞，孰烂如此之甚者也。……今汉继秦之后，如朽木、粪墙矣，虽欲善治之，亡可奈何。法出而奸生，令下而诈起，如以汤止沸，抱薪救火，愈甚亡益也。窃譬之琴瑟不调，甚者必解而更张之，乃可鼓也；为政而不行，甚者必变而更化之，乃可理也。当更张而不更张，虽有良工不能善调也；当更化而不更化，虽有大贤不能善治也。故汉得天下以来，常欲善治而至今不可善治者，失之于当更化而不更化也。古人有言曰："临渊羡鱼，不如退而结网。"今临政而愿治七十余岁矣，不如退而更化，更化则可善治，善治则灾害日去，福禄日来。……夫仁义礼智信五常之道，王者所当修饬也；五者修饬，故受天之佑而享鬼神之灵，德施于方外，延及群生也。

在董仲舒对汉武帝第二道问策中，探讨了制度变革和学校养士问题，这些也构成儒家教化思想的重要内容。董子云：

帝王之条贯同然而劳逸异者，所遇之时异也。制度文采玄黄之饰，所以明尊卑贵贱而劝有德也。故《春秋》受命所先制者，改正朔，易服色，所以应天也。然则宫室旌旗之制，有法而然者也。俭非圣人之中制也。

常玉不琢，不成文章，君子不学，不成其德。臣闻圣王之治天下，少则习之学，长则材诸位，爵禄以养其德，刑罚以威其恶，故民晓于礼谊而耻犯其上。武王行大谊平残贼，周公作礼乐以文之，至于成康之隆，囹圄空虚四十余年，此亦教化之渐而仁谊之流，非独伤肌肤之效也。至秦则不然，师申商之法，行韩非之说，憎帝王之道，以贪狼为俗，非有文德以教训于下也。诛名而不察实，为善者不必免，而犯恶者未必刑也。是以百官皆饰虚辞而不顾实，外有事君之礼，内有背上之心，造伪饰诈，趣利无耻；又好用憯酷之

第三章 两汉时期教化儒学思想研究

吏，赋敛亡度，竭民财力，百姓散亡，不得从耕织之业，群盗并起。是以刑者甚众，死者相望而奸不息，俗化使然也。故孔子曰："导之以政，齐之以刑，民免而无耻"，此之谓也。

夫不素养士而欲求贤，譬犹不琢玉而求文采也。故养士之大者，莫大乎太学；太学者，贤士之所关也，教化之本原也。……臣愿陛下兴太学，置明师，以养天下之士，数考问以尽其材，则英俊宜可得矣。

董仲舒在上文中，首先指出了制度仪式存在的意义在于明尊卑贵贱而劝有德，是社会秩序和价值秩序之表征，也是其稳固的条件。同时又认为，这些也都应顺应天道之变迁而进行改革，这也正是政治更化的重要内容。与之相比，学校制度的建构和社会教化的全面推行有着更为根本的意义。儒家教化理念的重要落实形体即学校体制。董仲舒的建议也成为后世学校教育发展和延续的重要理论动力。

在第三对中，董仲舒针对汉武帝提出的问题，对天命、人性进行了精到的论析，从形上意义上肯定教化之必要与价值。

古者修教训之官，务以德善化民，民已大化之后，天下常亡一人之狱矣。今世废而不修，亡以化民，民以故弃行谊而死财利，是以犯法而罪多。以此见古之不可不用也。故《春秋》变古则讥之。

天令之谓命，命非圣人不行；质朴之谓性，性非教化不成。人欲之谓情，情非度制不节。是故王者上谨于承天意以顺命也；下务明教化民，以成性也；正法度之宜，别上下秩序，以防欲也。修此三者而大本举矣。人受命于天，固超然异于群生，入有父子兄弟之亲，出有君臣上下之谊，会聚相遇，则有耆老长幼之施。粲然有文以相接，欢然有恩以相爱，此人之所以贵也。……故孔子曰："天地之性人为贵。"明于天性，知自贵于物，知自贵于物，然后知仁谊，知仁谊，然后重礼节，重礼节然后安处善，安处善然后乐循理，乐循理然后谓之君子。

"教化儒学"的思想历程

董仲舒在此集中论说教化对政治的重大意义，提出"性非教化不成""情非制度不节"。教化之合理性与必要性问题，即教养生活之本原问题乃儒家哲学之根本问题，而对这一问题的回答必然导向对形上本原问题的考察，这在中国哲学中即呈现为天人问题，而理解天人问题的关键则是性情问题。董仲舒对性与情的理解代表了汉代儒家的普遍观念，在一定程度上可以概括为性善情恶论。不过董仲舒反对直接将性称为善者，而倡言"性未善"，其理论目的正是由此凸显教化之必要。至于情，则更须以制度化的方式对之进行制约。正是在教化的基础上，人才能真正展现其"为天下贵"的存在价值。

董仲舒接下来分析了改制更化和治国大道之间的关系，认为两者并非相对，改制更化恰是治道的内在要求。

> 臣闻夫乐而不乱，复而不厌者谓之道。道者，万世亡弊。弊者，道之失也。先王之道必有偏而不起之处，故有眊而不行，举其偏者以补其弊而已矣。三王之道所祖不同，非其相反，将以救溢扶衰，所遭之变然也。……故王者有改制之名，无变道之实。然夏上忠，殷上敬，周上文者，所继之救当用此也。……繇是观之，继治世者其道同，继乱世者其道变。今汉继大乱之后，若宜少损周之文致，用夏之忠者。

改制更化的目的在于救弊，虽然道本身并无弊端，但现实中人们在理解和践行道的过程中不可避免地存在各种失误，因此也就使改制更化成为历史的常态。董仲舒以此解释人类历史文化和政治精神的变迁之原则。其所言夏商周三代忠、敬、文相互循环更替的思想，构成汉儒历史和政治哲学的重要命题，也成为其教化思想的重要特征。董仲舒在其春秋学中，即反复强调损周文而反之质，这成为其更化主张的核心原则之一。

董仲舒在《天人三策》中最著名的主张便是其统一思想的主张。

> 《春秋》大一统者，天地之常经，古今之通谊也。今师异道，

人异论，百家殊方，指意不同，是以上亡以持一统，法制数变，下不知所守。臣愚以为诸不在六艺之科、孔子之术者，皆绝其道，勿使并进，邪辟之说灭息，然后统纪可一而法度可明，民知所从矣。

这一思想在近代以后被含混地概括为"罢黜百家，独尊儒术"，并认为这构成武帝以后汉王朝乃至全部中国古代历史中政治文化的根本特征。今天看来，这一看法显然是站不住脚的。从各类史料看，武帝并未按照董仲舒的建议施行这一主张，儒家获得主导地位并非董仲舒一次对策完成。而且，即便在儒家获得统治地位后，也并未绝灭百家之学。因此，如顾颉刚等人，可以夸大这一建议的影响，甚至刻意夸大其词地认为这一政策和儒家经学之建立在中国文化史上的影响比秦始皇"焚书坑儒"还要恶劣，实属罔顾事实的诬枉之辞。

三　汉代儒家教化思想的历史实践

儒家自武帝时代获得政治主导地位后，其教化理念得以作用于政治社会生活，全面影响传统中国。两汉时代本身是中国文化精神形成的关键时期，儒教中国至此开始形成。在这一过程中，许多事件和人物都产生了十分深刻的影响。

（一）儒教礼制国家的建构

许多人将传统中国从政治精神建构上概括为一个"儒法国家"，这一看法不无道理，但总体而言，法家的影响主要集中于权力结构和运作形式上，在制度和教养精神上，儒家的地位无可动摇。

我们可以通过五帝时代一场重要的政策议题考察上述特征。武帝时期，由于山东一带盗贼大起，丞相公孙弘奏言民不得挟弓弩。当时的著名学者吾丘寿王提出反对意见，称：

臣闻古者作五兵，非以相害，以禁暴讨邪也。安居则以制猛兽而备非常，有事则以设守卫而施行阵。及至周室衰微，上无明王，

"教化儒学"的思想历程

> 诸侯力政，强侵弱，众暴寡，海内抏敝，巧诈并生，是以知者陷愚，勇者威怯，苟以得胜为务，不顾义理，故机变械饰，所以相贼害之具不可胜数。于是秦兼天下，废王道，立私议，灭《诗》《书》而守法令，去仁恩而任刑戮，堕名城，杀豪杰，销甲兵，折锋刃。其后民以櫌锄箠梃相挞击，犯法滋众，盗贼不胜，至于赭衣塞路，群盗满山，卒以乱亡。故圣王务教化而省禁防，知其不足恃也。今陛下昭明德，建太平，……宇内日化，方外乡风，然而盗贼犹有者，郡国二千石之罪，非挟弓弩之过也。《礼》曰：男子生，桑弧蓬矢以举之，明示有事也。孔子曰：吾何执，执射乎？大射之礼，自天子降及庶人，三代之道也。……愚闻圣王合射以明教矣，未闻弓矢之为禁也。且所为禁者，为盗贼之以攻夺也，攻夺之罪死，然而不止者，大奸之于重诛，固不避也。臣恐邪人挟之而吏不能止，良民以自备而抵法禁，是擅贼威而夺民救也。窃以为无益于禁奸，而废先王之典，使学者不得习行其礼，大不便。(《汉书·吾丘寿王传》)

禁民挟弓弩，看似国家对武器的严厉管控有利于社会安定，但从根本上讲，显示出对人性的消极态度和对民众进行全面政治控制的企图。这一政策所包含的根本精神显然是法家的。吾丘寿王从儒家传统礼治精神出发提出反对意见，并最终促使汉朝廷否决上述动议，显然是儒家教化政治主张的一次胜利。

此后宣帝时代，因为边境战争的关系，试图推行入谷赎罪之政策措施，贡禹上疏反对，指出此乃武帝时产生的弊政，一旦再度实施，必对社会风气造成不可挽回的恶劣影响：

> 武帝自见功大威行，遂从嗜欲，用度不足，乃行一切之变，使犯法者赎罪，入谷者补吏，是以天下奢侈，官乱民贫，盗贼并起，亡命者众。郡国恐伏诛，则择便巧史书，习于计簿能欺上府者以为右职。奸轨不胜，则取勇猛能操切百姓者以苛暴威服下者使居大位。故亡义而有财者显于世，欺谩而善书者尊于朝，悖逆而勇猛者

贵于官。故俗皆曰："何以孝弟为，财多而光荣；何以礼义为，史书而仕宦；何以谨慎为，勇猛而临官。"故黥劓而髡钳者犹复攘臂为政于世。行虽犬彘，家富势足，目指气使，是为贤耳。故谓居官而置富者为雄杰，处奸而得利者为壮士。……俗之败坏，乃至于是。察其所以然者，皆以犯法得赎罪，求士不得真贤，相、守崇财利，诛不行之所致也。

今欲兴至治，致太平，宜除赎罪之法，相、守选举不以实及有臧者辄行其诛，亡但免官，则争尽力为善，贵孝弟，贱贾人，进真贤，举实廉，而天下治矣。……自成康以来几且千岁，欲为治者甚众，然而太平不复兴者，何也？以其舍法度而任私意，奢侈行而仁义废也。陛下诚深念高祖之苦，醇法太宗之治，正己以先下，选贤以自辅，开进忠正，致诛奸臣，远放谗佞，放出园陵之女，罢倡乐，绝郑声，去甲乙之帐，退伪薄之物，修节俭之化，驱天下之民皆归于农，如此不解，则三王可侔，五帝可及。（《汉书·王贡两龚鲍传》）

萧望之等人也对此持反对态度，张敞上书请犯法者入谷赎罪。望之与少府李强议以为："民函阴阳之气，有仁义欲利之心，在教化之所助。尧在上，不能去民欲利之心，而能令其欲利不胜其好义也；虽桀在上，不能去民好义之心，而能令其好义不胜其欲利也。故尧、桀之分在于义、利而已。道民不可不慎也。今欲令量粟以赎罪，如此则富者得生，贫者独死，是贫富异刑而法不壹也。人情贫穷，父兄囚执，闻出财得以生活，为人子弟者将不顾死亡之患、败乱之行以赴财利，求救亲戚，一人得生，十人以丧。如此伯夷之行坏，公绰之名灭，政教壹倾，虽有周召之佐，恐不能复。……陛下布德施教，教化既成，尧舜亡以加也。今议开利路以伤既成之化，臣窃痛之。"

此后儒者论政，反复强调礼制创建对朝廷政治的意义，同时以礼制为标准，对武帝以后汉朝廷的侈靡之风多有批评。如宣帝时代，王吉上书云：

"教化儒学"的思想历程

> 臣闻圣王宣德流化,必自近始,朝廷不备,难以言治;左右不正,难以化远。民者弱而不可胜,愚而不可欺也。圣主独行于深宫,得则天下称诵之,失则天下咸言之,行发于近,必见于远。故谨选左右,慎择所使。左右所以正身也,所使所以宣德也。……此其本也。《春秋》所以大一统者,六合同风,九州共贯也。今俗吏所以牧民者,非有礼义科指可世世通行者也,独设刑法以守之,其欲治者不知所繇,以意穿凿,各取一切权谲自任,故一变之后,不可复修也。是以百里不同风,千里不同俗,户异政,人殊服,诈伪萌生,刑罚亡极,质朴日销,恩爱寖薄。孔子曰:安上治民莫善于礼。非空言也。
>
> 王者未制礼之时,引先王礼宜于今者而用之。臣愿陛下承天心,发大业,与公卿大臣,延及儒生,述旧礼,明王制,驱一世之民,济之仁寿之域,则俗何以不若成康,寿何以不若高宗。
>
> 当世趋务不合于道者:吉意以为夫妇人伦大纲,夭寿之萌也,世俗嫁娶太早,未知为人父母之道而有子,是以教化不明而民多夭。
>
> 古者衣服车马贵贱有章,以褒有德而别尊卑,今上下僭差,人人自制,是以贪财趋利,不畏死亡。周之所以能致刑措而不用者,以其禁邪于冥冥,绝恶于未萌也。
>
> 宜明选求贤,除任子之令,外家及故人,可厚以财,不宜居位。去角抵,减乐府,省尚方,明视天下以俭。……民见俭则归本,本立而末成。(《汉书·王贡两龚鲍传》)

汉朝后期著名学者匡衡曾多次上书,从礼制建构和施政方针等多方面阐述儒家教化政治主张。如汉书载其奏疏云:

> 臣闻五帝不同礼,三王各异教,民俗殊务,所遇之时异也。大赦不能禁奸邪,殆导之未得其务也。盖保民者陈之以德义,示之以好恶,观其失而制其宜,故动之而和,绥之而安。今天下俗贪财贱义,好声色,上侈靡,廉耻之节薄,淫辟之意纵,纲纪失序……臣

愚以为宜壹旷然大变其俗。……朝廷者，天下之桢干也。公卿大夫相与循礼恭让，则民不争；好仁乐施，则下不暴；上义高节则民兴行，宽柔和惠则众相爱。死者明王之所以不严而成化也。何者？朝有变色之言，则下有争斗之患，上有自专之士，则下有不让之人；上有克胜之佐，则下有伤害之心；上有好利之臣则下有盗窃之民。此其本也。今俗吏之治，皆不本礼让而上克暴，或忮害好陷人于罪，贪财而慕执，故犯法者众，奸邪不止。虽严刑峻法犹不为变，此非其天性，有由然也。臣窃考国风之诗，周南召南被圣贤之化深，故笃于行而廉于色。郑伯好勇而国人暴虎，秦穆贵信而士多从死，陈夫人好巫而民淫祀，晋侯好俭而民畜聚，大王躬仁，邠国贵恕。由此观之，治天下者审所上而已。今之伪薄忮害不让极矣。臣闻教化之流，非家至而人说之也。贤者在位，能者布职，朝廷崇礼，百僚敬让，道德之行，由内及外，自近者始，然后民知所法，迁善日进而不自知，是以百姓安阴阳之，和神灵而嘉祥见。……今长安天子之都，亲承圣化，然其习俗无以异于远方郡国，来者无所法则，或见侈靡而放效之，此教化之原本，风俗之枢机，宜先正者也。……宜遂减宫室之度，省靡丽之饰，考制度，修外内，近忠正，远巧佞，放郑卫，进雅颂，举异才，开直言，任温良之人，退刻薄之吏，显絜白之士，昭无欲之路，览六艺之意，察上世之务，明自然之道，博和睦之化，以崇至仁，匡失俗，易民视。令海内昭然咸见本朝之所贵，道德弘于京师，淑问扬乎疆外，然后大化可称，礼让可兴也。

受命之王，务在创业垂统，传之无穷；继体之君，心存于承宣先王之德而褒大其功。……陛下圣德天覆，子爱海内，然阴阳未和，奸邪未禁者，殆论议者未丕扬先帝之盛功，争言制度不可用也，务变更之，所更或不可行而复复之，是以群下更相是非，吏民无所信。臣窃恨国家释乐成之业而虚为此纷纷也。愿陛下详览统业之事，留神于遵制扬功，以定群下之心。……传曰：审好恶，理情性而王道毕矣。能尽其性，然后能尽人物之性，能尽人物之性，可以赞天地之化。治性之道，必审己之所有余而强其所不足。盖聪明疏通者，戒于大察；寡闻少见者，戒于壅蔽；勇猛刚强者，戒于大暴；仁爱温良者，戒于无断。湛静安舒者，戒于后时；广心浩大者，戒于遗忘。必审己之所当戒而齐之以义，然后中和之化应而巧伪之徒不敢比周而望进。……臣又闻室家之道修则天下之理得，故诗始国风，礼本冠昏，始乎国风，原情性而明人伦也；本乎冠昏，正基兆而防未然也。福之兴，莫不本乎室家之道，衰莫不始乎梱内。故圣王必慎妃后之际，别适长之位。礼之于内也，卑不踰尊，新不先故，所以统人情而理阴气也。其尊适而卑庶也。适子冠乎阼，礼之用醴，众子不得与列，所以贵正体而明嫌疑也。非虚加其礼文而已，乃中心与之殊异，故礼探其情而见之外也。圣人动静游燕，所亲物得其序，得其序则海内自修，百姓从化。如当亲者疏，当尊者卑，则佞巧之奸因时而动，以乱国家，故圣人慎防其端，禁于未然，不以私恩还公义。陛下圣德纯备，莫不修正，则天下无为而治。（《汉书·匡张孔马传》）

成帝即位，衡上疏戒妃匹、劝经学威仪之则曰：

陛下秉至孝，哀伤思慕不绝于心……窃愿陛下虽圣性得之，犹复加圣心焉。……思慕意气未能平，盖所以就文武之业，崇大化之本也。臣又闻之师曰：妃匹之际，生民之始，万福之原，婚姻之礼正，然后品物遂而天命全。孔子论诗，以关雎为始，言大上者民之父母。后夫人之行，不侔乎天地，则无以奉神灵之统而理万物之宜。故诗曰窈窕淑女君子好逑，言能致其贞淑，不贰其操，情欲之感无介乎容仪，宴私之意不形乎动静，夫然后可以配至尊而为宗庙主，此纲纪之首，王教之端也。自上世以来，三代废兴，未有不由此者也。愿陛下详览得失盛衰之效，以定大基，采有德，戒声色，近严敬，远技能。

窃见圣德纯茂，专精诗书，好乐无厌，臣衡材驽，无以辅相善义，宣扬德音。臣闻六经者，圣人所以统天地之心，著善恶之归，明吉凶之分，通人道之正，使不悖于其本性者也。故审六艺之指，则天人之理可得而和，草木昆虫可得而育，此永永不易之道也。及论语孝经，圣人言行之要，宜究其意。臣又闻圣王之自为动静周旋，奉天承亲，临朝享臣，物有节文，以章人伦。盖钦翼祗栗，事天之容也，温恭敬逊，承亲之礼也。正躬严恪，临众之仪也，嘉惠和悦，饗下之颜也。举错动作，物遵其仪。故形为仁义，动为法则。孔子曰：德义可尊，容止可观，进退可度，以临其民，是以其民畏而爱之，则而象之。……诸侯正月朝觐天子，天子惟道德昭穆穆以视之，又观以礼乐饗醴乃归，故万国莫不获赐祉福，蒙化而成俗。（《汉书·匡张孔马传》）

匡衡对于汉代学界流行的以推说灾异的方式进行政治介入的风气提出明确的批评，云：

《春秋》二百四十二年间，日蚀三十余，地震五，或为诸侯相杀，或夷狄侵中国。灾变之意深远难见，故圣人罕言命，不语怪神，性与天道，自子赣之属不得闻，何况浅见鄙儒之所言，陛下宜修政事，以善应之，与下同其福喜，此经义意也。新学小生，乱道误人，宜无信用，以经术断之。（《汉书·匡张孔马传》）

（二）谶纬之学与儒家教化思想

谶纬之学是汉代独特的思想文化现象。就其起源而言，谶纬和儒家实无关联。谶与纬往往连称，二者亦实有区别。人们考察谶纬之学时，往往将其与汉代经学特别是今文经学混为一谈，甚至认为谶纬构成了今文经学的重要内容。这显然并非实情。

谶纬就其起源看，主要来自先秦时代的史官和巫祝文化传统，代表一种"知天道"的企图和努力，而这恰构成汉代重要的思想方向。伴随着汉代新王官学系统即经学的构建，这一传统逐渐向经学渗透，从而形成了纬书。

有人曾提出，纬书是中国历史上儒家精英式大传统与民众小传统相连接的重要方式，如果从宗教信仰生活角度看，有一定道理。对汉代普通大众而言，宗教是其伦理信念和终极关切落实的根本方式，而汉代信仰世界的建构与谶纬密切相关，或者说，汉代宗教信仰的变化在谶纬中得到直接和及时的体现。因此，仅仅将谶纬视为妖妄之说，显然是偏见的结果。

谶纬向来连称，但实有区别。张衡以为"图谶成于哀、平之际"，就光武帝所钦定的图谶系统而言，图谶之起源则应当是先秦时代的神秘文化传统，《左传》《国语》《史记》等史籍中记载了大量先秦时代即曾广为流传的神秘预言，当即汉世谶记的前身。图则除了《河图》《洛书》外，盖多与谶记相配合而流传的各类神秘符号和图案，如后世相传《推背图》之类，正是此图谶的延续。图谶之作，往往有特定的政治目的，意在以一种宗教手段为现实的政治行动制造舆论。因此，图谶缺乏根本的系统性。这与纬书存在根本差别。图谶至西汉后期而大兴，乃与当时兴盛一时的改制受命思潮相应。受命改制乃今文经学特别是春秋公羊学之要义，在汉代呈现两大思想后果，一个是从汉朝廷立场出发的，认为汉朝之合法性正来自其受命，并将此与五德终始等观念相融合，这在前述贾谊、董仲舒等人之论述中皆有体现。他们主要强调汉廷当顺此受命之运而进行改制。武帝以后，为了应对现实各类政制危机，又有本于汉廷立场的"再受命"说兴起。与之相对者，则附会各类灾异现象，提出汉朝也将失去天命，而认为汉廷应当顺应天意而行禅让。这一观念在西汉末年愈演愈烈，最终以王莽代汉而告终。从这个意义上讲，图谶之于现实政治，可谓一柄双刃剑，故而从一开始，汉朝廷对灾异、图谶之学，便呈现出警惕态度，对于各种推说灾异而损及朝廷权威的做法采取严厉的惩罚，董仲舒论灾异而获罪一事最为典型。而对于各类推说图谶要求汉廷行禅让者，则予以极残酷的镇压。但即便如此，也未能遏制当时图谶之学的兴盛之势，或许可以推测，当时图谶之学的发达，正是各派政治势力博弈的形式。图谶兴于哀平之际，当是王氏家族势力膨胀而逐步试图全面掌控汉朝政治权力的表现。这样，图谶也成为各派政治集团争夺权力的重要方式。就此而言，图谶往往成为社会秩序和政治稳定的挑战。因此，在夺取政治权力的过程中，新兴的势力往往试图借助图谶为自身之受命于天的神圣合法性论证，而同时又忌惮其他政治力量

第三章 两汉时期教化儒学思想研究

利用图谶对自身构成威胁。因而图谶之学从一开始便面临着被审查的命运。王莽因图谶而代汉，后光武帝又利用图谶而登基，对于图谶之利弊可谓了然。故光武帝即位之初，便命文臣校定图谶，进行审查和整理，并于中元元年（56年）颁布图谶于天下，将之定为八十一篇，即官方认可并进行统一解释，消除其可能造成负面影响的定本。图谶在东汉，成为官方学术的重要组成部分，虽然遭到不少儒家学者尤其是古文经学家的反对，但终汉之世，始终保有重大影响。

纬书与图谶在很大程度上是同源的，皆是汉代流行的天人之学的体现。与图谶不同，纬之得名，乃因经书而来，显示其出现自始即有明确的对经学的比附意识。纬一方面以经学辅弼自命，不敢抗衡经学本身的权威地位；同时又往往自称"内学""秘学"，则又凸显出其政治和理论野心，认为自身承担着更为根本和内在的沟通天人的神秘职能。

整体而言，谶纬之学虽然对汉代政治有着重要影响，但在儒家教化理论方面并无特别重大的意义，至多不过是一种带有明显时代特征的"神道设教"形式，其对人性和现实的影响都是有限的。

随着谶纬在东汉被拔升到官学的地位，各类反对的声音也不绝于耳。古文经学家尤其成为抵制谶纬之学的中坚力量。东汉初年，桓谭等人就对谶纬之学提出激烈的否定意见，汉顺帝时，张衡更奏请朝廷禁止图谶流传。史载

> 初，光武善谶，及显宗、肃宗，因祖述焉。自中兴之后，儒者争学图纬，兼复附以妖言。衡以图纬虚妄，非圣人之法，乃上疏曰："臣闻圣人明审律历以定吉凶，重之以卜筮，杂之以九宫，经天验道，本尽于此。或观星辰逆顺，寒燠所由，或察龟策之占，巫觋之言，其所因者，非一术也。立言于前，有征于后，故智者贵焉，为之谶书。谶书始出，盖知之者寡。自汉取秦，用兵力战，功成业遂，可谓大事，当此之时，莫或称谶。若夏侯胜、眭孟之徒，以道术立名，其所述著，无谶一言。刘向父子领校秘书，阅定九流，亦无谶录。成、哀之后，乃始闻之。……一卷之书，互异数事，圣人之言，势无若是。

"教化儒学"的思想历程

殆必虚伪之徒，以要世取资。往者侍中贾逵摘谶互异三十余事，诸言谶者皆不能说。至于王莽篡位，汉世大祸，八十篇何为不戒？则知图谶成于哀平之际也。且河洛六艺，篇录已定，后人皮傅，无所容篡。……宜收藏图谶，一禁绝之，则朱紫无所眩，典籍无瑕玷矣。"（《后汉书·张衡列传》）

东汉覆灭后，到了魏晋时代，朝廷明确出台了严厉禁止谶纬之学传播的措施，盛极一时的谶纬之学开始走向没落。

第 四 章

魏晋南北朝隋唐时期教化儒学思想研究

一 魏晋时期教化儒学之危机与变迁

在传统的思想史叙述中，魏晋南北朝以至隋唐五代，都是儒家思想式微的时代，先是魏晋时代的老庄风行，玄风大扇，后则南北朝以降崇信浮屠，释教日盛，而儒门淡泊，沉晦陵夷。这一观点长期深入人心，也不无其合理之处，因为从思想的创造性和其在学者群体的知识系统与民众生活信仰之总体而言，儒学的影响力确实呈现出受到巨大冲击而消退衰落之势。但若贴近历史的细节而观察，则实际情形又绝非如此简单。经过两汉儒学全盛时代长期的教化熏陶，儒家经典及其义理已经成为全社会教养生活的基础内容，因而对知识界和民众的精神和生活世界仍发挥着强有力的影响，儒家的教化理念仍得到朝廷和民间的普遍认同，各类新兴思潮都将如何与儒家思想协调作为其根本课题，而儒学也在与玄学、佛教的冲突和对话中不断调整和丰富自身。因此，这一时期儒学相对的衰替实际上可以视为一个自我调整和更新的时代。本文将依据魏晋两朝的史料和文献，对这一时期教化儒学之概况及其内在演变机理加以分析。

（一）教化儒学的内在危机：东汉名教政治与经学传统的崩解

魏晋时代的文化和思想变局，既与这一时期的政治变迁密切关联，也展现出社会文化和思想学术自身演变的内在脉络趋势。东汉王朝的政

"教化儒学"的思想历程

治颓败和群雄割据及三国鼎立局面的形成，固然对思想文化产生了重大影响，特别是汉末"党锢之祸"对清流士人政治热情的打击，一向被认为是汉魏之际名士群体由儒家式的"清议"转向玄学"清谈"的关键，而曹魏后期司马氏集团以维护名教为口实诛锄异己的行为，则被认为是阮籍、嵇康等竹林名士"非汤武而薄周孔"激烈态度的根源。而这里我们要关注的，是相比于激烈的政治动荡显得相对缓慢的文化和思想演变的过程，此即东汉以来名教政治的衰敝和两汉经学传统的没落。

　　名教治国是东汉王朝立国之初确定的基本治国方针，这与其创建者刘秀及其佐命元勋大多出身儒生有关。这一国策的推行在东汉前期的确产生了良好的社会效应，崇孝悌、尚节义蔚成风气，直到东汉末年，在长期外戚专权、宦官干政所导致的朝廷腐败与恶政面前，无数士人仍能以死抗争，志节卓然。顾炎武在《日知录》卷十三"论两汉风俗"中赞叹云："汉自孝武表章六经之后，师儒虽盛，而大义未明，故新莽居摄，颂德献符者遍于天下。光武有鉴于此，故尊崇节义，敦厉名实。所举用者，莫非经明行修之人，而风俗为之一变。至其末造，朝政昏浊，国是日非，而党锢之流，独行之辈，依仁蹈义，舍命不渝。'风雨如晦，鸡鸣不已。'三代以下，风俗之美，无尚于东京者。"马一浮先生亦云："秦虽亡而汉承其弊，民俗衰薄，历二百余年不改。至光武始重儒术，稍稍变革。东汉气节，实比西汉为盛。"东汉的名教政治，实为教化儒学见诸政治、社会实践的重要历史形态，显示出儒家思想在敦风俗、正人心、养气节方面的重大社会意义。东汉的名教政治主要通过朝廷的弘讲表彰民间孝悌忠信之行和选举制度方面重操行、风评而进行。后者由于为仕禄之途，故尤为社会所关注。然凡事有一利则有一弊，察举制度重德行，而考察德行则以乡党风评为据，积渐而弊端丛生，不少士人或矫饰欺诈以博高名，或浮华交会以邀虚誉，察举制度败坏的同时，名教治国的政策也面临重大挑战。汉末名士既是名教治国的产物，同时又试图以综核名实的方式激浊扬清、去伪存真，如陈蕃等人痛抑士人浮华习气，正是东汉名教传统自我正本清源的努力。名教政治传统近代以来受到激烈的抨击，这其中固然有复杂的历史和思想因缘，而究其根本，名

第四章 魏晋南北朝隋唐时期教化儒学思想研究

教政治影响下的各类社会文化历史弊端也难逃干系。而其各类历史弊端之根源,恰在于儒家教化理念与政治权力的结合。如李景林先生所言:"文化或教化的理念,与人的内在的精神生活直接相关,本是一种理想性的存在。而在这种制度化和意识形态化的儒学形式中,理想与现实发生了混淆,儒学的文化和教化理念被用来直接干预现实的政治和权力运作过程。这当然会产生不良的后果。"这一方面导致儒家教化理念在实际的政治性推广中不可避免地教条化和僵固化,容易变形而为行政的强制或流于形式;另一方面,则社会在朝廷通过政治权力的引导面前,往往采取功利主义的态度,致力于博取利益,最终导致社会性的虚伪,亦使儒家教化理念受到质疑。魏晋时代申韩刑名之学和老庄玄谈的兴起,皆与东汉名教政治的失败有关,也构成了对教化儒学的重大思想挑战。

与此同时,作为教化儒学在两汉时期主要学术表现形态的经学传统,此时也陷入困局。自五帝立五经博士,设弟子员,经学成为进身之阶,日渐走向烦琐章句。东汉沿宣帝时代定制,立十四博士,太学全盛之时,弟子达三万余人。然章句渐疏,博士多倚席不讲,而士子则以浮华相尚,儒者之风已衰。班固尝言汉代经学之弊云:"后世经传既已乖离,传学者又不思多闻阙疑之义,而务碎义逃难,便辞巧说,破坏形体,说五字之文,至于二三万言。后进弥以驰逐,故幼童而守一艺,白首而后能言,安其所习,毁所不见,终以自蔽,此学者之大患也。"(《汉书·艺文志》)东汉末年,今文经学的烦琐章句和森严家法日益为学者所厌弃,尚通学、崇简约成为新的学术风尚,古文经学正是因其通达、约简而成为学术主流,官方的今文传统日渐衰微。汉末以郑玄为代表的古文学家发起的经学重整和革新运动,正是承官方今文经学之弊而起,而以今古文之合流为特征,最终成为魏晋以降新的经学传统之本原。而在这场经学革新运动中,除了和会今古文、简省章句外,以道家为代表的诸子思想之渗润也成为一个引人注目的现象。援道入儒,以老释孔成为魏晋玄学思想展开的重要形式,并构成此新经学传统的重要组成部分。

"教化儒学"的思想历程

(二) 法家与玄学的外部挑战:礼、刑之争与自然、名教之辨

与教化儒学自身危机相对的,是百家学术,特别是法家和道家思想的重新兴起。从某种意义上说,上述两家的思想影响,终两汉之世都不曾消退,只是被儒家经学全盛之光芒所夺,而随着儒家经学的衰落与转型,黄老、刑名之术再度凸显。当然,其引发知识界的重新关注,也源于各类现实政治社会因素的促动。

法家思想在汉末最初以刑名之学的形态出现。所谓刑名学(亦作形名学),在很大程度上是儒、法、名三家思想的融合的结果。汤用彤先生尝论汉末刑名学兴起之故云:"汉代取士大别为地方察举,公府征辟。人物品鉴遂极重要。……朝廷以名为治,士风亦竞以名行相高。声名出于乡里之臧否,故民间清议乃隐操士人进退之权。于是月旦人物,流为俗尚;讲目成名,具有定格,乃成社会中不成文之法度。……历时既久,流弊遂生。辗转提携,互相揄扬。厉行者不必知名,诈伪者得播令誉。……及至汉末,名器尤滥。……天下人士痛名实之不讲,而形名之义见重,汉魏间名法家言遂见流行。"[①] 正因此,汉魏之际出现了颇多被后世称为"法家"的学者,他们共同的特征是强调综核名实,主张完善选举和考课制度,重视名、形之辨。而就其思想全体而言,则其论形名,必以孔子"正名"思想为本,显示出更多儒家思想传统意味。真正更富于法家思想特色的是此时兴起的重刑和尚功思潮。法家思想的一大标志是其"崇法抑礼"和"轻罪重罚"的观念。随着黄巾之乱后诸侯割据混战局面的形成,许多人主张平定乱世不能以礼乐教化为本,而必须通过正名分、明赏罚的严厉法制手段来完成。而且许多人倾向于"治乱世用重典"的政策,这都显示出明确的法家意味。这一时期法家影响之扩大首先表现于政治家的治国方针和学术喜好上。如曹操,史称其"持法峻刻""酷虐变诈",前者体现法家"刑小罪"的主张,后者则是法家尚权术精神的体现。故陈寿评曹操,亦云其"揽申、商之法术"。曹操在《以高柔为理曹掾令》中称:"夫治定之化,以礼为首;拨乱之政,以刑为先。"后魏国刘廙提出"先刑后礼"论,可谓曹魏法

---

① 汤用彤:《魏晋玄学论稿》,上海古籍出版社 2001 年版,第 10 页。

第四章 魏晋南北朝隋唐时期教化儒学思想研究

家治理传统的理论表达形式。曹操法家意识的另一重要体现是尚功利，在其执政期间，多次发布求贤令，而其重点，是认为治国用人不当以品行为考核标准，所谓"有行之士未必能进取，进取之士未必能有行也。陈平岂笃行，苏秦岂守信耶？而陈平定汉业，苏秦济弱燕。由此言之，士有偏短，庸可废乎！"（《三国志·高柔传》）特别提出要提拔那些"负污辱之名、见笑之行；或不仁不孝，而有治国用兵之术"之人。这种措施，可谓对东汉名教治国和察举制度精神的彻底背弃，而其衡量人才的标准，则是典型的功利主义，与法家以富强攻取为唯一宗旨的主张完全契合。

与此同时，蜀汉的缔造者刘备、诸葛亮等人，在其治理观念上，也体现出浓厚的法家意味。诸葛亮被后世许多人视为法家人物，对于刘备的思想倾向，则鲜有人关注。而据《华阳国志》卷七载："丞相亮时，有言公惜赦者，亮答曰：'治世以大德，不以小惠，故匡衡、吴汉不愿为赦。'先帝亦言：'吾周旋陈元方、郑康成间，每见启告治乱之道备矣，曾不语赦也。'"按古代朝廷每以大赦天下示宽仁德政，而终刘备、诸葛亮之世，唯后主刘禅即位时大赦天下，余无闻焉，正见二人执法尚严的特点，亦可谓君臣一体同风。刘备、诸葛亮也颇推崇申韩之书。《三国志·先主传》裴松之注引刘备遗诏敕后主云："可读《汉书》《礼记》，闲暇历观诸子及《六韬》《商君书》，益人意智。闻丞相为写申、韩、《管子》《六韬》一通已毕，未送，道亡，可自更求闻达。"文中提到《商君书》《申子》《韩非子》《管子》四部法家著作，命后主阅览，可见其对法家的关注与推崇。而诸葛亮为后主写上述诸书，亦见出其对法家的重视。陈寿《进诸葛亮集表》称孔明"科教严明，赏罚必信，无恶不惩，无善不显。至于吏不容奸，人怀自厉。"则其治蜀之略，多从法家尚法精神而来。但刘备、诸葛亮似有别于曹操之处，则在于其重法治而不尚苛暴。陈寿称："诸葛亮之为相国也，抚百姓，示仪轨，约官职，开诚心，布公道。尽忠益时者，虽仇必赏；犯法怠慢者，虽亲必罚；服罪输情者，虽重必释；游辞巧饰者，虽轻必戮。善无微而不赏，恶无纤而不贬。庶事精炼，物理其本，循名责实，虚伪不齿。终于邦域之内咸畏而爱之，刑政虽峻，而无怨者，以其用心平而劝戒明也。"

"教化儒学"的思想历程

(《三国志·诸葛亮传》)

但曹操、刘备、诸葛亮虽颇受法家影响,但儒家经术、义理在其思想观念和治国行动中仍然占据根本地位并发挥强大影响。曹操为文出令,好引经书,虽属两汉遗轨,亦见其儒家学术修养。建安八年(203年),令各郡国置学校,云:"丧乱以来,十有五年,后生者不见仁义礼让之风,吾甚伤之。"(《三国志·武帝纪》)则见出曹操思想的另一面相。刘备、诸葛亮的儒学修养也极深厚。昭烈少年求学于汉末大儒卢植之门,后又于徐州得闻经学大师郑玄绪论,故有教后主读《礼记》之命。诸葛亮因为被后世认定为"法家",许多人对其经学修养视而不见,而考之《诸葛亮集》,其经术湛深,虽当世名儒不能过。宋儒伊川、朱子等人常谓"诸葛孔明有儒者气象",谓其天资甚美,气象宏大,而又谓其所学不尽纯正。武侯学杂申韩,诚为有之,但今世或谓其根本法家而不事儒学,则大谬不然。就陈寿所言诸葛亮治蜀之方而论,其信赏必罚,可以归之法家,但这一方略,与儒家本不相悖。而"服罪输情者虽重必释"则绝非法家重刑之旨,而本诸《尚书》"眚灾肆赦,怙终贼刑"之意。由上述诸人观念和行动中儒、法兼杂的情形看,魏晋时代申韩刑名法术之学虽颇有兴盛之势,而儒家教化理念始终对其构成强大的中和效应,政治最终没有重蹈亡秦残酷暴虐的覆辙。

与法家相比,对儒家地位和影响形成更强烈冲击的是老庄道家。这里用老庄道家,意在凸显魏晋时代道家思想与汉代黄老之学的区别。魏晋玄学区别于汉代黄老之学的重要特征,是其对《庄子》的重视,这也显示出玄学与黄老的根本精神差异。对黄老而言,"清静无为"的治国之道是其关注中心,而对玄学而言,个体精神之"逍遥"才是其心念所系。这当然在很大程度上源于士人在政治黑暗与动荡中的失望与苦闷,同时也是一种"个体之觉醒"的表达。而玄学对儒家教化理念的冲击主要体现在其以"自然"为本而对"名教"的质疑与贬抑。玄学史上的名教与自然之辨,大体与玄学发展阶段相应而呈现出几个不同的理解形式。

玄学的第一阶段为正始玄学,何晏、王弼等人以道家为本,而不废儒学,在自然与名教的关系问题上,则以自然为本,名教为末,根本于

第四章 魏晋南北朝隋唐时期教化儒学思想研究

自然无为的立场而对儒家的教化理念进行批评。王弼称:"夫物之所以生,功之所以成,必生乎无形,由乎无名。无形无名者,万物之宗也。"因此认为"天生五物,无物为用;圣行五教,不言为化"。在王弼看来,儒、墨、名、法、杂诸家皆有所蔽:"夫刑以检物,巧伪必生;名以定物,理恕必失;誉以进物,争尚必起;矫以立物,乖违必作;杂以行物,秽乱必兴。斯皆用其子而弃其母,物失所载,未足守也。"而在王弼看来,唯有老子之道,方能存众家之长而去其短,而要"崇本以息末,守母以存子",这也正是道家区别于众家之处。众家之弊,皆在舍本逐末。而落实到政治和社会治理上,则认为"竭圣智以治巧伪,未若见质素以静民欲;兴仁义以敦薄俗,未若抱素朴以全笃实;多巧利以兴事用,未若寡私欲以息华竞。"他认为,名教治国的弊端正在于"敦朴之德不著而名行之美显尚,则修其所尚而望其誉,修其所道而冀其利。望誉冀利以勤其行,名弥美而诚愈外,利弥重而心愈竞。"这可以说是本诸道家思想而对名教治国的否定,也确实触及了名教政治的流弊根源。但王弼等人并不因此否定儒家根本义理,而是认为通过老子之道,可以实现反其形而存其物的目的。玄学的第二阶段为竹林玄学,阮籍、嵇康等人呈现出更为激烈的态度,将名教与自然截然对立,主张"越名教而任自然"。阮籍在《大人先生传》中尤其对名教政治进行激烈地抨击,称:"昔者天地开辟,万物并生,大者恬其性,细者静其形",此时"无君而庶物定,无臣而万事理,保身修性,不违其纪,惟兹若然,故能长久。"而名教"君子""造音以乱声,作色以诡形,外易其貌,内隐其情。怀欲以求多,诈伪以要名。君立而虐兴,臣设而贼生。坐制礼法,束缚下民,欺愚诳拙,藏智自神",是一切社会问题的根源,"汝君子之礼法,诚天下残贼乱危死亡之术耳,而乃目以为美行不易之道,不亦过乎!"这种激烈的态度,一方面更彻底地展示出名教政治所产生的问题,另一方面也将道家与儒家的精神和思想冲突充分显露出来。玄学的第三阶段为元嘉玄学,向秀、郭象等人一反王弼以来的"贵无"传统,而主张"崇有",主张儒道为一,名教、自然并不冲突。汤用彤先生称向郭之《庄子注》的要义有三:一为对元康以来玄学颓废派放浪形骸以"作达"的批评;二为以"崇有"之论为名教寻找形上

"教化儒学"的思想历程

依据；三为调和名教自然之争，以自然为体，名教为用。而结果诚如汤先生所言："此实阳为儒教，而阴为老庄。""故自向郭注《庄子》后，'儒墨之迹见鄙，道家之言遂盛焉。'"[①] 但向郭的庄子义，确实开拓了此后思想界兼取儒、道，乃至兼取三教的方向。

由上述玄学对名教、自然关系之理解来看，魏晋时期教化儒学面临的另一根本挑战来自道家的自然主义。相比于法家，玄学的挑战更为根本。而两家的态度则分别代表两个观念的极端形态，形成有趣的对照。法家是绝对的制度主义，甚至出于对制度规约的信心而对儒家的教化主张表示轻蔑；道家则是绝对的反建制主义，基于对自然本真的推崇而拒绝一切制度和价值体系。与道、法两家相比，儒家显然采取了一种典型的"中道"立场，追求文与质、自然与文明的协调。对儒家而言，文明以教化的形式存在，而此文教乃是性命之道的自然展开形式，故儒家着力阐明礼与天道和人情的内在统一性，同时对"文"之可能弊端特别是其形式化和僵化始终保持警惕态度。就此而言，王弼和阮籍等人对名教的批评，并不足以否定教化儒学之思想系统，而只构成对其不恰当历史运作方式的否定。而这种批评和否定恰有助于教化儒学更准确地自我理解和更谨慎地社会实践。

（三）教化儒学对法家、玄学之冲击的回应

对于法家和玄学的冲击，许多思想家也本诸儒家立场予以多方回应。在法家思想盛行之际，陆逊等人即对之予以驳议，《三国志·吴书·陆逊传》载，南阳谢景善刘廙先刑后礼之论，逊呵景曰："礼之长于刑久矣。廙以细辩而诡先圣之教，皆非也。君今侍东宫，宜遵仁义以彰德音。若彼之谈，不须讲也。"而对于魏晋之际在士大夫中迅速弥散开来的玄学思潮，特别是其毁弃名教、非难礼法的倾向，许多儒家学者也都竭力驳斥。其著名者如裴頠"疾世俗尚虚无之理，遂著《崇有》《贵无》二论以折之，才博喻广，学者不能究。"在文中指出"贵无"思想的理论偏蔽，而实欲以崇有之论，为教化儒学奠定其哲理基础。其略谓万物之生，皆有其理，而理乃是"有"的体现。正是本于此崇有

---

① 汤用彤：《魏晋玄学论稿》，第179页。

第四章 魏晋南北朝隋唐时期教化儒学思想研究

立场，裴頠也反对玄学极力倡导的"无知无欲"之说，认为"贤人君子，知欲不可绝，而交物有会。观乎往复，稽中定务"。这体现出教化儒学正视人的正常情感、欲求，追求以"制中"之道建构合理生活法则的特征。其根本要义是"居以仁顺，守以恭俭，率以忠信，行以敬让。志无盈求，事无过用。"因此，裴頠认为，政治乃圣人"大建厥极，绥理群生，训物垂范"之根本方式，不可废弃。在裴頠看来，玄学之"贵无论"的出现，只是源于一些人察觉到文胜之弊，同时"睹简损之善"的结果，殊不知，"贱有则必外形，外形则必遗制，遗制则必忽防，忽防则必忘礼。礼制弗存，则无以为政矣。"裴頠指出，玄学理念的最大问题在其根本不具有现实的可操作性，其无为理念不足以应对物类纷繁的现实，"生以有为己分，则虚无是有之所谓遗者也。故养既化之有，非无用之所能全也；理既有之众，非无为之所能循也。"

与此同时，更多的人则对竹林玄学以来兴起的任诞之风和以脱略礼法的方式"作达"的潮流提出批评。其著者有王坦之，史称其"有风格，尤非时俗放荡不敦儒教"，乃作《废庄论》以攻玄学，称"庄生之利天下也少，害天下也多。故曰：鲁酒薄而邯郸围，庄生作而风俗颓。礼与浮云俱征，伪与利荡并肆；人以克己为耻，士以无措为通；时无履德之誉，俗有蹈义之愆。"即便在玄学内部以放达著称的名士乐广，也本诸儒道一体的意识，对当时王澄、胡毋辅之等人"任放为达，或至裸体"的颓唐行为不以为然，称："名教内自有乐地，何必乃尔！"裴頠、王坦之、乐广诸人，非不能为玄学清谈，会老庄意旨者，亦非阮籍、嵇康所痛疾的口称周孔，心趋禄利的"礼法之士"，他们对玄学思想及其社会影响的批评，固然显示出儒家思想的影响，同时也基于对德性和教化之形上根据的反思与重建，而这恰恰是玄学之名教批判所达成的重要思想史效应之一。玄学思潮兴起之后，伴随着儒家经学的重整，对儒学精神及其教化内涵的理解和诠释方案开始发生根本变化，之前汉儒的政治—伦理和宇宙论思想形态逐渐转向魏晋时期的本体论反思，个体性命及精神自由与社会文明教化之关系成为关切对象，教化儒学由之不断拓展其理论空间，在长期的酝酿和累积中为宋明时代新的思想创造奠定基础。

"教化儒学"的思想历程

（四）魏晋时代官方对教化儒学的提倡及其历史评价

与民间学术相比，魏晋时代朝廷对儒家教化采取更为明确的积极态度。这往往被单纯视为统治者试图借助儒家政治伦理思想巩固政权的努力，更有学者由此而论定儒家"有利于专制"云云。但事实上，在权力和思想的博弈中，任何思想都可能产生其官方化形态而变得"有利于专制"，由此而论定儒家根本倾向专制，实为成见作祟。而且，必须承认国家并非只是少数统治者攫取利益的工具，国家还承担着根本的社会管理和教化的职能。中国古代王朝推广教化的努力，本身便是多重因素和动机同时存在，彼此交杂的，其中既有功利的企图，也有信仰和责任意识。基于一种冲突论立场而对之作阴谋论的解释本身便是狭隘且偏蔽的。魏晋时代朝廷对教化儒学的实践性推广，主要体现为立学兴教，崇儒尊经。如前所述，曹操于建安八年（203年）丧乱之后，即令郡国重建学校，"庶几先王之道不废，而有益于天下"。曹魏历代帝王，皆雅好文章学术，曹丕自称"少能诵《诗》《论》，及长而备历五经、四部，史、汉、诸子百家之言，靡不毕览"（《典论·自叙》）。在东宫时，集诸儒于肃城门内，讲论大义，侃侃无倦。又使诸儒王象、刘劭等撰集经传，随类想从，凡千余篇，号曰《皇览》。称帝之后，于黄初五年（224年），立太学于洛阳，制五经课试之法，置《春秋穀梁》博士（《三国志·文帝纪》）。后又以议郎孔羡为宗圣侯，邑百户，奉孔子祀。令鲁郡修起旧庙，置百户吏卒以守卫之，又于其外广为室屋，以居学者。其立言出命，每以儒者自居。[①] 魏明帝曹睿于太和二年（228年）下诏称："尊儒贵学，王教之本也。自顷儒官或非其人，将何以宣明圣道？其高选博士才任侍中、常侍者，申敕郡国，贡士以经学为先。"四年（230年）又下诏云："世之质文，随教而变。兵乱以来，经学废绝，后生进趣，不由典谟。岂训导未洽，将进用者不以德显乎？其郎吏学通一经，才任牧民，博士课试，擢其高第者，亟用。其浮华不务道本者，皆罢退之。"齐王芳五年五月癸巳，讲《尚书》经通，使太常以太牢祀

---

① 如《议轻刑诏》云："吾备儒者之风，服圣人之遗教，岂可以目翫其辞，行违其诫者哉？广议轻刑，以惠百姓。"（《三国志·魏书·文帝纪》）

孔子于辟雍，以颜渊配。六年十二月辛亥，诏故司徒王朗所作《易传》，令学者得以课试。七年冬十二月，讲《礼记》通，使太常以太牢祀孔子于辟雍，以颜渊配。高贵乡公曹髦多次与群臣讲述礼典，又至太学讲《易》《尚书》《礼记》，诏群臣皆当"玩习古义，修明经典"。曹操视为"吾之子房"的荀彧，亦多次劝其敦教化，建议"宣集天下大才通儒，考论六经，刊定传记，存古今之学，除其烦重，以一圣真，并隆礼学，渐敦教化，则王道两济"（《三国志·荀彧传》）。蜀汉方面，刘备定蜀地之以后，鉴于当时"承丧乱历纪，学业衰废，乃鸠合典籍，沙汰众学。兴立学校"，以许慈、胡潜为博士，置典学校尉、劝学从事等官，又以谯周为典学从事，总州之学者。蜀地学术复炽。东晋初年，晋室南渡之初，王导亦上书请立学校，云："夫治化之本，在于正人伦。人伦之正，存乎庠序。庠序切而五教明，则德化洽通，彝伦攸叙，有耻且格也。……殿下以命世之资，属当倾危之运，礼乐征伐，翼成中兴，将涤秽荡瑕，拨乱发正。诚宜经纶稽古，建明学校，阐扬六艺，以训后生，使文武之道坠而复兴。……苟礼义胶固，纯风载洽，则化之所陶者广，而德之所被者大，义之所属者深，而威之所震者远矣。"庾亮于武昌开置学官，其教令云："昔鲁秉周礼，齐不敢侮；范会崇典，晋国以治。……由此言之，礼义之固，孰与金城汤池？季路称摄乎大国之间，加之以师旅，因之饥馑，为之三年，犹欲行其义方。况今江表晏然，王道隆盛，而不能弘敷礼乐，敦明庠序，其何以训彝伦而来远人乎！"（《宋书·礼志一》）朝廷的提倡，对儒学的延续和发展起到了非常重要的推动作用。虽然从今天的眼光看，这一作用呈现出积极和消极并存的两面性，但在教化儒学的发展历程中，始终是不可忽视的力量，需要我们对之进行深入研究并予以合理评价。

综上，魏晋时代的教化儒学，并非如过去流行的看法所言，衰敝已极，一蹶不振，而是始终保持着思想的活力，并积极地参与到广泛的思想论争之中，由此获得了新的时代特性和理论形态。在政治和社会生活中也依然发挥着重要影响。

二　南北朝时期教化儒学的发展

晋室南渡是中国政治与文化历史发展的关键节点，华夏大地开始进入漫长的南北分裂时期，人们一般将东晋时代仍视为晋之延续，与魏连称，而与此后南北朝相分别，这总体上出于史家正统意识和历史书写习惯。事实上，东晋以降即可视为南北朝的开端。政治上的分裂导致南北方文化差异进一步扩大，并深刻影响学术思想，造成经学等各方面的差异。这一时期另一个重大的思想文化现象是佛教和道家的兴盛，与儒家思想的竞争和交流。三教关系问题正是发生于此时，并开始了后世三教融合的先声。

（一）儒家教化思想的延续

魏晋以来玄学兴起，思想风尚的变化的确对儒学构成了不小的冲击，但无论朝堂抑或民间，对于儒家教化理念的认同始终保持着强势影响。

首先是修立学校的倡议和努力史不绝书。东晋元帝建武元年（317年），晋室南渡之初，干戈不断，新王朝尚处于草创阶段，这时作为东晋王朝创立者的王导即提出立学校的建议。史载其上书云："夫治化之本，在于正人伦。人伦之正，存乎设庠序。庠序设而五教明，则德化洽通，彝伦攸叙，有耻且格也。父子兄弟夫妇长幼之序顺而君臣之义固矣。《易》所谓正家而天下定者也。故圣王蒙以养正，少而教之，使化沾肌骨，习以成性，有若自然，迁义远罪而不自知。行成德立，然后裁之以位。虽王之世子，犹与国子齿，使知道而后贵。其取才用士，咸先本之于学。……人知士之所贵，由乎道存，则退而修其身，修其身以及其家，正家以及于乡，学于乡以登于朝。反本复始，各求诸己，敦朴之业著，浮伪之竞息，教使之然也。……自倾皇纲失统，礼教陵替，颂声不兴，于今将二纪矣。……干戈日寻，俎豆不设，先王之道弥远，华伪之俗遂滋，非所以息民靖俗，端本抑末之谓也。……将涤秽荡瑕，拨乱反正。诚宜经纶稽古，建明学校，阐扬六艺，以训后圣。……苟礼义胶

第四章 魏晋南北朝隋唐时期教化儒学思想研究

固,淳风载洽,则化之所陶者广而德之所被者大,义之所属者深而威之所震者远矣。……故有虞舞干戚而三苗化,鲁僖作泮宫而淮夷平。桓、文之霸,皆先教而后战。近若聿遵前典,兴复教道。使朝之子弟并入于学,立德出身者,咸习之而后通。德路开而伪途塞,则其化不肃而成不严而治矣。选明博修礼之士以为之师,隆教贵道,化成俗定,莫尚于斯也。"征南将军戴邈亦上疏以为"帝王之至务,莫重于礼学。是以古之建国,教学为先。"又称"夫治世尚文,遭乱尚武。文武递用,长久之道。"而"儒道深奥,不可仓卒而成",故"宜以三时之隙,渐就修建"。晋廷乃于是年十一月丁卯立太学。成帝咸康三年(337年),国子祭酒袁瑰等又上疏立国学云:"先王之教也,崇典训以弘远代,明礼学以统后生,所以导万物之性,畅为善之道也。"帝从之,遂于正月辛卯立太学。但在笼罩一时的玄学氛围中,并未产生重大影响。史称当时"世尚老庄,莫肯用心儒训"(《晋书·袁瑰传》)。而在此之前,一些官员即于地方推行儒家学术,最突出者为庾亮于武昌开置学官。在教令中特别提到"自胡夷交侵,带三十年矣,而未革面向风者,岂威武之用尽?抑文教未洽不足绥之邪?",认为"礼义之固",实不亚于金城汤池(《宋书·礼志一》)。

整个魏晋南北朝时期,学校屡兴屡废。晋穆帝永和八年(352年),殷浩西征,以军兴罢遣太学生徒,学校由此遂废。殷浩本尚玄学清谈,不喜儒学,以军兴废学,想必亦是以此为借口崇道抑儒。晋孝武帝太元元年(376年),谢石乃请兴复国学,以为"立人之道,曰仁与义;翼善辅性,唯礼与学。虽理出自然,必须诱导。敦诗悦礼,王化以斯而隆;甄陶九流,群生于是乎穆。今皇威遐震,戎车方静,将洒玄风于四区,导斯民于至德,岂可不弘敷礼乐,使焕乎客观。是年选公卿二千石子弟为生"(《宋书·礼志一》)。"太元九年,增置太学生百人。以车胤领国子博士。十年,又立国学,然学生多顽嚚,考课不厉,故有育才之名,无收贤之实。"(《晋书·孝武帝纪》)

与此同时,北方虽处五胡十六国兵革扰乱之际,富于政治头脑的政权统治者也开始兴办学校。后赵石勒增置宣文、宣教、崇儒、崇训十余小学于襄国四门,简将佐豪右子弟百余人以教之(《晋书》卷一百四)。

"教化儒学"的思想历程

前赵刘曜光初三年（320年），立太学于长乐宫东，小学于未央宫西。简百姓年二十五以下、十三以上神志可教者千五百人，选朝贤宿儒明经笃学以教之（《晋书》卷一百三）。后赵太和五年（332年），石勒朝群臣于邺，命郡国立学官，每郡置国子博士祭酒二人，弟子百五十人。前燕慕容皝好文学，亲临庠序，劝以讲授考校，立东庠于旧宫，以行乡饮之礼。前燕慕容儁光寿三年（359年），立小学于显贤礼，以教胄子。前秦永兴五年（361年），秦王苻坚广修学宫，召郡国学生通一经以上充之，公卿以下子孙，并遣受业。其有学为通儒，才堪干事，清修廉直，孝弟力田者，皆旌表之。史称当时"人思劝励，号称多士，盗贼止息，请托路绝，田畴修辟，帑藏充盈，典章法物，靡不悉备。"苻坚死后，后秦主姚苌即位，又令留台诸镇，各置学官。后南燕慕容德建国之初，亦命建立学官。其他如西凉、北燕，皆有大规模兴学之举。可见儒家教化思想已深入人心。

南北朝时期，宋武帝于永初三年（422年），下诏兴学。云："古之建国，教学为先。弘风训世，莫尚于此；发蒙启滞，咸必由之。"然有司立学未竟而武帝崩，其事遂寝。至宋文帝元嘉十五年（438年），征雷次宗至京师，开馆于鸡笼山，聚徒教授。会稽朱膺之、颍川庾蔚之并以儒学兼总诸生。时国子学未立，而文帝留心艺术，乃令丹阳尹何尚之立玄学，太子率更令何承天立史学，司徒参军谢元立文学，凡四学并建。以玄学与儒学并立，显然是当时江左崇老庄、尚清谈风气的表现。至十九年，乃立国子学。宋孝武帝大明七年（463年），豫章王立左学，召生徒。宋明帝泰始六年（470年），以国学废，置总明观以集学士。齐高帝建元四年（482年），立国学。置学生百五十人。梁武帝天监五年（506年），置集雅馆，以招远学。七年，诏称："建国君民，立教为首。"乃大启庠序。九年，武帝幸国子学亲临讲肆，命太子及侯王子年在从师者入学。梁朝末年，因侯景之乱，国学废弃。陈文帝天嘉三年（562年），嘉德殿学士沈不害乃上疏请立国学云："臣闻立人建国，莫尚于尊儒；成俗化民，必崇于教学。……自淳源既远，浇波已扇，物之感人无穷，人之逐欲无节，是以设训垂范，启道心灵，譬彼染蓝，类诸琢玉。然后人伦以睦，卑高有序，忠孝之理既明，君臣之道攸固。"

第四章　魏晋南北朝隋唐时期教化儒学思想研究

相比于南朝，北朝更少受玄学影响，儒学在教学中的地位更为稳固。魏太武帝始光三年（426年）二月，起太学。并于太平真君五年（444年）禁私立学校，则又表现出教育垄断和社会身份固化的意识。北魏献文帝天安元年（466年），乃从相州刺史李欣建议立乡学。魏世宗宣武帝景明元年（500年），魏刘芳上表请立国学，景明三年（502年），修立宗室四门学。正始四年（507年），敕有司准访前式，置国子，立太学，树小学于四门。

在学校制度延续的同时，经学传承也不绝如缕。东晋始创，元帝太兴二年（319年），修立学校，唯《周易》王氏、《尚书》郑氏、《古文》孔氏、《毛诗》《周官》《礼记》《论语》《孝经》郑氏、《春秋左传》杜氏、服氏各置博士一人，其《仪礼》《公羊》《穀梁》及郑《易》皆省，不置博士。此后晋穆帝、孝武帝皆曾集群臣论经义。此乃依汉故事，后南北朝因之，朝堂讲论经义，史不绝书，则儒家经学对朝廷的影响可见一斑。

东晋以后，许多学者痛切于永嘉之乱，将中原丧乱之因归于名士群体的虚浮之风和清谈误国，对玄学提出更为激烈的批评，并特别强调重振儒家经学和教化的重要性。如晋武帝建武三年（306年），应詹上疏陈便宜曰："性相近，习相远。训导之风，宜慎所好。魏正始之间，蔚为文林；元康以来，贱经尚道，以玄虚宏放为夷达，以儒术清俭为鄙俗。永嘉之弊，未必不由此也。今虽有儒官，教养未备，非所以长育人才，纳之轨物也。宜修辟雍，崇明教义，先令国子受训，然后皇储亲临释奠，则普天尚德，率土知方矣。"（《晋书·应詹传》）晋明帝太宁三年（325年），干宝著《晋纪》，其总论曰："今晋之兴也……其创基立本，异于先代……加之以朝寡纯德之士，乡乏不二之老。风俗淫僻，耻尚失所，学者以老庄为宗而黜六经，谈者以虚薄为辩而贱名俭，行身者以放浊为通而狭节信，进仕者以苟得为贵而鄙居正，当官者以望空为高而笑勤恪。是以目三公以萧杌之称，标上议以虚谈之名，刘颂屡言治道，傅咸每纠邪正，皆谓之俗吏。其倚杖虚旷，依阿无心者，皆名重海内。若夫文王日昃不暇食，仲山甫夙夜匪懈者，盖共嗤点以为灰尘而相诟病矣。由是毁誉乱于善恶之实，情慝奔于货欲之途，选者为人择官，

"教化儒学"的思想历程

官者为身择利。……悠悠风尘,皆奔竞之士;列官千百,无让贤之举。……其妇女庄栉风织纴,皆取成于婢仆,未尝知女工丝之业,中馈酒食之事也。先时而婚,任情而动,故皆不耻淫逸之过,不拘妒忌之恶,有逆于舅姑,有反易刚柔,有杀戮妾媵,有渎乱上下。父兄莫之罪也,天下莫之非也,又况责之闻四教于古,修贞顺于今,以辅佐君子者哉!礼法刑政,于此大坏。"(《晋书·干宝传》)干宝所言更深入分析了玄学清谈对民间风俗的恶劣影响,认为学者崇尚老庄而贬低六经的做法是世风败坏、礼法刑政失去作用的根源。这种忧心使不少学者厌恶清谈,回归儒学。如晋穆帝时,范宣隐居豫章。庾爰之问"君博学通综,何以太儒?"宣曰:"汉兴,贵经术,至于石渠之论,实以儒为弊。正始以来,世尚老庄。逮晋之初,竞以裸裎为高。仆诚太儒,然立不与易。"谯国戴逵等皆闻风宗仰,自远而至,讽诵之声,有若齐鲁。东晋著名学者孙盛倡言老子非大圣,仅为中贤之流,特别著论对《道德经》中许多自相矛盾的命题进行深入辨析,可以说是站在教化儒学的立场上对盛极一时的老庄学术的反击。其中论及教化问题者,如针对老子"天下皆知美之为美,斯恶已;皆知善之为善,斯不善已"。驳议云:"大美大善,天下皆知之,何得云斯恶乎?若虚美非美,为善非善,所美过美,所善违中,若此皆世教所疾,圣王奋诫,天下亦自知之。"并且指出,这一提法及其结论"圣人处无为之事,行不言之教,常使民无知无欲",实与后文"善人不善人之师,不善人,善人之资。不贵其师,不爱其资,虽知大迷"相悖。"民苟无欲,亦何所师于师哉?既相师资,非学如何?不善师善,非尚贤如何?贵爱既存,则美恶不得不彰,非相去何若之谓。"可谓切中肯綮。针对老子"绝学无忧"之说,孙盛驳称:"所云绝者,尧孔之学耶?尧孔之学,随时设教,老氏之言,一其所尚。随时设教,所以道通百代;一其所尚,不得不滞于适变。"认为老子之学和尧孔圣学相比,事实上并非儒学流于形下,而是随时设教使然,相比之下,反而是老子执着于形上观照,不能成为和当下时世相应的教养之道。孙盛此说与当时流行的以为老庄明达道本、儒家仅为末务的思想针锋相对。孙盛最后总结云:"老聃足知圣人礼乐非玄胜之具,不获已而制作耳,而故毁之何哉?是故屏拨礼学以全其任自然之论,岂不知叔末不复得返自然之道？直欲伸己好之怀，然则不免情于所悦，非浪心救物者也。非惟不救，乃奖其弊矣。或问老聃所以故发斯唱，盖与圣教相为表里，其于陶物明训，其归一也。盛以为不然。夫圣人之道，广大悉备，犹日月悬天，有何不照者哉？老氏之言，皆驳于六经矣，宁复有所愆之俟佐助于聃周乎？"（《晋书卷八十二孙盛传》）（《晋书》卷八十二）

其后深恶玄学风气，对其提出激烈批评者又有范宁。《晋书》称"时以浮虚相扇，儒雅日替。宁以为其源始于王弼、何晏，二人之罪，深于桀纣。"范宁为此特别著论云："夫圣人者德侔二仪，道冠三才。虽帝皇殊号，质文异制，而统天成务，旷代齐趣。王何蔑弃典文，不遵礼度，游辞浮说，波荡后生。饰华言以翳实，骋繁文以惑世。搢绅之徒，翻然改辙；洙泗之风，缅焉将坠。遂令仁义幽沦，儒雅蒙尘，礼坏乐崩，中原倾覆。古之所谓言伪而辩，行僻而坚者，其斯人之徒与？……吾固以为一世之祸轻，历代之罪重；自丧之衅小，迷众之愆大也。"又如戴逵，史称其性高洁，常以礼度自处，深以放达为非道，乃著论曰："若元康之人，可谓好遁迹而不求其本，故有捐本徇末之弊，舍实逐声之行。是犹美西施而学其颦眉，慕有道而折其巾角。所以为慕者，非其所以为美，徒贵貌似而已矣。夫紫之乱朱，以其似朱也。故乡愿似中和，所以乱德；放达似惠连，所以乱道。然竹林之为放，有疾而为颦者也；元康之为放，无德而折巾者也。可无察乎！且儒家尚誉者，本以兴贤也。既失其本，则有色取之行，怀情丧真，以容貌相欺，其弊必至于末伪。道家去名者，欲以笃实也。苟失其本，又有越检之行，情礼俱亏，则仰咏兼忘，其弊必至于本薄。"

（二）儒、道、释三教之争

发端于魏晋南北朝而持续到隋唐时代的重要思想史事件便是儒道释三教之冲突与融合。儒家从一开始便是一种"教化的哲学"或曰"哲学的教化"，中国传统社会教化主要在儒家得以落实，因此，将儒家理解为宗教，固属误解，但若按传统方式从教化的意义上将儒家称作"儒教"，也可以成立。此处所谓道，包括道家和道教而言。过去的学术界往往倾向于严格判分道家和道教，这固然有一定道理，但也会掩盖许多

"教化儒学"的思想历程

思想史的真实情形。道教的来源和性格的确较道家更为复杂，但道教的教义体系也并不全然来自老庄思想，道教奉老庄为宗师，其哲学系统建构和许多重要思想原则皆来自道家或借助道家理论展开。因此不宜将之全然分割。不妨将道家和道教看作前后相继的思想文化现象。南北朝之前，道家思想通过黄老和玄学的方式作用于思想上层，而下层则有各类方术的影响。道教兴起后，两种思想理论开始通过宗教的方式合流，并于隋唐时代成为道家思想之社会存在的主要方式。

道教除了其羽化升仙的生活追求外，同时具有现实的社会教化功能，此其与传统道家不同处。如《汉书·艺文志》所言，道家学说在很大意义上是一种"君人南面之术"，是一种执政者的精神修养，也因此，道家不免带有统治秘术的色彩。《老子》始终是站在"侯王"的角度，从治民的立场出发阐述其思想学说。而对民众的基本态度则是主张"愚民"，希望民众被置于"无知无欲"的状态。如果说黄老道家政治关切更多，庄子则呈现出较强的隐逸倾向，但这也使其学说不可避免地具有强烈的思想精英色彩，而在政治上则与黄老道家最终汇合为一，将"鼓腹而游，含哺而熙"当作至德之世民众理想的生活情态。道教虽然在形上本原问题上采取同样的看法，但其神灵谱系的建构本身就具有了更强烈的"神道设教"意味，而在现实中也的确发挥这一功能。与道家超越世俗善恶价值的形上精神追求不同，道教的神灵谱系以奖善惩恶为其基本内在价值取向，从而具有明确的社会教化意图。"道"之成为"教"，正是发端于此。

佛教作为一种外来宗教，其进入中国的具体时间不可详考。佛教之所以能在魏晋南北朝时期得以迅速传播并对传统的儒、玄形成后来居上之势，显然与其教义中的脱离苦海、往生极乐等观念对在乱世中绝望挣扎的民众所构成的强大吸引力有关。佛教在华传播之始，采取的便是下层路线，而后逐步向社会上层特别是士大夫群体渗透，这时佛教之哲学体系开始全面得以介绍和研究。不过，对佛教之社会教化而言，其下层教化最具佛教自身特性，如地狱之痛苦恐怖、西方之极乐无边，其影响民众的方式皆不同于华夏传统。不过，真正构成佛教与中国古传教化理念之根本冲突者，乃是其对人伦生活的态度。佛教以解脱为宗旨、以出

第四章 魏晋南北朝隋唐时期教化儒学思想研究

家为修行的重要方式，这对于以人伦教化为本的华夏传统教化而言，是不可接受的。因此，佛教弃绝家庭之不孝和不敬君长的行为方式便成为其与儒家教化思想冲突的核心问题。

就佛教在士大夫学士群体中被接受的情况看，汉末以后，以牟子为代表的一大批学者型佛教徒大多出身于儒生群体，这一现象在整个魏晋南北朝之际颇为普遍。这也说明儒家教育自东汉以来已成为知识分子的思想底色，而就后来释道安、释慧远和僧肇等人的情况看，他们在出家前大都受过系统的经学教育，又熟悉老庄和玄学思想，这使得三教思想从一开始便具有彼此融通与结合的条件。当然，这些人在成为佛教徒后，往往基于佛教立场而行判教，认为佛教较之儒家和道家更为根本通彻。如慧远少为诸生，博综六经，尤善庄老。而后闻道安讲《般若经》，豁然而悟，乃叹曰："儒道九流，皆糠秕耳。"又其致刘遗民书云："每寻畴昔，游心世典，以为当年之华苑也。及见老庄，便悟名教是应变之虚谈耳。以今而观，则知沈冥之趣，岂得不以佛理为先？"这显然是其归宗于佛学的思想体现。不过就慧远后来的表现而言，儒、道思想仍在其论议中时刻显示。如《高僧传》载，慧远开始讲法时，尝有客听讲难实相义，往复移时，弥增疑昧。远乃引《庄子》义为连类，于是惑者晓然。之后道安专门听慧远讲法，称赞其"不废俗书"的做法。而在这一过程中，自然不可避免以儒、道思想与佛教相互格义，佛教之中国化自此始，儒家教化思想与佛教观念之融通亦自此始。

对当时更倾向于持守传统的一部分儒家学者而言，佛教徒之出家不行孝道乃是儒家学者质疑浮屠之学的最重要的原因。中国历史上的毁佛之议虽大多源于道教徒与佛教徒的冲突和各类现实的政治、经济问题，但其提出倡议的理由往往集中于对人伦秩序的强调。如魏太武帝灭佛，一方面有道士寇谦之和信奉道教的崔浩之推动，加之僧众饮酒、私藏兵器、淫乱、聚敛财富，皆是其灭佛的直接动因。而诏书则云"自古九州之中无此也，夸诞大言，不本人情。……由是政教不行，礼义大坏，鬼道炽盛，视王者之法蔑如也。"至北周武帝灭佛，亦本于道士之推动，而论议所言，多本儒家伦理观念。故特云："六经儒教，文弘治术，于世有宜，故须存立。"而对佛教的批评，主要集中于其悖逆孝道，以为

"教化儒学"的思想历程

"父母恩重，沙门不敬，勃逆之甚，国法岂容。"对于此类批评，佛教徒的回答多强调其出家修行亦是孝亲的表现，如《高僧传》载释慧远答周武帝称："孔经亦云：'立身行道以显父母'即是孝行，何必还家，方名为孝？"又云："佛亦听僧冬夏随缘修道，春秋归家侍养。故目连乞食饷母，如来担棺临葬。"以证明佛教同样崇孝道，并不与华夏传统价值和儒家教化理念根本冲突。对孝道的认可和强调，也可以视为儒家价值精神影响佛教的一个例证。

另一个同类的争议是"沙门不敬王者"。佛教传入中国后，力图在思想观念、生活方式和行为仪轨等方面保持自天竺而来的传统，甚至以此改造汉人生活方式。但很快意识到，自己面对的是一个有着悠久历史的强大文明传统，因此不得不放弃改变中国人生活方式的企图。另一方面，中原王朝也本诸自身传统，力图使佛教徒就范于传统上的政治权威，两者因此发生多次冲突。晋成帝咸康六年（340年），庾冰辅政，谓沙门应尽敬王者，尚书令何充等议不应敬，下礼官详议。充等以为当"不变其修善之法，所以通天下之志。"庾冰为帝作诏曰："夫万方殊俗，神道难辨，有自来矣。……当复原先王所以尚之之意，岂直好此屈折而坐遘槃辟哉？固不然矣。因父子之敬，建君臣之序，制法度，崇礼秩，岂徒然哉？良有以矣。既其有以，将何以易之？然则名礼之设，其无情乎？且今果有佛耶？其无佛耶？有佛耶，其道固弘；无佛耶，义将何取？继其信然，将是方外之事。方外之事，岂方内所体？而当矫形骸，违常务，易礼典，弃名教，是吾所甚疑也。"（《弘明集卷十二》）

晋安帝元兴元年（402年），桓玄与慧远议沙门是否应敬王者。慧远答称："佛经所明凡有二科，一者处俗弘教，二者出家修道。处俗则奉上之礼、尊亲之敬、忠孝之义表于经文，在三之训彰于圣典，斯与王制同命，有若符契。……出家则是方外之宾，迹绝于物。其为教也，达患累缘于有身，不存身以息患；知生生由于禀化，不顺化以求宗。……此理之与世乖，道之与俗反者也。……是故凡在出家，皆隐居以求其志，变俗以达其道。变俗则服章不得与世典同礼，隐居则宜高尚其迹。夫然故能拯溺俗于沈流，拔幽根于重劫，远通三乘之津，广开人天之路。是故内乖天属之重而不违其孝，外阙奉主之恭而不失其敬。……如

第四章　魏晋南北朝隋唐时期教化儒学思想研究

令一夫全德，则道洽六亲，泽流天下，虽不处王侯之位，固以契皇极，大庇生民矣。"就慧远之答书言，其核心首先在于划分世俗生活领域和宗教生活领域，认为孝亲、奉上之礼乃属于世俗生活的教化措施，出家修道则是与世俗截然不同的生活方式，故而必须凸显其变俗的精神特性。其次，慧远又称，佛教徒出家虽然表面看来违背了孝、敬等伦常价值，但因其对精神生活的开拓而有了救世之功，从这个意义上讲，又从根本上与孝、敬一致。再次则强调佛教对稳固政治秩序的意义。认为朝廷保留佛教在行为仪轨上的相对独立性，才能保证佛教存在并对于社会稳定产生积极的影响。次年，慧远又作《沙门不敬王者论》，进一步阐明佛教徒在这一问题上的态度，并造成了全面的社会影响，最终使佛教徒不以俗礼参拜帝王这一原则得以确立。

整体而言，终魏晋南北朝之世，儒家教化思想虽然面临着重大的历史危机，但绝非沉沦衰歇，而是在上至朝堂下及民间的各个层面顽强存在并不断发挥其教化功能，最终通过与道家（及玄学、道教）和佛教的会通，实现自身思想面貌的全新开拓，为隋唐时代"三教合一"思想的成熟和儒家精神的新变奠定了基础。

第 五 章

宋代理学的兴起与儒家教化的圆熟

儒学的根本精神在于教化。教化是安顿人心、建设社会、维系国族统一的根基所在。教化之根本任务在于：为个体，提供生活的价值观念和行为准则，提供终极关怀，或指出实现生命超越性价值的路径；对群体，提供一套伦理原则，提供给社会生活的普遍的价值秩序和文化样式。当然，这两方面是统一，对于国家共同体的治理，必须落实于对生命个体的安顿，同时，也必须从普遍的人之常情出发，从生命个体的真实特性出发，才能建立起具有长治久安且具有公信力和凝聚力的意识形态和文化制度。教化的两方面的功能，用传统的用词来说，就是儒家的内圣外王之道，内圣关乎个体生命价值的实现，外王关乎治国安邦、化民成俗的现实事业。

众所周知，在西方历史中，发挥教化功能的主要是宗教。然而儒学教化精神与宗教有其根本不同。首先，宗教是以超世间的神灵崇拜或出离世间的教导为核心的。儒家虽然敬畏天地鬼神，但其教化不以神灵崇拜为核心，人生终极关怀的最终实现并不寄托于天地鬼神的拯救。儒家虽然有超越世俗的价值追求，但是坚定地肯定现世生活的价值。既然如此，那么儒家超越的生命价值又从何处建立，又以何种形式实现呢？简单而言，儒家教化得以成立的根本在于其人文价值的义理系统，这个义理系统的核心是道德形上学。此道德形上学一方面让儒家教化超越世俗功利或普通的世俗意识，从而有超越的价值诉求；另一方面也让儒学的教化从原始的宗教观念中脱身而出，从而走向了人文精神。如港台新儒家所言，可以把儒学称为一种人文教，更进一步，我们可以称其为文教。

第五章　宋代理学的兴起与儒家教化的圆熟

宗教的核心是神，或者出世间的教导。文教的核心是形而上的哲理。这套哲理的核心就是以"天道性命相贯通"的本体—心性论思想。"本体—心性论"并非一套宗教信条，而是由教养通向人生超越性价值的精神路径。儒家并不缺乏超越世俗的精神，并且比宗教更加富于理性。宗教有独立于世俗生活的宗教团体和宗教生活方式，从而让教化独立于世俗生活之外。但是儒学作为一种文教，其教化机制本身依托于普遍的社会生活，而无独立于世俗生活之外的体制依托。儒学对于现实政治有积极入世的一面，又有批评和制衡的一面。所以，儒学虽然重视现实政治，但是其根本目的在于弘道立教——导政治于道义，将教化作为政治的根基。

自从宋代儒学兴起，传统儒家的内圣之学——道德形上学的义理体系得到了充分的思想展开，从而为儒家教化系统提供了强有力的形上学根据，让儒家的教化系统在这一时期臻于圆熟之境。

一　儒家教化的复兴与理学的主要关切

宋初儒学的复兴，从根本上说是因为儒家教化精神的深厚积淀，从时代说，则是综合因素造就的文化发展的历史契机。

（一）教化陵夷与文化自觉——北宋理学兴起的时代背景

1. 对五代之乱的反思与价值秩序的重建

宋初儒者，多以振兴教化、重振伦理纲常为己任，或上书朝廷，或在朝为官，或教化民间，"在上位则美政，在下位则美俗"，涌动着一股重建儒家教化的社会潮流。教化复兴运动的直接原因是基于对其"近代史"的痛切反思。五代君主多残暴无道，荒淫无耻。当此之时，可以说斯文扫地，制度文章分崩离析，伦理纲常近乎崩溃。而教化的任务首在秩序的重建。宋初儒者痛心于五代乱世教化陵夷，认识到教化乃是立国之基，治世之本，故无论在朝在野，都以恢复儒家文教为己任。

2. 佛老之学的挑战与本土文化的自觉

理学崛起有一个外缘因素，乃是佛教文化的挑战和刺激。宋明理学与佛学之关系可谓"恩怨重重"。从历史上看,理学家都是排佛的,甚至有很多人的思想主张颇为激进。但是理学在学理上受到佛学的影响则是公认的事情。不过,虽然我们可以说理学乃是受到佛教之挑战与刺激而兴起,但是它并非是简单地抄袭佛教。理学之兴,是在佛教的刺激与挑战之下,思想界最终回归本土经典,从而找到了回应佛教的思想资源;站在儒学的立场上,在重新理解和诠释华夏固有经典的同时,儒学给予佛教以有力回应。而这恰是理学诞生的契机。

3. 古文运动与回归经典的共识

儒教教化精神在宋代初年的复兴,从思想文化上有两个重要前提:第一,对儒家经典的重视;第二,经典诠释理念和诠释方法的转变。"古文运动"具备了这两个方面的因素。

古文运动的一个共识就是重视儒家经典,为文立说,当以儒家经典为理论依据。"文以明道"成为这股思潮的思想旗帜。王安石主持变法时,一度废除诗赋取士,改为经义取士,考试范围是《周易》《诗经》《尚书》《周礼》《礼记》《论语》《孟子》等儒家经典。经学考试在科举中的比重不断加大。总而言之,经过古文运动,重视经学、回归经典,在一定范围内成为学界的共识。

古文运动对于宋代理学之产生,其意义不止于文体的改变而已。宋儒解经,重视义理阐发,不推崇烦琐的文字考据,重视生命体验作为义理阐发之内在基础,此诠释理念实为宋学之核心,这种对经典的诠释理念始于古文运动。以心性修养作为义理言说之根据,这是宋代理学之基本共识,这为宋代儒学心性论和工夫论的复兴提供了思路。

4. 宋初的文化政策与士人的文化担当精神

经历五代之乱,又经宋初文化教育事业的恢复,宋初士大夫具有普遍的文化担当精神,士人精神为之一新。这一方面与社会变动有关,一方面也与官方的政策有关,当然从根本上说,是士大夫群体的文化自觉。唐宋之际,社会转型甚为深刻,其中最为重要的变化就是由传统的门阀世俗社会向平民社会的转变。这一方面给民间社会的发展提供了空间,所以宋代的商业和城市有了较快发展;另一方面在政治上,隋唐时期世家大族把持科举的局面得到了重大转变,寒士出身或中下层地主出身的子弟有了更多出仕为官的机会。宋初士人精神之自觉，与官方的文化政策也有一定关系。总体而言，宋初重视文化建设，并且给了士人更多参与政治的机会，士人群体得到尊重，拥有相当多的话语权。官方重视儒学，尊崇圣贤，重用儒生，这给儒学复兴提供了重要的政策支持。宋初不仅仅在政策上支持儒学的发展，在政治理念上也更为重视儒生的地位，所谓"与士大夫共治天下"成为统治集团的政治共识。上行下效，终在整个社会形成了尊师重教的人文风气。

(二) 儒家教化系统的成熟与完善——理学关注的义理问题

宋明理学是儒家人文之教走向圆熟的时期。一方面是因为这个时期儒家士人群体有了强烈的文化自觉和清楚的道统意识；另一方面是儒家的教化系统走向圆熟，从而支撑其社会生活的多个方面，且随时代变革而统之有宗，会之有元，对中国历史发展的规模和格局有不可磨灭的影响。

宋代儒家教化复兴的重要标志在于义理系统之圆熟和教化体制之完备。

宋儒关注之义理问题主要包括以下几个方面：对形上之道的体证与阐述，可以称为形上学；修身体道的实践工夫，可以称为工夫论；诠释圣贤境界，可以称为境界论；政治教化思想；道统观念。其中前三者属于儒家内圣之学，政治与教化思想属于外王之道，道统观念则兼而有之。内圣为外王之本，无内圣则外王之道流于寡头事功；无外王则内圣之道近于空谈仁义，独善其身，则仁义理无从落实。所以两者本为一体，而内圣必为外王根基。宋代大儒无一不关注世道人心，无一不关注政治与教化，其所自信度越汉唐之处，正是在于其内圣之学。内圣之学最为核心者为形上学与工夫论。宋儒所关注之形上学，主要包括宇宙论与心性论。宋儒关注之宇宙论是由身心体验而对宇宙生化的生生之理于亲证，所以宇宙论最后都落实于伦理与道德。宋儒所谈之心性论，其本在于探究心性与天道本体之内在关系，并由修养工夫于自家心性证悟大道。所以宋儒所关注者恒在乎天人之际。故宋儒所建构之形上学非如西方哲学所谈的"知解的形上学"，而是一"道德的形上学"或说生命教化的形上学，此类论断并非理论推演，而是有系统的道德实践工夫导入

"教化儒学"的思想历程

亲证亲历。宋儒所重，正在于各家均有自得的工夫脉络。宋儒所言之道德修养工夫，并非普通意义上的道德修为，工夫指向的必然是"本体"，所以尤重知行合一。但凡一种学说能称为普遍的社会信仰，尤其是最为理性的群体的自觉信仰，必须具备四个条件：超越的价值诉求、个体精神向上之路径、普遍的价值规范与普遍的生活仪轨。理学形上学与工夫论的圆熟让其获得了足以支撑人生信仰的功能，从而为儒家教化提供了牢固的义理支撑。儒家之教化，有学理探究的层面，但并不以知识本身为用心，学理探究必根于教化实践，归于教化实践。学理探究的层面可以称为道问学的层面，教化实践的层面可以称为尊德性的层面，两者一体互发。道学家的教化实践，一方面是其工夫修养，一方面是其推己及人、弘文励教的事业。本卷在阐述总结道学家思想的同时，重视对其生平阅历和气质境界的梳理，以期更为生动地呈现儒学的教化之道。

二 北宋初期复兴儒家教化的思想与实践

宋初诸儒更加热心政治，积极从事政治改革，或出仕为官，或积极为朝廷建言献策，在这些儒者的努力和引领之下，朝野上下掀起振兴教育的文化潮流。在学术上，宋初儒者重视《春秋》和《易学》，多是从宏观上阐发治国安邦、振兴教化之伦理纲常。宋初诸儒复兴教化的义理探索和社会实践，为后来理学思想走向成熟和完善提供了重要的文化积淀和社会政治环境。

（一）宋初三先生复兴文教的思想与实践

胡瑗、孙复、石介三人为宋初复兴儒家教化的干将，他们的思想和社会实践活动具有开风气之先、培育后来儒学人才的功劳。

1. 胡瑗与苏湖教法

胡瑗是宋初最有成就的教育家，他开始"以经术教授吴中"，后来得到范仲淹的推荐，先后为苏州教授和湖州教授，探索出了著名的"苏湖教法"，并且由范仲淹的建议而广泛推行。

第五章　宋代理学的兴起与儒家教化的圆熟

《宋元学案·安定学案》中记载苏湖教法说："立经义、治事二斋。经义，则选择其心性疏通、有器局、可任大事者，使之讲明'六经'。治事，则一人各治一事，又兼摄一事，如治民以安其生，讲武以御其寇，堰水以利田，算历以明数是也。"也就是说，胡瑗把学校的教学组织分为经义和治事两斋：经义斋讲授经学，学生要学习六经义理，通晓儒家经典；治事斋分治民、讲武、堰水、历算等科，并且"一人各治一事，又兼摄一事"，即要求学生每人可选一门主科，还要兼学一门或几门副科。苏湖教法最为集中地体现了儒家人文教化的精神。儒家之教化，重视以德性教育、人文教育为本，但是德性教化绝非空谈，必要学生有经世致用之才能，如此方可养成德才兼备之人才。

胡瑗在苏湖地区教学授徒二十多年，后来又执教太学，为宋初儒学的复兴培养了大批人才，可谓是宋初推动儒家教化事业复兴的典范。

2. 孙复、石介与师道精神的恢复

钱穆先生说："胡瑗是教育家，而孙复则是大师，在当时代表师道尊严。"[①] 从气质上说，孙复气质刚毅持重，而胡瑗宽裕包容。与宋初人一样，孙复深恶华而不实的文风，主张回归儒家经典。他认为所谓儒学六经是圣人之文，均是阐明儒道之言。孙复专重六经义理之说的主张，开了后世宋学即理学敢于突破前人旧说的先例。

孙复治经以《春秋》名重当时。其解说《春秋》往往置《三传》于不顾，凭己意诠释。孙复说《春秋》以"尊天子，黜诸侯"立论，认为《春秋》"多贬少可"，突出孟子"孔子成《春秋》而乱臣贼子惧"的思想。四库馆臣认为孙复之说"上祖陆淳而下开胡安国"（《四库全书总目提要》），对宋代的春秋学有重要影响。

石介承"古文运动"的主张，推崇儒家道统和经典，反对华而不实的文风，且具有强烈的现实担当意识，所谓："道大坏，由一人存之。天下国家大乱，由一人扶之。古言'大厦将颠，非一木所支'，是弃道而忘天下国家也。颠而不支，坐而视其颠，斯亦为不智者矣。曰'见可而进，量力而动'，其全身苟生者欤！"（《救说》）徂徕虽有慷慨激愤之

[①] 钱穆：《宋明理学概述》，九州出版社2010年版，第4页。

言辞，但其志节乃为后儒称赞，亦是开士林风气的人。

宋初胡瑗、孙复、石介三先生是开风气之先的人物。他们当宋开国六七十年左右，面对国家社会种种弊端，慨然有复兴儒家教化，以天下为己任的气概。他们都有勤苦力学的经历，都积极投身教育事业，虽然皆曾在朝为官，但一直以讲学传道、培育人才为己任。他们在思想义理方面虽然未至于精深，但是其推崇经典、打破墨守注疏的偏见、直陈经义的主张对于当时的解经理念有重要影响，他们振兴文教、尊师重道的事业为北宋儒学的复兴打下了坚实基础。

（二）范仲淹、欧阳修、王安石等对复兴文教的贡献

范仲淹、欧阳修、王安石、司马光等数人皆位至卿相，他们的学术思想虽然有分歧，政见抑或有冲突，但是振兴儒家教化、追求儒家的人生社会理想则是一致的。他们从政治上推动儒家教化复兴，可谓功不可没。

范仲淹一生注重振兴文教，举荐贤才，奖掖后学，引领士林风气，为国家培养人才。他主政各地时，都以兴办教育为先。后人评价说："天下郡县学莫盛于宋，然其始亦由于吴中，盖范文正以宅建学，延胡安定为师，文教自此兴焉。"（《苏州府志》）庆历新政十项措施之中，其中前四条明黜陟、抑侥幸、精贡举、择官长，都与教育和科举有关系。按照新政，政府诏令地方办理学校，重新整理兴办太学，并下苏湖，取胡瑗的"苏湖教法"，由是学校一时大兴，史称"庆历兴学"。

欧阳修维护儒家道统，积极批评佛老之学。他反思佛教大行的原因在于政教不明，儒教不兴，以为排佛之关键在于振兴礼教，正所谓"学问明而礼义熟，中心有所守以胜之也。然则礼义者，胜佛之本也"（《宋元学案·庐陵学案》）。

王安石的熙宁新法对文教的重视虽然不及庆历新政，但依然占重要地位。他在熙宁变法中大力整顿太学，推行"三舍法"，改革科举考试制度，建立武学、律学和医学，重视实用人才。置经义局，撰《三经新义》。

总体而言，宋初儒者以经世致用为主，学术重点在政治与历史，钱穆先生说："北宋初期诸儒，其中有教育家，有大师，有政治家，有文

学家，有诗人，有史学家，有经学家，有卫道的志士，有社会活动家，有策士，有道士，有居士，有各式各样的人物……但他们中间，有一个同趋向之目标，即为重整中国旧传统。再建立人文社会政治教育之理论中心，把私人生活和群众生活再扭合上一条线。换言之，即是重兴儒学来代替佛教作为人生之指导。"①

三 儒家教化思想的圆熟——北宋四子的道学

北宋建国七十年之后，经过两三代人推崇经术、兴办教育，儒家的文化土壤才得以培固。在这种情况下，北宋迎来儒家哲学群星汇聚的时代。经过理学宗师的体道与言道，儒家形上学的义理脉络豁然清楚，给儒家的教化系统注入了新的生命力。可以说北宋时期是儒家教化思想走向圆熟的时期。

（一）理学道德形上学的奠基——周敦颐

《宋史·道学传》把周敦颐列为道学之首。

1. 周敦颐的宇宙本体论

（1）体用不二的宇宙观

周敦颐的著作虽然不多，但是却有廓清儒家道德形上学核心思路的意义。其《太极图说》可以分成三部分理解：自"太极本无极"之前，主要从阴阳五行来解释太极本体之生化原则。自"五行之生也"至"变化无穷"，主要从阴阳五行解释万物之产生。这一部分是周敦颐的宇宙本体论。此后则由本体论转为人生论和伦理观。从其整体架构来说，则是贯通太极本体与人生性情，从而廓清了儒家人文教化的义理根基。

首先，由阴阳五行阐明太极作为创造性真几的意义，将生生之理的含义以宇宙本体论的形式阐述清楚。太极即超越的宇宙本体，非感官经验所能把握，故而也称为无极。太极即创造性之真几，或称创造性本

---

① 钱穆：《宋明理学概述》，九州出版社2010年版，第26页。

身。宇宙万有的生化运演都是太极之创生作用的展现。太极之创生作用可以从两个面来理解：其趋向于动的、扩散的一面称为阳；其趋向于相对静的、收敛的一面称为阴。这两个方面是同时现起的，阴阳互为体用，相反相成。阴阳两仪相互配合，根据排列之不同，从而产生水、火、木、金、土五行。五行是阴阳二气交感排布而产生构成事物的基本性质。

阴阳可以说是理解太极生化之理的两面，而非在阴阳之外另有太极。周子此论确立了理学体用不二之义。

其次，阐明人的生命存在与太极本体之关系，由宇宙本体论之演绎而落实于人生哲学，"立人极"。圣人以为人为天地所生，禀天地灵秀之气，有识有知，当循天地之道。由此圣人立人极，定之以中正仁义而主静。天道之阴阳，在人即为仁义，故强调中正仁义。"主静"之义，则初步阐述了周敦颐核心的工夫论思想。

（2）以诚直造心源，契悟本体

黄梨洲曾说："周子之学，以诚为本。"（《宋元学案·濂溪学案》）此是的论。

a. 由诚而契入天地造化之理

"诚之源"是说创造性本身，"诚斯立"是说太极生生之理在化生万物之中显现。诚体为至善，此善是善本身，不与恶对，即所谓一切价值之源头。道以阴阳化生万物，万物禀受此至善之源头，而各成其性，则道即为其性。性命之源本乎太极生生之理，则灿然明了。

b. 由诚而直造心体性体

"寂然不动"是心之体；"感而遂通"是心之用。周子之意，学者为学必要从"寂然不动处"复其心体之诚，才能契入道体，方能有随感而应之神。寂感为体用关系，亦可略描述人心应物之心境。唯独能守住寂然不动的清明，方能与感通无碍。与物周流，随感而应，而清明之心莫不在此。此即心体之妙用。诚即心体寂然不动处，故曰"无为"。人心应物，心念发动，则此则有善恶之几。然而守住本心寂然不动之诚，则能处事得宜，不失本性之德。

第五章　宋代理学的兴起与儒家教化的圆熟

2. 以"中"论性的心性论

周子论性，虽然也认为仁义为人性之内容，然而并不是以抽象的道德原则界定性之内涵，而必要从人情感生命的整全与真实上显现仁之意义。周子之论性乃落实于人现实生命之整体以言性。其论刚柔善恶之性，概可归结于后儒所谓气质之性说。刚柔之性皆有过失，唯独中和之性则无过。"中"非仅仅指天生气质，亦指人本性本有之状态。刚柔之偏若能导之于中正，即是回归天性之真。回归本性之中正，则仁义由此而出。此所谓"中"非符合外在之法度，而是人心性自然之节。此自然之节所由来就是人心之诚。

3. 主静的工夫论

周子之本体论以诚为本。而诚非现成之心态，必要经过工夫方可达到。正如前人所言，周子之学问宗旨在"诚"之一字，其工夫入路在"主静"。"主静"工夫有多少表达，必须综合而观之。"静"即体悟心体"寂然不动"处。所谓"寂然不动"，不是说内心没有思虑，而是要找到内心虚静明觉的状态，由此寂然不动，方有感而遂通之效验。如何达到此内心之虚静明觉？首要在惩忿窒欲，改过迁善。所谓"无欲"并非摒除所有欲望，而是说要摒除心灵造作之私欲，而一顺天机之自然。不为私欲牵引，方能回归内心之清明，如此则能做到明、通、公、溥。克服私欲，回归公心，方可合天地之德。所以说：圣人之道，至公而已矣。主静工夫，亦不离开对外在规矩之遵循。"无违"者，即无违背于礼。

4. 寻孔颜乐处的境界论

二程年少时，尝秉父命从学于濂溪。"每令寻孔颜乐处，所乐何事？"濂溪就是宋儒津津乐道的"寻孔颜乐处"。汉唐时期，一般周孔并称，颜子之地位不显。周孔并称，乃是凸显儒家外王事功。而宋以下，孔颜并称或孔孟并称，则彰显儒家内圣之道。对颜子之推崇与诠释，周子之力不可忽视。周子以为，孔子、颜回生活于困乏中，不以贫贱动心，是因为"见其大而忘其小"。此所谓"大"应指体道之境界。所谓"天地间，至尊者道，至贵者德而已矣。至难者得人，人而至难得者，道德有于身而已矣"，"道德有于身"即道体对生命实存之转化与生化。道与德贯通为一，妙契天地神化，如此方能心通万物万境，故富贵贫贱处之若一。所以，孔颜之乐乃是无待的乐，并不是因外在的境遇而有，而是人心体道，感通万物，知几存神，自然而升起的心灵的愉悦。

5. 政教思想

周子于教化复兴之际，特别强调尊崇孔子以立师道。因为若无师道，则教化无根，人只能凭习气本能而生活，不知善之所在。周子认为"师道立，则善人多"，以为尊崇师道方可改良士林风气，而士林风气是社会教化之表率。此外，周子以为，只有尊崇孔子之道，以孔子之道为教化之本、立国之基，方能导政治于正轨。

（二）关学的奠基——张载的天人之学

张载一生重视基层教化，大力推动礼乐复兴，以敦风睦伦、化民成俗为政本，颇有成效。

1. 张子的形上学

横渠之学有强烈的形上学诉求和学理自觉，他认为探求天道性命的义理关乎儒家教化的根本。张载以为，太虚为万物本体。道就是气化之条理。太虚之体化而为气化流行的万有，又即万有而为其性。万物都禀太虚以为气，然而草木无知，唯人有知觉，能否自觉其性，对性之自觉方显心之义。这四句话可以基本概括横渠形上学的思想系统。前两句是其本体论，后两句是心性论。

（1）虚气相即的本体论思想

a. 太虚即气与体用不二

简单概括说，"太虚"是本体，"气化"是现象，"神"则为本体的创造功用①。太虚为体，气化为用，体用不二。太虚为生生不已的创造性本身，然而本体并不悬空而在，必表现为气化流行中的万事万象，并且即万物而为其性体。然而，气化如何体现太虚之创化，或者说如何有气化流行而妙契太虚生生义，这是横渠玄思的重点。要而言之，他是以阴阳二气交感变化推演太虚生化之义。体用不二乃是儒家形上学根本立

---

① 《正蒙·太和》：神者，太虚妙应之目。

论之处，天道性命所谓贯通，成贤成圣之所以可能，端赖于此。

b. 太虚神化与二气交感

太虚为体，气化为用，体用不二。以阴阳二气交感变化推演太虚生化之义是横渠玄思的重点。横渠以为，天地万物，无论是精神的还是物质的，都可以用气的存在与变化流行来解释。所以，呈现在我们面前的世界，就是一个气化流行的世界。太虚发为气化流行的大用，这个功能也称为"神"，所谓神即神妙莫测之谓。太虚神体是如何发用为气化流行的大用呢？这必须由阴阳思想得以解释。阴阳互为体用，相即不离，统一构成太虚生化之用的两个面向：其中聚敛的、收摄的面向，具有形成具体事物的趋势，即是阴；与此同时，还有发散、伸展，从而让具体事物消散、转化的趋势，即是阳。"太和"则是表示气化流行的万象中阴阳和合而包含着创生之力的概念。阳的一面是太虚神体创生性的直接、主导性的展现；而阴的一面则居于辅助地位。阴阳二气之交感流行，乃是万事万物存在与变化之直接原因。阴阳化生万物，直接的动力乃是二气之"感"，而根本的动力则为太虚神体。所谓"感"实为阴阳两种势用同时而起，并交互进行，从而推动事物的发展。这个叫"推行有渐"，所谓"渐"，乃是强调其循环有序，往复不可中断。

（2）心性论思想

a. 全气即性，全性即用

张载言性，是从气质生命之整全性和生命活动的过程性上体现本体之超越义。所以他强调"性命通一不二"（《太和第一》），强调变化气质以"成性"。凡此皆默契先秦儒家之学脉。

在张载那里，太虚即万物而为其体，这就是性的观念。当然，在人这里即是人之性。此性并非是人之属性，而是"体性"。本体并非外在于人的生命，而是说人的生命本身即是道体之表现。当然，人与他物的不同在于人有自觉的能动性，或说人有自由意志，故而人的生命表现可能脱离道之主宰，进而表现于非道。但是从本原上说，人的生命本身即是以道为体的，这就是"全气即性"的观念。性体绝非气质生命中抽象一物，性体乃创造性本身，"即活动即存有①"，此生生创造之性则是体现于气化活动，这是"全性即用"的观念。"全气即性，全性即用"，这是宋代儒家正统性理学的基本精神，亦是横渠心性思想的关键之处。

气质生命本该是性体之表现，但是因人有自由意志，故而人气质生命之表现又容易脱离性体之主宰，故而气质反成性体之干扰与遮蔽。故需要认识气质之特点。横渠以为，气质之性确实是气质本身的性。但是气化流行本身是道体之活动显现。所以是道体主宰气质。天地之性不是在气质之性外另有一个性。能够克己复礼，修德明道，自然能回到天地之性。但是如前所说，气质会背离性体，遮蔽性体，这就必须要通过"善反"的学习过程，从而化解气质之性对本性的遮蔽和扰乱，这就是变化气质之义。横渠认为为学的根本意义在于"变化气质"。所谓变化气质，实际上是强调本体对生命实存之转化意义，即通过修德而化解气质生命之非理性的东西，实现道对生命实存之转化意义。

b. 心统性情

性非死物，乃生生之体本身，必须由人之生命活动，感物而动。感物而动，主要表现于心。心之内容则为情。人禀受气之灵秀者，故有知觉。直接而言，知觉本身发于气质。然而气质本身乃是本体之用。知觉若仅对象性的认知性体，则此心只是形下的认知心。性乃是即心而显、即心而发。觉于本体，则为大心，大心方是本心。本心即体道之心，或说性体即心而发。此本心则超越了心作为气质活动本身的意义。本心贯通于人一切思虑心境。扩充此心，推明此心，就可至于道。性与情为体用关系，称性体而起用的本心与情也是体用关系。性体无为无造，必须有心之虚静处体验。所以"至静无感"处即是本心，本心即心体的当下呈现，所以说是"性之渊源"；"有识有知"处则是情。尽性者则能"兼体不累"。

2. 以虚静为本的修养工夫论

形上之理既明，教养工夫则必有宗旨。然而，教养工夫与义理不同。义理为精要，必无二语。修养工夫则无所不用其极，修养实践为具

---

① 牟宗三：《心体与性体》综论部第二章，上海古籍出版社1999年版，第68页。

体而多元。然而，统之有宗，必有根本。一言以蔽之，要在虚静。

（1）静为进德之基

横渠以为，性为生生之体，发用于心当是大公无私之心。此性体必发用为真实的情感，是所谓体物之"大心"。所谓大心即"视天下无一物非我"之体验。然而此体验是境界，其工夫则在"虚心"而后得。所以横渠说："敦笃虚静者，仁之本。不轻妄，则是敦笃也；无所系阂昏塞，则是虚静也。"（《孟子说》）横渠说："虚心，然后能尽心。"所谓虚心，不是指排除所有思虑意识，而是说以清明自觉的心态作为应事接物的心灵底色。"静"指内心无外物干扰时之清楚明觉，"动"指应事接物时起心动念。"虚"则是说在起心动念，应事接物之时，依然保持内心之定力与明觉。所谓"虚"与"静"，不是排斥人的思想意识活动，主要在于保持内心的明觉，从而随时能克服发乎气质的私心。

（2）穷理

穷理乃是性体之要求，亦是修道工夫。张子之意，人必须先于本体上有所领悟，必有存验于本体，穷理方有意义。否则，天下物理无穷，则泛滥无归。若不从本心用工夫，则最多只是尽"耳目之才"，积累知识而已。张子之义，需先"立天理"，然后天下之理方可谓穷。所谓"立天理"，即"见其大源"。问题是，既然未穷理，如何才能直接"见其大源"呢？所以张子有时又强调穷理之"精义"，所谓精义，盖即等次接近于"大源"（本体）处。

（3）知礼成性

横渠之学虽然以贯通天人为用心，而其根本则落实于脚踏实地，成己成物，化民成俗。工夫之根本虽在虚静以见体，穷理以尽性至命。然而，从教化之现实性而言，张载认为莫重于礼乐。二程曾称赞横渠说："子厚以礼教学者，最善，使学者先有所据守。"（《二程遗书》卷二上）张载之后，重视礼乐，乃是关学一大特色。

张子以为，仅仅知理而不由礼以践履，则不能实有诸己，正所谓："礼所以持性，盖本出于性，持性，反本也。凡未成性，须礼以持之，能守礼已不畔道矣。"不能"知崇"（形上义理）则学恐怕流于世俗；不能践礼则"知崇"恐流于玄谈。

3. 圣人化境与天下理想

儒家为道德的理想主义。唯独有理想，则现实即不堕落。所谓理想者，非空想、幻想，而是合乎义理之志愿。于个人，则学达性天，至于圣人；于宇宙，则群生遂其性，万物得其所，此所谓内圣外王之道。理想非想象，生命境界是圣人真实生命所展现者；天下理想是圣王平治所传述者。

（1）圣人化境

张子认为"无我而后大"，"大几圣矣，化则位乎天德矣"。所谓位天德，即能够内得于己，而外顺于时。

关于"穷理尽性以至于命"，张子说："尽其性能尽人物之性，至于命者亦能至人物之命，莫不性诸道，命诸天。我体物未尝遗，物体我知其不遗也。至于命，然后能成己成物，不失其道。"所谓"至于命"，非无所不能也，而是说能参赞天地化育而无过。然而，圣人之化境，乃是穷理尽性自然达到，有意为之，则不能必得。故曰："大可为也，大而化不可为也，在熟而已。易谓'穷神知化'，乃德盛仁熟之致，非智力能强也。"（《神化篇第四》）

（2）民胞物与

性体之发用本身即贯通于天地万物一体之仁，此仁道的境界即横渠《西铭》中所描述的"民胞物与"。张载的《西铭》历来被学者推崇备至，程颢说："孟子以后，未有人及此。"其中"民吾同胞，民吾与也"成为千古名句。伊川以理一分殊解释民胞物与，强调仁道之体虽同，而其在不同的伦理关系之落实上又各有分殊，故而不会流于兼爱。明道先生则说《西铭》："仁孝之理备于此。须臾而不于此，则便不仁不孝也。"（《宋元学案·横渠学案》）所谓"仁孝之理"，实则孝为仁之本，亲亲而仁民，仁民而爱物。如此方可推行有渐。它精练地表达了儒家爱有差等，差异一体、和谐统一的伦理精神。

4. 复三代的礼乐政教观

张载在政治上希望参考《周礼》来复三代之治。当然，他并不是主张完全复古，而是根据传统礼乐与儒家的政治思想，提出针对当时社会的改革方案。

张载平生最核心的政治主张就是"正经界",主要内容是通过推行井田制来平均土地,并在此基础上推行封建和强化宗法。井田是周代的土地制度,一直是儒家平均土地的理想制度。张载提出这种设想,并非完全复古,而是有很多变通。并且,他对井田的主张也并非仅停留于想象,而是做过很多研究和考察,有很多针对现实问题的政策。然而,在当时的政治环境中他的设想则无法实现。

在修养工夫中,张子重视知礼成性。他一生重视研究礼乐,曾多次出任主管官方礼仪的官员,并以理学家的卓越悟性进一步诠释了礼乐的形上依据:一方面强调礼乐乃是本于人性,一方面强调礼乐乃是根于天道。他也曾经在小范围内恢复了一些古礼,并取得了很好的效果,受到二程的称赞。然而张载恢复礼乐,同样也并不是简单主张复古,他认为礼乐的根本在于因时制宜。张子之意,礼的精神内涵、伦理价值,这些是不变的,但是礼的形式则要因时制宜,不可泥古不化。

(三) 洛学的开创——程颢与程颐

程颢、程颐为同胞兄弟,合称"二程",是洛学的开创者。北宋理学发展至二程,义理脉络更为清楚。

1. 程颢的仁学与定性

大程子之学多从直观体验而发,其表达多包含体验,用词则注重圆融,其本体论也多是从境界上谈,其工夫论同时也是直接体现本义之超越义,所以较难用理论框架呈现其思想宗旨。理解大程子的学问关键在于理解他天理观的一本性以及他对仁道的体验。

(1) 天理与一本

黄百家说大程子之学"以'天理'二字立其宗"(《宋元学案·明道学案》)。这个概括是非常有见地的。从二程开始,"天理"或"理"成为宋明理学的核心话语之一。在二程那里,天理乃是天下万理之本,是天地万物自然存在之理则,不可加入私意处之。无论时代是否符合天理,天理依然昭昭在此。并且天理并非是外在于人之生命的,人能反身而诚,则自然与理为体。人只要心存天理,则自然能处置得宜,这叫物各付物。

天理即是天道,以其规则性来说则曰理,以其总括赅载,流行发育来说则曰道。天道的基本内容就是儒家所说的仁，即生生不已之体。程颢论道和理常强调"生生"，天地间万物，都是此生生之体的显现，所以天下无"道外之物"。

道或天理乃是万有之本体，但并非是抽象的离开万物独立存在的本质。形上之体乃是即形下之器而显其用，故曰"器亦道，道亦器"，不可离器而言道。程颢此处强调道器不二之义，也是从工夫上说的，"道""神""性""教"实为一贯，只有在工夫的境界中才能体验到道器合一的真意。

大程子之学特别重视以身体道境界中的整全性，所谓本末一贯，形上形下一如。所以大程子强调"天人本无二""只心便是天，尽之便知性，知性便知天，当处便认取，更不可外求"（《遗书》卷二上），又说："穷理尽性以至于命，三事一时并了，元无次序"（《遗书》卷二上）。这些话都是"一本"义的圆顿表示，并且将一本之义落实到了心上，这就指向了天地万物一体之仁的境界了。这不仅仅体现了本体论上的一本性，也体现了工夫的一本性。

（2）生之谓性说

大程子以天道生生之体为性，并经常借用告子的话说"生之谓性"。所谓"生之谓性"，依然是强调全气即性之义。大程子之义，"性即训生"，即所谓生生不已之义。此生生不已之体的表现，就是表现于气，离开了气，无从有孤立之体。所以说到生必须带着气质一起说，即从生命存在之整全性和生命价值实现的过程性言性体之意义。

（3）识仁与诚敬

天道作为生生之体即是儒家所说的仁。仁道之真实体验乃是与万物之感通。从求仁之体验而透过本体，这是大程子之学的宗旨所在。所谓"浑然与物同体"，亦即"仁者以天地万物为一体"，乃是人本心与万物感通而不隔膜的状态。对于这种境界，大程子也说："满腔子是恻隐之心。"所谓恻隐之心，即是与万物的感通情感。

程颢经常用中医学上"手足痿痹"之不仁来反观仁之知觉心气上的感通，不仁即是不通。生生之理，在天为命，在人为性。所以仁体之发用本自要感通万物而为一体，天地万物如一身之气机，本当相互流注通贯。但若心灵封闭窒息于小己之我，仅仅忧患于私我小家之得失苦乐，则于他人、天下人的不幸和苦痛常常没有丝毫的同情和感应，故而就没有这种一体感。

所谓"浑然与物同体""与天地万物为一体"之心，都是生生之体在仁心上的发用。天地无私，长养万物，所以万物皆有"春意"，人心与万物的感通，实际也是由此"生意"的感应。所谓"春意"，也就是天道于万物生机上的透显，所以大程子也说观"生意"来体仁。

如何才能识仁呢？程颢认为，根本的求仁之方在于忠恕之道。但这是直接引用《论语》的说法，用他自己的话说，需要以诚敬存心。诚，即真实无妄之意，人信若欺妄，则事物之真实意义即不能向人呈现出来，诚为基本的处世态度。敬则为存心之法，大程子说："心要在腔子里。"所谓心在腔子，即是说心要时常觉悟到当下的生命存在状态，念兹在兹。以"诚敬存仁"也就是要以"诚敬"来涵养仁体。但程颢同时也强调诚敬要自然、自在、安乐，不可执着、矜持于诚敬，刻意把诚敬本身当作目标，反成障碍。在"诚""敬"二字中，程颢更突出发自内心深处的自然之真诚，强调"敬"要发于自然之诚而不伤于心境的和乐。

（4）定性

宋仁宗嘉祐三年（1058年），张载以书信致程颢，询问："定性未能不动，犹累于外物？"程颢修书答复，阐述了"性无内外"的心性观和"廓然大公，无来顺应"的境界观。

大程子认为真正的"定"，乃是由透悟心体而把握住了心灵本有之平静。静即"寂然不动"，动即"感而遂通"，静为动之体，真正的定是心体之定，不以外在有事无事而有别。应事接物之处，内心之虚静亦如不动，是谓心体显现处。心对于当下的生命状态总是自觉的，念兹在兹，不牵绊于过去，也不幻想未来，心念对于当下总是清楚明了。要做到真正的定，必须求于天道、圣人。无心无情而普顺万物，此乃天地圣人之常道。天地之心即所谓道体，道体无为无造，顺万物而表现自身，所谓"乾道变化，各正性命"，情顺万物，而"心中无事"。此天地圣人之无我，廓然而大公，顺其来往，应以自然之理。人不能顺应天地人事之运化，主要由于其自私自利、自作聪明。障碍心体发用者，乃是私心和偏见。所以，落实到心灵体会上说，不如"内外两忘"，忘即消泯主客对立，超越对象性认识；从而感通万物为一体。在这种心境之下，人心无事，则念兹在兹，念念迁流，并无既定的感情在心中。情感之应，只是心对物的自然应对而已。

要言之，大程子所言之定性与识仁之境界是相通的，《识仁》言其体，《定性》言其用。识仁是从感通万物为一体而说，定性则是从虚心应物说。

2. 程颐的理学

（1）所以然之谓理

二程都重视天理，两人对天理的基本主张是一致的。但对天理之悟入方式和表达形式，差别则颇大。要言之，程颢重视从形上、形下之圆融讲天理，所谓本末一贯；程颐则研判形上、形下之别。程颢多从体验处言天理之意义，故其言辞多感发处。小程子于天理则多有推寻之力，故而思想脉络更为清晰。

程颢不主张把形上、形下分得太开，所以总是强调"器亦道，道亦器"。程颐则更强调形上、形下之分，表示形上之道乃是形下之器的根据、原因，是不显现者。不可将形上之理与形下之气混为一谈，当然，更不可离开气来谈道。这是伊川理学一大创见。这在后来的《伊川易传》中表达为"体用一元，显微无间""至微者理也，至著者象也。体用一源，显微无间"。

程颐以阴阳开阖之气为道的具体展现，孤立的阴或阳并不即是道，阴阳、开阖、动静，有便齐有，没有先后。"一阴一阳"乃是道体创生性之发用。但是需要知道两者地位不同，阳之动乃是天道创生性的直接显现。所以程颐特别强调"动"处见天地之心。

（2）心性思想：天命之性、气质之性

与程颢重视从气质生命活动之整体性言性不同，程颐特别重视性之形上意义。把人性的本源和本然之善称为"理"，把现实的人的贤愚归于气禀清浊的影响。

程颐认为孟子道性善是论"极本穷源之性"，即《中庸》所说的

"天命之谓性"。程颐的"性即理"说，实际上就是认为性在根源和本然上是纯善之天理，这个思想后来受到朱熹的推崇。程颐主张"性即理"，但他同时也强调气禀之才对现实人性的影响，认为"性"和"气"结合起来才是既"备"又"明"的现实人性。所谓"明"是强调性之根本来源，所谓"备"是顾及人之生命的整全性。程颐引入性同气异的思想解释人性本源统一性和现实差异性，对传统儒家的人性论作出创造性的诠释。

天命之性为纯善，气质之性有善恶。在这个意义上，程颐研判性情之别。他认为仁、义、礼、智都是性，而恻隐、羞恶、辞让、是非属于情。程颐对性与情的分殊能有效解释天理之纯善与现实中人之恶之矛盾。但是这个解释，确实有将人性论带入支离的流弊。

（3）以公言仁

程颐论仁，多是从义理推究而来。程颐承认仁即生生之理，但研判性情之别。

程颐喜欢从"公"来说仁之内涵，但是"公"也并非仁本身："仁道难名，惟公近之，非以公便为仁。"（《遗书》卷三）"仁之道，要之只消道一公字。公只是仁之理，不可将公便唤做仁。公而以人体之，故为仁。只为公，则物我兼照，故仁，所以能恕，所以能爱，恕则仁之施，爱则仁之用也。"

（4）工夫论

程颐的工夫论可以用一句话进行概括："涵养须用敬，进学则在致知。"

程颐认为心中"有主则实"，就不会轻易地为外界事务所晃动。程颐的"心中有主"，主要还是主于敬，他还进一步把敬和主一贯通起来，认为"敬只是主一也。主一，则既不之东，又不之西，如是则只是中；既不之此，又不之彼，如是则只是内。存此，则自然天理明"（《遗书》卷十五），所谓"主一无适"，"适"即"去"的意思。即是强调心念要时刻对自己当下的生命状态乃至于起心动念有清楚自觉，如此方是主敬。程颐对主敬工夫的教导很多，例如"俨然正其衣冠、尊其瞻视，其中自有个敬处""动容貌、整思虑，则自然生敬"。

此外，程颐还特意区别了"敬"与"静"的区别，他认为敬是儒家根本的修养工夫，静则容易流入佛老一路。一般来说，佛老之学讲究禅定打坐，确实有摒除思路寻求静寂之倾向。而程颐说的主敬则不然，主敬乃是道德心当下的"提撕"和对自己身心的时刻觉察，所以跟佛老不同。此外，程颐还强调以敬来涵养未发之中。观程颐之义，喜怒哀乐未发之前，无法用力，所以平日只能以敬涵养，反对用思去求未发之中。

程颐强调"涵养须用敬"，但同时也指出"进学则在致知"。据《大学》文本"致知在格物"，程颐把格物解释为穷理，他用《易传》解释《大学》。他说："格，犹穷也。物，犹理也。犹曰穷其理而已也。"（《遗书》卷二十五）程颐格物穷理的方法和范围是很广泛的。从表面上看，程颐的格物穷理说是要探索事物的所以然之理，探究事物的内在本质及其变化规律，这和近代自然科学的精神似乎有相近之处。但是要明白，程颐的格物穷理说并没有导向发展自然科学，他的穷理说主要还是作为人文精神修养的方法。因此，程颐始终强调"观物理以察己"，他认为格物穷理并非要穷尽天下万事万物之理，而是要在今日格一物理，明日格一物理的不断积累中，最后"积习既多，然后脱然自有贯通处"（《遗书》卷十八），他说："所以能穷者，只为万物皆是一理。"（《遗书》卷十五）可以说，程颐的格物穷理说是以"万物皆是一理"之天理说为前提的，而其最后达成的目标仍然是"万物皆是一理"的精神境界，这和程颢"仁者浑然与物同体"的思想宗旨是一致的，都是要体认万物一体的境界。

四　南宋理学的完备与分化

经过北宋理学的学思和践行，儒家的道德形上学已基本建成，这为宋代儒家教化的义理系统走向完备开辟了进路，奠定了基本的学理框架。一般来说，北宋理学重在本体论思想的阐发。南宋理学则沿北宋诸大家开辟的本体论路径，进一步明晰心性论思想和工夫论系统。这一时期的理学家中，朱子对北宋诸家都有很好的吸收和融汇，具有综合创新

第五章　宋代理学的兴起与儒家教化的圆熟

的气象。经过朱子的总结，儒家的形上学义理系统走向完备。与此同时，陆九渊昌明心学，开辟了与北宋诸家以及朱子之学不同的为学路径，为理学发展提供了不同的路向，丰富了儒家教化的义理体系。

（一）理学的集大成者——朱熹

朱熹的思想在元、明、清三代被尊为官方思想，并对韩、日等东亚国家的历史文化产生深远的影响。

其一生虽出入官场，但是绝大部分时间在著述讲学，尤其钟情于兴办教育，复兴书院。据现代学者考证，朱子一生修建、修复书院多达三十多所，其中最为著名的如修葺白鹿洞书院、岳麓书院，建寒泉精舍、考亭书院等等。他参与白鹿洞书院教学，亲手拟订的《白鹿洞书院揭示》（也称《白鹿洞书院教条》）对书院教育的制度化、规范化起了决定性的作用，成为当时和后世书院争相仿效和履行的典范，"父子有亲。君臣有义。夫妇有别。长幼有序。朋友有信。此为五教之目；博学之。审问之。慎思之。明辨之。笃行之。此为为学之序；言忠信。行笃敬。惩忿窒欲。迁善改过。此为修身之要；正其义不谋其利。明其道不计其功。此为处事之要；己所不欲，勿施于人。行有不得，反求诸己。此为接物之要"（《晦庵集》卷七十四）。集中体现了儒家教化重人伦，敦德性的精神。

朱熹是理学的集大成者，甚至在某种意义上可以说是孔子以来中国文化的总结者。他一生涉猎广博，几乎遍注群经，他将《大学》《论语》《孟子》《中庸》编为一册，并为之注解，"四书"之为一个体系是从朱子开始的。朱熹为学实事求是，重视对前人思想的继承。北宋四家之文献，基本都经过朱子的整理，他的学问是在充分吸收和消化北宋道学的基础上完成的。此外朱熹编订了《朱子家礼》，对宋元以来的中国乃至于东亚地区的礼俗发展产生了重要影响。

1. 理气论

朱子的理气关系大概可总结为："一体浑成，不离不杂，逻辑上在先。"

（1）理气先后

朱子的理气观经常被解释为理气二元论，这显然是误解。朱子虽然理气分说，但是根本上认为理气是一体浑成，并非两物对立。朱子之意，理必然发用为气化流行之用。无理，将不能有气。因理乃是存在之所以然者。无气，亦将无以见理，因理无从附着。两者同时并存，实乃一物浑成。但是如果不强调理与气的区别，那么就容易造成认识的模糊，有损理的纯粹性和本源性。所以理气要分开说，否则不"分明"。把理和气分开说，乃是思考和表达的必要。理和气并非是有两物相对。但是在讨论道理时，又不可不分别理和气，不可混淆。朱子《太极图解》亦强调："所谓太极者，不离乎阴阳而为言，亦不杂乎阴阳而为言。"不离不杂，这个提法很重要。所谓不离，即强调理与气的统一性，否则就会导向二元论。所谓不杂，即强调本体的真实性和纯粹性以及理的价值优先性，否则容易导向价值虚无主义。

从现实性上来说，理和气是不可分离的，无分先后。但就本源和逻辑意义上似是"理先气后"，可是又不能简单地从经验意义上理解"理先气后"为"今日有是理，明日却有是气"。朱熹晚年注意到"理先气后"说容易引起一些矛盾，强调在现实性上"理与气本无先后之可言"，只是从逻辑上推上去"却如理在先、气在后相似"。其强调理的优先性，并非一生成论上的优先，即不是一种时间上的优先，而是一种"逻辑"上的优先。也可以说是为了突出价值本原的纯粹性和永恒性。

(2) 理气动静

朱熹认为理之动静是气之动静的根据，因此从本体上来看可以说"太极含动静"，从天命流行上看也可以说"太极有动静"，但若说"太极便是动静"则不可。太极之理为所以一阴一阳、一动一静之理。可以说气的动静，本身是理的体现，但是不能说理本身有动静。

朱熹以太极为"本然之妙"，动静为"所乘之机"，他常以人乘马来比喻理和气的动静关系。这个比喻所要强调的依然是理的纯粹性，同时也强调理对气化的主宰性。在朱子的思想中，应该可以说理是体，气是用。在这个意义上说，"理生气"这个讲法则是成立的[1]，当然这种"生"并非是派生，而是说气化生生不息本身是理的表现，以理为形上

---

[1] 杨立华：《宋明理学十五讲》，北京大学出版社2015年版，第211页。

本原。

(3) 理一分殊

朱熹继承了程颐之"理一分殊"的伦理意义,并进一步把程颐的"理一分殊"思想从伦理层面拓展到性理和物理层面,认为具体的万事万物也都有个普遍的太极之理。"理一分殊"成为朱子的一种致思方式和表达方式,他说:

> 合万物而言之,为一太极而一也。自本而之末,则一理之实万物分之以为体,故万物之中各有一太极。(《语类》卷九十四)

> 盖合而言之,万物统体一太极也;分而言之,一物各具一太极也。(《太极图说解》)

"理一分殊"对朱子理学意义重大,这一思想乃是朱子格物致知论的本体论依据。朱子工夫论的核心思路,亦是由对分殊之理的穷格而最后达到对理一之理的体证。朱子认为,理有两义,其一是现象之所以然者,即现象所以存在和如此存在者,可以称之为"所以然之故";其二即现象中之条理和规范,可以称之为"若当然之则"。任何事物的理,都可以分为这两个层面来理解:第一个意义上的"理",即所谓本体,所谓万物一理之理;第二个意义上的"理"即事物具体的规律和规范。这两个层面的理不是分离的,而是统一的。具体的事物之理体现着作为本体的理。所有理学家的目的最终都是要对超越的形上本体即作为世界本体的理有体悟。然而其具体方法则必须从对具体事物之探究开始,但是最终又不停滞于对具体事物之理的了解。朱子特别强调由分殊而达理一,反空言理一。

对于具体事物之理也可以分两类,即相对客观的物理和关乎价值的事理。客观之理,如草木之理,医药之理等;关乎价值的事理如伦理之理等。传统理学讲求格物穷理,所穷之理有偏重,即偏重在事理。所以穷理的主要范围实际上偏重在人文社会的伦理和事理,但是也并不排除客观的物理。而关键在于穷格此理的态度。一切格物穷理的过程实际上都不仅仅是一个单纯的客观知识摄取的过程,而首先是一个价值实现的过程。在此过程中，相应的客观物理知识自然裹挟其中。

2. 心性论

（1）中和之悟

未发已发即中和问题是宋明理学的核心话题之一。朱熹于37岁这年关于中和问题有所谓的"丙戌之悟"，也称"中和旧说"。"中和旧说"认为人从生到死，不管是清醒忙碌时，还是休息睡梦中，心总是处于已发的活动状态中，无有停息，也就是说心总在已发状态中，无有未发、寂然不动之时；未发只能为性，性总是未发；已发则为心。这种观点实际上是以性为未发之体、心为已发之用，可以概括为"性体心用说"。但是这种思想存在一些令朱子困扰的问题，例如，性为纯善之体，但是心不能说纯善，那么性体心用，则体用有隔膜；再如，《中庸》原文以情感发作之前后来定义未发已发，而且这种观点落实在修养实践上只强调于动用处察识善恶是非，无法防患于未然，少却静中涵养的工夫，而且与程颐留下的很多资料思想颇有抵牾处。

朱熹于40岁时重新思考中和问题，改变了上述已发为心、未发为性的看法，提出了"中和新说"（又称己丑之悟），认为心可以有未发、已发两个不同的阶段或状态。"思虑未萌、事物未至"之时即是把心灵从具体的生活事物中悬置出来，体会心体流行的本然之中。朱熹的未发工夫继承了程颐"涵养须用敬，进学则在致知"的思想，提出"主敬以立其本，穷理以进其知"的学问宗旨，其中"主敬以立其本"为未发工夫，"穷理以进其知"为已发工夫。中和新说的另一种意义是以未发为性、以已发为情。这种以性为体、以情而用的观点实际就是朱熹所阐发的"心统性情"的观点。

（2）天命之性、气质之性

朱熹认为，天地间有理有气，人物的产生都是禀受天地之气以为形体，禀受天地之理以为本性，使人之本性与天地之理有了一种直接的宇宙论的联系。阴阳五行之气构成了人的形质，而理构成了人之性。人性的内容就是五常之德，即仁、义、礼、智、信五者，这也就是天命之性的内涵，天命之性即指"理"而言。但是如前所说，现实世界并不存在只有理而没有气的状态，都是理气浑然一体而构成的。对于人来说，现实的人其理总是依附于其形气来表现。那么，这种在形气中表现出来的理，就是所谓"气质之性"。由此可见，气质之性，不是气质的性，而是理透过气质表现出来的，现实的人身上所表现出的人性都是气质之性。朱熹认为，一切现实的人性已不是性的本来面目（性之本体）了，而这个受了气质污染，并对每个人直接发生作用的现实人性就是"气质之性"。气质之性反映出的，既有理的作用，也有气的作用，是道德理性与感性欲求的交错综合，是理通过气质的呈现。朱子并非是人性二元论者。相反，这种气质之性的说法，实际上说明了人道德实践的必要性和艰巨性。

（3）人心道心

从二程开始，人心、道心问题成为理学讨论的重要话题。二程以天理释道心，以人欲、私欲释人心。二程对道心、人心的解释过于简单，对于何为人欲、私欲没有进一步展开。但作为和"天理"相对立的人欲（私欲），在"存天理，灭人欲"的语境模式下，天理为善，人欲便是恶。朱熹则坚持认为道心、人心只是心之知觉的两种不同向度，凡知觉得仁义礼智（恻隐、羞恶、辞让、是非）之理的为道心，知觉得"声色臭味"的为人心。很明显，道心对应于义理、性命之正，而人心对应于耳目之欲、形气之私。因此，朱熹关于人心的解释可以翻译为：基于形体血气的感性知觉和生理欲望，如目视耳听、饥食渴饮、寒热痛痒之类属于自然生命的感觉和欲望。由此可以说，只要有生命形体存在，就会有人心，即使是圣人，也不能没有人心。因此，在朱熹的解释里，人心不能直接说就是恶，某种程度上可以说它是道德中性的，非善非恶，人心是人的自然生命本有的，难以言善恶。人心惟"危"是指若没有天理道心作主宰，就有流于各种恶的倾向性和危险性。虽圣人亦有人心，虽小人亦有道心，关键是人心、道心哪个能作主宰。人心作主，就可能会沦于种种恶；道心作主，人心听命于道心，则人心会转危为安。因此，朱熹非常强调人要以道心为主，要让人心听命于道心，而不能相反。

在朱熹思想诠释中，我们不能把"道心、人心"直接对应于"天理、人欲"，虽然两者有着直接的内在关联性和相似性。朱熹坚定地主张"存天理，灭人欲"，认为"圣人之教，必欲其尽去人欲，而复全天理也"（《文集·答陈同甫》卷三十六）、"学者须是革尽人欲，复尽天理，方始是学"（《语类》卷十三），这里的人欲指违背天理的私欲之恶，"存天理，灭人欲"可以理解为善去恶。因此，"灭人欲"绝不是禁欲主义，不能理解为禁除人的各种自然生理欲望。我们可以说朱熹是道德上的严肃主义，而不能说是禁欲主义。

3. 格物穷理与涵养主敬

《宋元学案》说朱子之学"大抵穷理以致其知，反躬以践其实，而以居敬为主"。这个总结是非常精要的，既突出了朱子工夫知先行后的总体设想，也概括了格物穷理与主敬涵养两方面的要领。

（1）知行关系

在朱子这里，知行关系说是清楚而完备的。朱熹用人在行走时眼睛和脚的相互依赖关系来说明知和行的不可分离性。但若论先后关系，当以知为先，若道理不明白，实则无从用工夫。王阳明后来所批评的知而不行的问题，朱子当然也是反对的。所以朱子之学强调"真知"，所谓真知不是指从量上明白道理之多少，而是从情感意志上体会义理之深度。可以说，朱熹对知行辩证关系的揭示还是很全面的，他特别强调知行互动一体性，强调知与行要齐头并进，相互促发。

（2）穷理与主敬

格物穷理与涵养主敬是朱子工夫论的核心宗旨，真如朱子所说，两者如"车之两轮，鸟之两翼"，是一本互发的关系。涵养主敬乃是穷理之本，能主敬，穷格工夫方有力。当然，若不穷理只说涵养，则容易偏离儒家为学的方向，容易走向循空蹈寂。

然而正如钱穆先生《朱子新学案》所说："朱子思想，以论格物穷理为最受后人之重视，亦最为后人所争论。"[①] 总结起来，人们对几组名相关系的理解模糊，恐怕是导致诸多误解的根源所在，如心与物，或性与理的分合关系；知识与德性的关系，或说分殊之理与理一之理的关系；主敬与穷理的关系。从理论上讲，这几组关系中最为重要的则是理

---

① 钱穆：《朱子新学案》第2册，九州出版社2011年版，第621页。

第五章 宋代理学的兴起与儒家教化的圆熟

解心物关系和性理关系。明白了朱子所理解的心—性与物—理之间的关系，即明白朱子的格物致知论绝不同于现代人理解的认知物理的活动，同时也就能明白德性与知识是如何在具体的格致活动中彼此充实的。在这个意义上，也就能回应朱子是否是"心外求理"、格物致知过程中如何安顿德性和知识之关系、如何有分殊之理而到达理一之理的问题。从实践上讲，几组关系中最重要的是主敬与穷理的关系，需要明白主敬与格物之一本互发，主敬是穷理之本，不主敬实则格物工夫实际无有着落。如此，也就能回应穷理主敬绝非两橛。

朱子所说的"吾之知识"或"人心之灵莫不有知"不是空的认知能力，而是说心灵对性理的觉知。说"心灵对性理"的觉知，不是说心对"性理"形成一种对象性的知识，而是说"性理"在心之灵觉中发用，从而能够应事。或者说，性理并非一种个体性的感觉或抽象的能力，而必然在应事之中充实和发用。心灵觉知的"性理"总是指向对象，在这个"心物相应"的事中，必然有其"当然之则"（或称"是处"）。朱子解释"格物"说"物，犹事也"，现代语境中的"物"与朱子理解中的格物之物不同。现代语境中的"物"被理解为与主体无关的、作为静态认知对象的物体。而朱子说格物之物被称为事，事则是与主体相关的价值事实。世界是由诸多价值事实构成的一个有目的、有意义本原的世界，而不是一个仅仅由认知主体和客观对象构成的静态认知的世界。当然这个价值的源头是在天道，也在心性，这两者当然是一本。说价值的源头在天道，这是客观的说，是带有预设性的说；说价值的源头在心性，这是主观的说，是可以还原到人的生命经验的说，因为天道本体的真实意义必在心性体验中可以直观到。总而言之，世界（或说生活）是由不断到来的事（心物相应中的价值事实）组织的[①]。主体面对每一个价值事实，都有一个"是处"（或说当然之则），穷理要穷的就是这个"是处"。

在某种程度上说，朱子的态度是实事求是的，是回到事情本身的。

[①] 当然，在朱子的思想之中，并不否认有独立于主体意识之外的诸多的物，但是当这些物，对我来说，还没有构成一种价值时，则还没有必要去格这些物。

"教化儒学"的思想历程

在现实生活中,我们当下的个体化心灵状态不能直接与公共性的"理"完全画等号。我们只能尽量保持道德本心的觉照,并运用我们的理解能力,在具体的事情上体贴这个"应该"。在穷这个"是处"时,性在具体的事理上得到了充实。"理之本在心,而其用则管乎天下之物。"根据朱子的观念,心之体为性,心之用为情,体必须通过用来表现其实在性,体用并非两个。若体不发用,那就成了抽象的死寂之体了。所以,在朱子这里,并非不承认"心即理",但是那是圣贤的境界,并非学者的境界。在普通学者这里,心与理本就是有距离的,必须承认这种距离,才能逐渐走向"心与理一"的诚意境界①。

朱子反复强调涵养与穷理的一本互发关系。所谓"理中自有涵养工夫,养其所穷之理",因其所养之理并非抽象,而必须在格物穷理的动态过程中发用。实际上,主敬是格物之本,朱子论主敬处颇多,但是以"收敛身心""在这里""提撕"两句最为亲切实在。所谓主敬就是"提撕"自己的道德心,保持心体明觉,从而对当下自己所处的生命状态时时能够观照自觉。这样才能看到事物上的"是处",否则事物之来,则完全凭习气应对,实际上无从格物。朱子说的事事物物上求其定理,不是对定理的预设,而是人心应物过程中,尽量保持心灵的道德意识的觉醒,是自然见到的。当然,也有些道理没有照顾到,但是稍经思考,自然也就见到那个是处了。所以,无法保持道德意识的觉醒就根本无法格物。若无主敬工夫(保持当下道德心的明觉)则格物工夫就容易流于对散乱知识的认知。格物致知之本在于让心体发用流行,从而为立身处世之本。充实性理自然要经过具体的事理,所以必然牵涉到知识的学习。但是这个本永远都是保持心对性的明觉,若心对性之明觉不能保持,那么心确成了空洞的认知心。空洞的认知心可以被私欲或习气牵引,那么也就无法落实格物穷理的目的。而格物穷理的过程,也就是充实性理的过程。所以必须保持心对性理的当下的明觉。总而言之,主敬和穷理乃是一体工夫,不可分作两橛。

---

① 朱子并不否认本源意义上的"心与理一",也承认圣人境界上的心与理一。

4. 王霸之辨

王霸之辨乃是先秦儒家政治思想中的重要命题，涉及儒家政治理想和政治判断标准的问题，在宋代又成为重要论题，如陈亮不满于程朱将王道霸道截然对立的主张，认为霸道本于王道，汉唐盛世也有合乎王道之处，不可埋没。朱子则认为汉唐与三代有本质上的差别，王道本于天理，而霸道本于人欲，不可混为一谈，"汉唐之君或不能无暗合（道）之时，而其全却只在利欲上"。他认为王道的根本在于三代之君心术正，则天下万事无不正，于是道行天下。相反，霸道假仁义以济私欲，即便有成功之时，也是侥幸而已。朱子认为王道、霸道的根本区别在于古代圣王乃是本于真心诚意的修身工夫，故而才能以天理治天下，"古之圣贤从根本上便有惟精惟一工夫，所以能执其中，彻头彻尾无不尽善。后来所谓英雄，则未尝有此工夫，但在利欲场中头出头没。其质美者乃能有所暗合，而随其分数之多少以有所立；然其或中或否，不能尽善，则一而已"（《晦庵集》卷三十六）。朱陈之辩，最终以"各是其是"告终。

陈亮之意，重在适用，只要霸道见效，就不可完全否定。朱子则认为，长治久安之策，必须本于天理之王道，急功近利、导向霸道，即便有成功之时，也是偶然侥幸。所以政治之根基必须奠基于天理，而决不可夹杂功利主义。综合两家争辩，不得不说，朱子是从政治哲学的高度思考问题，而陈亮则是从现实适用角度考虑问题，于是立论高下，显而易见。

如《宋史·道学传》所评价，朱子是综罗百代的人物。在朱子这里，宋代理学得以充分总结，儒家的教化义理体系得以清晰和完备。当然，在朱子身后，理学也走向了分化。

(二) 心学的开山——陆九渊

陆九渊是宋明理学中有深远影响的思想家之一，是心学的奠基者，明代王阳明发扬陆九渊的心学，故在历史上和程朱理学相对，有陆王心学之称。

象山之学与朱子几乎同时，两人门下学风都很盛，然而宗旨有异。由朱熹和陆九渊分别代表的两个不同学派是南宋最主要的学术流派，他们的分歧与争论深刻地影响了此后理学的发展。

1. 心即理的形上学

象山之学多从人心之处立说，其立学宗旨直接从人之心灵活动、情感发动处做启发，导人自觉本心之理，所以方法上重视直觉体验，而不重视义理分析。

"性即理"与"心即理"两个命题，大概最能体现理学与心学气质与思想之差异。首先，心学重直觉体验，重视当下自觉心体，由心体之发用，进而为处世之本，所谓知行合一。所以心学没有分析思辨的痕迹，也没有理论架构。理学则重视义理推究，强调涵养与穷理两条腿走路，知得到，然后再行得到。于是理学有研究经典义理的必然性，有义理架构。其次，理学立言，考虑周密，会考虑到主体体验的个体差异性，故以公共的义理而启发之，力求平衡，减少流弊。心学则往往重视当下的启发，重视体道境界的当下呈现与感应。再次，程朱"性即理"一说，本有义理推敲的痕迹，于义理上最为严密。朱子不愿意说"心即理"，他认为"心即理，理即心"，这是从最终境界上说，若泛言"心即理"，实际上是把知觉运动做性，流入告子一流，容易认人欲作天理。但是心学之义，当然并不认为人当下的心理活动都是理之显现，而是说本心即理。但是本心并非是只有在圣人境界上才有，本心无时不在，一直贯通乎人的一切心灵活动，只是人是否自觉。心学之路数，恰是要让人于本心上有当下的自觉。

因为心学不重视理论的阐发，不重视义理辨析，所以用文字理论介绍其思想，颇不容易。因为其重视直观体验，从境界上直接显现道体之义，所以其形上学、工夫论、境界论常为一体，故只能做相对区分。

(1) 本心

象山之学重视从心灵之情感活动处直接呈现道体之意义。他认为，任何人都有先验的道德理性，他称之为本心，这个本心提供道德法则、发动道德情感，故又称仁义之心。由于本心是每个人先天具有的，所以是不虑而知、不学而能的"良"心。人的一切不道德的行为都是根源于"失其本心"，因而一切为学工夫都应围绕着保持本心以免丧失，他说："先王之时，庠序之教，抑申斯义以致其知，使不失其本心而已。"

第五章　宋代理学的兴起与儒家教化的圆熟

(《贵溪重修县学记》,《陆九渊集》卷十九)

有一次,陆九渊在座,弟子詹阜民陪侍,陆九渊突然站起,詹阜民也赶快站起,陆九渊对他说:"还用安排否?"詹于是言下大悟。詹阜民这个行动是出于一种自然具有的尊师之心,孟子所谓"恭敬之心",不需任何外在强迫与反思,其生活中随感发用,平时反而不自觉,及陆九渊引导,故知此心本不需要外求。此心即是体道之心,所以说心即理之发用。盖前人说理、说性,性与理还是流于概念推演,乃是有外在预设之义。而道体之义,必须还原于人的直观,方为真切。

(2) 心即是理

在陆九渊的论述中,他常常把本心简称为心。"人皆有是心"等等都是指"本心","心即理"也是指本心即理。陆九渊认为本心自身即是道德原则的根源,因而本心即是理,本心之理同时与宇宙之理是同一的。就伦理生活的实际来看,成熟的人都有自己稳定的良心结构,良心与社会公认的道德准则是一致的。因此,在以心为本心、理为道德准则的意义内,"心即理"的命题是可以理解的。

不过,另一方面,我们可以注意到陆九渊对"心"的用法的多义性。"人非木石,安得无心""心于五官最尊大"等等,这些"心"显然是指一般思维主体的心、一般心理主体的心、一般情感主体的心。在一般的知觉主体的意义上,陆九渊认为心有邪正,他明确认为:"人生天地间,气有清浊,心有智愚,行有贤不肖。"(《与包详道书》,《陆九渊集》卷六)这里的"心有智愚"亦指心有邪正。他反对道心、人心为二心,认为克念作圣是心,罔念作狂也是心。这些表明,在陆九渊的学说中,"本心"与"心"是有区别的。在以本心为道德主体方面他继承了孟子,而在以心为一般知觉主体的意义上,与朱熹是一致的。由于陆九渊在概念运用上并未严格区分"心"与"本心",故他的"心即理"的命题受到普遍怀疑。

陆九渊认为,不同时代每个人具有的本心无例外地是相同的,即人同此心,心同此理。在他看来,宇宙不仅是一个时空的观念,宇代表"四方上下"的普遍性,宙代表"古往今来"的恒常性,在这个意义上"宇宙便是吾心,吾心便是宇宙",正是用以凸显本心的普遍性与永恒性。另一方面，如果说，甲之心，乙之心，千百年前圣人之心，千百年后贤者之心，都"只是一个心"，那就意味着四方上下、古往今来的人的心共同构成了一个心，这个心亦即是宇宙的实体，个体的心只是这宇宙实体的表现。

为全面了解陆九渊"心即理"的思想，还需对陆学中"理"的问题进行必要的分疏。陆九渊承认宇宙之理的客观性，承认宇宙之理的客观存在不受人的思维和行为的影响，也承认理具有普遍必然性。人与天地万物都不能逃避理的制约，不能违背这一普遍规律，学习以发明本心，实际上也是发明此理，内心的道德准则与宇宙普遍之理具有同一性。

2. 尊德性与道问学

朱陆之争，重点在工夫论的争论。

（1）发明本心

朱熹、陆九渊争论的焦点是如何看待和处理为学工夫中心性的道德涵养与经典的研究两者之间的关系。陆九渊认为，为学的目的只是实现道德的境界，经典的学习或外物的研究都不能直接有助于这个目的；人的本心就是道德的根源，因此只要扩大、完善人的良心结构，就能够实现这个目的。在陆学的体系中，求放心、存心的工夫并不需要以读书穷理为手段。陆九渊强调，尧舜之前无书无典册，而尧舜仍能成圣成贤，这说明对成圣成贤来说读书不是必要的途径，从这个立场上，人若一字不识仍可堂堂正正地做个人，即做一个真正的人、有道德的人。当然，陆九渊也不绝对反对读圣人之书，但他强调，如果不在主体方面发明本心以确立选择取舍的标准，而去徒然泛观，那就无法对纷然复杂、真伪相混、精粗并淆的内容进行拣择，其结果正足以蔽害本心。

朱熹主张主敬以立其本、穷理以进其知，认为涵养、致知如车之两轮。《中庸》说"尊德性而道问学"，朱熹认为应当把"尊德性"和"道问学"两方面结合起来，陆九渊则对此表示反对，认为尊德性和道问学两者不是平衡的，一为主，一为次；一为本，一为末，不能把二者并列，必须以尊德性为主、为本。在陆九渊看来，经典和知识的学习并不能增进道德，因而没有独立的价值和意义。

第五章　宋代理学的兴起与儒家教化的圆熟

陆九渊不仅认为读书穷理是末不是本，而且认为严格遵循行为的具体规范也不是学问的根本。发明本心是先立其大，行为之详细，义理之精微，都是在先立其大的基础上用以维持、保养此心的，把为学精力集中于读书以尽精微，或躬行以尽礼文，都是本末颠倒。由于陆学以直指本心为宗旨，所以他说重读书穷理的学问是"只务添人底"，他自己的学问则"只是减他底"，注重经典考索的是"支离"，他自己的主张是"易简"。

（2）格物穷理

象山之学以发明本心为宗旨，然而并非不主张格物。但是其格物说与朱子有别。象山之学，格物穷理，必在立乎大者之后。如此方可不流于泛滥。陆学宗旨精纯，直截了当，令学者单刀直入，然而其弊端在于空疏，恐怕流于狂妄无用之学。

陆九渊也赞成以"格物"为工夫下手处。然而陆九渊的格物说并不与程朱相同，他所主张考究的理并不是外在事物的规律，他说过："且如'弟子入则孝，出则弟'，是分明说与你入便孝、出便弟，何须得传注？学者疲精神于此，是以担子越重。到某以这里，只是与他减担，只此便是格物。"（《语录下》，《陆九渊集》卷三十五）陆学反对经典传注，提倡诉诸践履的易简工夫，因此他的格物说与朱子不同。

这种不同主要是陆学中格的对象是万物皆备的"我"，这个"我"实际上即是心，因此他的格物是指先立乎其大的修身正心，他认为这是学问的大本。不仅格物是格此心，穷尽此心皆备之理，致知也是不失其本心，穷理也是"穷此理"，尽心也是"尽此心"，都是要在那"心即理"的心上来做工夫，保存、养护这个本心。陆学很重视以静坐发明本心。朱熹曾指出陆学的修养方法是"不读书，不求义理，只静坐澄心"（《朱子语类》卷五十二），这说明，陆九渊把静坐澄心作为他的一个重要的存心工夫。

3. *收拾精神，自作主宰*

在陆九渊看来，道德境界的提高，关键在于充分发挥道德主体的能动性。人的道德完善只能是每个人的自我实现，他要求人要在个体心灵中建立起道德的自觉性。

"教化儒学"的思想历程

基于如上立场，陆九渊强调："明得此理，即是主宰，真能为主，则外物不能移，邪说不能惑。"（《与曾宅之》，《陆九渊集》卷一）自主、自立都是指人应真正树立主体的道德自觉，让本心良心成为意识的主宰，这样任何邪说外诱都不能使你动摇。他强调不要追随权威与经典，把精力花费到"寻行数墨"上去，这样只能使人"六神无主"。任何人只要默坐澄心，把意识集中在内心，排除各种成见包括经典的解说，体验"本心"，就能发现内心本来就有的主宰，这个主宰可以最可靠地引导我们成为一个真正的人。

为了强调摆脱成见，反对盲目追随外在权威，强调本心的内在绝对权威，陆九渊甚至提出"六经皆我注脚"的口号。（《语录上》，《陆九渊集》卷三十四）在他看来，六经只是记载了良心运用的各种例证，人只有在内心真正树立起良心的主宰才能真正确立道德的自主性，不必在经典上去穷求考索。陆九渊认为，他的注重发明本心、自作主宰的学问继承了孟子的有本之学，为人的道德行为找到了一种取之不尽、用之不竭的内在源泉，从而最大限度地获得道德的自觉性与自主性。

为了使人坚信"此心之良"，他有时把本心的现成性强调得较为过分：

居象山，多告学者云：汝耳自聪，目自明，事父自能孝，事兄自能弟，本无欠阙，不必他求，在自立而已。（《语录上》，《陆九渊集》卷三十四）

圣人之言自明白，且如"弟子入则孝、出则弟"，是分明说与你入便孝、出便弟，何须得传注？（《语录下》，《陆九渊集》卷三十五）

陆九渊当然不认为人的一切"作用"都是"性"的自然表现。"耳自聪、目自明、自能孝、自能弟"的说法只是强调：孝悌之心是人的良知与良能。同时，按照陆九渊的思想体系，"自能"要体现为真正的道德实践，是以"自立"为前提的。自能恻隐，自能羞恶，是以"苟此心之存"为前提的，因此，"自能"说并不主张不假修为、因任自然。

陆九渊还指出，"收拾精神"即把精神收摄向里，不要把精神花费在对外部事物包括古人传注的追求上面。"自作主宰"就是不要依傍外在的权威包括圣贤的经典，而要以自己的本心作为判断和实践的准则。人只要能反身内求，明得本心，就有了主宰，外物不能移，邪说不能惑，也就自然当恻隐即恻隐，当羞恶即羞恶了。

4. 义利之辨

"志"是指意识的动机，是一个主观性的范畴，从心学的立场上看，行为是否具有道德价值，直接取决于行为由以发生的动机，即意识所依据的原则。所谓辨志就是要分辨意识活动的动机是以什么原则来决定的。儒家一贯强调，人必须以"义"来立志，即以"义"为支配行为的动机。

陆九渊认为，每个人的思想决定于其日常所习，人的所习又决定于他的志趣和动机。一个人的志向和动机在于义，他的所习所喻就在于义；一个人的志向动机在乎利，他的所习所喻也就在乎利。因而，要做君子，不做小人，首先必须检查自己的"志"，看自己的追求、志趣是义还是利。换言之，一个人首先必须正确地树立他的精神世界中的价值目标。

陆九渊提出，决定一个人是否是有道德的人（君子）或不道德的人（小人），主要不在于他的表面行为，而在于他的内心动机。他举例说，一个人终日埋头学习圣贤之书，这个行为看起来很好，可是如果他读书的动机只是为了求取科举功名，那他就不能被称作一个君子。陆九渊举的这个例子切中在座不少学者的心病，所以听之者皆为之悚然动心。陆九渊后来也说过："某观人不在言行上，不在功过上，直截是雕出心肝。"（《语录下》，《陆九渊集》卷三十五）也就是说，一个人是小人还是君子，主要在"辨志"，即辨察其决定行为的动机原则。

陆九渊虽与伊洛传统有所不同，但也是宋代理学中的一个派别，在道统的问题上，他也受到了北宋道学的影响。他认为自己才是真正承接和光明了孟子之后中断了千五百年的不传之学。

陆九渊担当道统的意识也许使他过于高估了他在新儒家中的地位，但他对于当时道学与反道学之争的看法是值得注意的，如他说："此道

"教化儒学"的思想历程

本日用常行,近日学者却把作一事张人虚声,名过于实,起人不平之心,是以为'道学'之说者,必为人深排力诋。"(《语录下》,《陆九渊集》卷三十五)他认为南宋朱熹等人把道学当成自己的专利,以为真理(道)只在自己手里,表现出强烈的排他性和骄气,这就难免激起别人的不平之心,导致不必要的非议。陆九渊的这个看法是比较实事求是的。

第 六 章
阳明心学的良知教化

一 教化根基的失坠与阳明对之重建的探求

(一) 由"天理"到"人心"的转换

程朱理学发展到明代,其弊日显,其理论已无法切合世道人心,承担其儒学对个体生命与社会伦理生活所本有的教化功用。就儒学理论创新这一方面来看,朱子之后,其门人有的倾向于格物穷理一脉,有的倾向于居敬涵养一脉,但是并无大的理论突破与创新。另一方面,这些朱子学者对体验践履的注重,也使"心"的问题被逐渐突显出来。日本哲人冈田武彦(Okada Takehiko)说:"从这些所谓明初著名朱子学者的学风来看,恪守朱子学的立场,以至于朱子学的二元论倾向,或追求细密分析和博大知识的朱子学特色,已愈益减弱,而出现了重视一元论和心之存养的倾向,这在思想方法上可以说是一股接近陆学的风潮。"[1]这一说法是比较中肯的。

"心"的问题,"心的存养"的问题之所以被明初朱子学者提升为主题,与当时的社会政治背景是密切相关的。朱元璋建立大明王朝之后,对文人采取高压措施,以酷吏行严法来纠正当时士风,致使当时很多儒者、文人遭迫害致死。明成祖登基之后,诛杀方孝孺"十族",这

---

[1] [日]冈田武彦:《王阳明与明末儒学》,吴光等译,上海古籍出版社2000年版,第9页。

"教化儒学"的思想历程

一事件对明初儒者之心态影响非常大。

这种心态转变在哲学意识上即表现为个体道德生命如何安顿的问题。此时，明代儒者普遍形成一种诉求，认为真正的儒学应是一种"自得"之学，是以本体论的论说方式来揭示宇宙论的隐含意义，换句话讲，所谓的宇宙论在本质上只是吾人个体之"心源"，吾人个体之心源即构成着那个所谓宇宙论的"本来面目"，用象山的话讲，叫"吾心即是宇宙"①。从这种意义上来讲，由宋入明，乃是由"理"体教化向"心"体教化转变的过程。

当然，由"天理"转换为"人心"并没有使明儒的问题论域变得狭窄：天理本体在被人心涵摄于其间的同时，"心"更是开启了一个无比精微隐奥的领域。正是"心源"这一领域的开启，才使黄梨洲所说的"牛毛茧丝，无不辨晰，真能发先儒之所未发"成为可能。

(二) 康斋与白沙的得失

明初朱子学者之所以常常提起"心"，恰恰是程朱理学之"心"已经无法给予个体现实的生命情感以安顿。这一问题并非在陈白沙那里才始露端倪，而是在吴康斋那里已经有非常突出的显现了。以吴康斋为代表的苦行僧式的修行方式，总是表现为与私欲、利害的艰苦斗争过程，很难寻找到一个"稳当快乐"处。我们在康斋的描述中，能够充分地感受到他的痛苦、无奈和彷徨。唯一支撑着康斋走下去的，是他期盼成圣成贤的初心，是他对圣人之道的信仰，或者说是对程朱天理观念的信仰。尽管这种天理信仰很难安顿现实的人情，但是康斋并不认为是"天理"出了问题，而是归咎于自己"动摇于区区利害之间者，察理不精，躬行不熟"。在康斋那里，心与物、天理与人心实质上有打为两截的倾向，康斋以苦行僧的坚韧用信仰、天理压制人情的方式来安顿个体生命。容肇祖指出，康斋之学是管制身心、压抑情感之学，只是一种消极而无奈的修行方法。② 康斋对圣贤之道有着强烈的信仰，在这种信仰之

---

① 《陆九渊集》，中华书局1980年版，第483页。
② 参见容肇祖《明代思想史》，《民国丛书》复印本，上海书店1989年版，第8—22页。

第六章　阳明心学的良知教化

中,他是依靠"准古遗训而绳之"的方式来达到的,一旦脱离圣贤经传,他所感受到的便是生命情感的无处安顿。但问题是,圣学植根于人伦日用,读书只是人伦日用之一事,康斋这种修行方式与其说是一种修行,不如说是一种逃避。这种逃避正是在逃避人伦日用本身,逃避人在世俗世界中的真实的情感。事实上,主观与客观,个体的生命情感与世界客观构造是同一个世界,儒者在面向事物中始能找到自我并进而成就事物,而不须让心摆脱外物去重新构造一个超越的世界。人心本身对那个世俗的世界即具有"点石成金""化腐朽为神奇"之功效,而非脱离外物来讲求内心。

康斋资质严毅,固然可以天理信仰来压制情感,但是这种扬汤止沸的方法在其弟子陈白沙那里却行不通。康斋所面临的天理人情的困顿在其弟子陈白沙那里得以重现。白沙沿用康斋的方法在书册中寻求安顿自身的圣贤之道,经过长时间的努力,却还是一无所获。陈白沙所遇到的这一问题与王阳明后来所遇到的"格物"问题如出一辙。在这种情况下,白沙并不是重新返回到书册中,以圣贤之言来规范自身,用天理来压制人情,而是走了一条相反的道路。白沙走的是一条"反求诸心"的道路,他将这种学问归结为"静坐中养出端倪"[1]。所谓"端倪",即是上面白沙所言"吾心之体隐然呈露,常若有物"[2]。白沙"反求诸心"是在静坐中"舍彼之繁,求吾之约",是以"心"来化约"理",被康斋压制的"人情"在白沙这里被释放了出来。

然而,这种在"静坐"中去养成"端倪"或"隐然呈露"之心体到底是什么呢?除了是一种神秘主义式的体验我们似乎找不到合适的词语来形容它。白沙以前,孟子和象山也从"反身而诚""反求诸己""反求诸心"讲起,但二人从来都没有离却人伦日用之事来讲"心",离却人伦日用之事而单纯依靠"静坐"来讲"心",在儒家看来有沦于禅学的倾向。后来,王阳明对"静坐"作了定位。阳明指出"此簸弄

---

[1] (清)黄宗羲:《明儒学案·白沙学案上》,中华书局1985年版,第84页。
[2] (清)黄宗羲:《明儒学案·白沙学案上》,第81页。

"教化儒学"的思想历程

精神，非道也"①。在龙场悟道之后，阳明亦以"静坐"为权法，而非"定法"，"静坐"只是"补小学收放心一段工夫"②，而不能当成终极教法。将"静坐"当成终极教法，所见只是一种"光景"。白沙所悟之"端倪"在阳明看来大概只是一种"光景"，白沙所见之心体在阳明看来也只是一种神秘主义式的偶然体验。在"绝世故"中所见之性也必然是一种空寂之性。这很可能就是阳明后来从不提起白沙的原因。③ 不仅仅是阳明，罗钦顺、刘宗周对白沙的批评亦着眼于此。确实，按照白沙的修行方式，儒家所谓"内圣外王"之道恐怕只剩下内圣而没有外王了。白沙之所谓"自得"也只限于一己之自得，当他逃遁于所谓世俗尘网之外时，无论他内心的境界多么美妙，都免不了陷入空寂的指责。

被天理压抑已久的情感在白沙这里得到了解放，但是这种情感解放却只是在"静坐"式的躲避中才能实现。无论是寄情山水，还是长啸于山林，这种修行方式都更类似于道家或禅家的修行，而非儒家经俗济世之学。这种"静"确实有脱离开人伦物理之倾向的代价。后来，阳明判分儒家之学与释老之学之异时，其根本标准就是看这种学问是不是遗弃人伦物理。

阳明辨儒佛之异，主要从学者的做法来判别，离却人伦物理来讲学、讲心、讲自得，就是"禅"；不离却人伦物理来讲学，就是"儒"。他为象山辩解，从躬行实践上来讲，象山从来没有离却人伦世事而放浪形骸于山水之间，这一点与白沙的旨趣有着很大的不同。当然，白沙作为一儒家学者，也并非完全尽绝人伦物理，他也主张在人伦日用之中去养心。但是，即人伦日用而养心的旨趣在白沙的"静"态系统中并没有突显为主题，人伦日用的维度在"静坐中养出端倪"的主旨中被淡化了，这一维度到了其弟子湛若水所倡导的"随处体认天理"那里才

---

① 《王阳明全集》，上海古籍出版社2014年版，第1351页。
② 《王阳明全集》，第1357页。
③ 黄宗羲曾写道："有明之学，至白沙始入精微。其吃紧工夫，全在涵养。喜怒未发而非空，万感交集而不动，至阳明而后大。两先生之学，最为相近，不知阳明后来从不说起，其故何也。"(《明儒学案·白沙学案上》，第79页)

得到真正的开显。从行为实践上看，白沙整天游历于山水之间，过着一种"江海寄余生"的生活，无论有些论者多么强调白沙是身在山林而心在庙堂，都无法改变他脱离开外王事业、有近于释老的嫌疑。白沙心学并没有真正圆满地解决"心"的存养问题，这导致其弟子湛若水在继承其思想性格的同时，重新引入程朱理学的致思方式来对"心"进行补充，从而使心又重新归并于"天理"之下。不得不说，白沙—甘泉心学的逐渐式微与其理论的夹杂性密切相关。

（三）"心"与"理"的冲突

康斋注重在圣训古籍中体认天理，而白沙则是在静坐中入道。一个用形而上的天道信仰去抑制心中的情感，一个诉诸内心在求取情感解脱的同时有脱离了人伦世界的倾向。其实，师徒二人以两种极端相反的形式表现着同样的本质内容：以逃避现实世界的方式来解决心的存养问题，只是一个逃遁到外物之中去，一个躲避到内心之中去。二者之弊患都造成了存在的遮蔽，心的存养、生命的安顿问题在康斋那里表现为人情的压抑，而在白沙这里却是以"自然"的方式被取消了。缺少理论上的支撑，白沙心学既无力也不可能真正解决现实个体道德生命的安顿问题。在此情形下，求诸天理与求诸吾心两条道路都走不通，理学到了明初似乎陷入了令人绝望的困境。

这一困境衍生出两种"变态"的士人社群。一种是按照康斋的修行方式走下去，在书册去寻求，但是却缺乏康斋的严毅清苦和近乎固执的信仰，从而演变为寻章摘句的辞章之学。辞章之学并不仅仅只关涉到单纯外向性地求取知识，它在深层次上表现着个体生命的无所安顿。生命的无所安顿必然导致私欲的兴起，人的生命不是一个没有色彩的白板，在现实的表现中，它不是天理就是私欲，灭掉私欲也就存了天理，反过来，失了天理必然导致私欲的泛滥。章句之儒既无法自得于心，又没有康斋的严毅克制能力，其道德生命必然被私欲所填充，而所谓"儒"的称号也只能剩下一张皮。当世儒者正是打着"天理"的旗号来满足其私欲，儒家道德的真精神早已名存实亡。另一种士人社群则直接转向佛老之道。既然在"天理"中无法寻求到身心安顿的自我满足，与其像白沙一样还保留着儒学的幌子去寻求自得，还不如直接在佛老之道中寻求个体生命的自我安顿。在他们看来，这种修行方式就是白沙所提倡的自然，逃离人伦日用之外就是最大的自然。这些士人以一种极端化的形式将白沙哲学中所固有的矛盾暴露无遗：自然与道德人伦、自得与名教纲常的对立与矛盾。与其还保留着儒家的幌子去讲自然与自得，还不如抛弃儒家之道而直接认可佛老之学，后者才是真正能安顿身心性命的自得之学，儒家的教化之道貌似走到了尽头。阳明学所担负的重任恰恰是要重新发明儒学的教化之圣道。而这个教化之圣道，若从理论根基上来说，它必须能一天人，合内外，包心物，统摄自然与名教，弥合人心与天理；而若从社会功用上来说，它又不单单要破斥辞章之学，给予个体真实的道德生命以安顿和挺立，而且还要破斥佛老，将个体同天下国家与人伦日用重新连接起来。唯其如此，它才可能接续起先秦儒所开创的"内圣外王"之道。

（四）阳明的探求

在阳明心学中，"心"与"理"的冲突首先是以如何通达儒家"圣人之道"的方式表现出来的。在对成圣之方的多方探索中，阳明所理解的"圣人之道"的特质内含着对"遗物求心"与"外心求理"两种弊病的排斥，内在要求着圣道能够"措诸日用之际"和"自得于身心之间"的合理倾向。在此根本视域下，阳明心学之真理性也就内在要求着它须达至人心与物理、天理与人情浑然为一的一元之境，以区别于"遗物求心"的佛老之学与"外心求理"的陋儒之学，从而在日用伦常之中来彰显圣道之蕴。从这一点来讲，儒学的"圣人之道"也就区别于传统西方哲学中的静态的理论认知系统，而必然表现为一植根于人之生命存在本身的实践教化系统。

在阳明对作圣之方的探求中，朱子的"格物说"对阳明心学的确立有着关键性的影响。"格物穷理"的实质乃是一心物关系或心理关系问题，勘破这层关系，实为入圣之方。人生存于世界之中，他便与这个世界有着扯不断的关系，找到这种关系，人也就能回归其原初的存在，成为圣人而通达真理。可以看出，成圣之道的问题与心物关系问题实质上是一个问题，它们都关涉到真理如何开显的问题。然而，在阳明的亲身实践中，朱子所讲的"格物穷理"的入圣之方并不切实可用。阳明悟道之前在对心物关系的实践探求中,已在潜意识里受真理的支配,因而他一旦发现那种实践的非真理性,就能够对之进行舍弃。阳明之所以屡次进行回转,就在于他对这些修行方式所内含的"心与理终判为二"之弊病的不满。在阳明对通达"圣人之道"的"格物"问题探求中,问题的核心节点仍然是如何调和心物关系或心理关系。

(五) 教化根基重建的两个必要条件

阳明在前期的探索中之所以没有找到"入圣之方",归根结底乃在于阳明所理解的"圣人之道"同白沙的"圣人之道"有着不同的特质与理念。

综合阳明的求道历程来看,他所追求的圣人之道在根本上具有以下两种特质:

第一,圣学必须有得于身心之间。阳明在求圣之道的历程中,并不仅仅局限于在学术之内,而是广泛涉猎各个领域,从军事上的排兵布阵到文学艺术上的诗文书法,阳明皆有修习。然而,这些具体技艺并不能给阳明在身心上以终极性的安顿。"先生自念辞章艺能不足以通至道,求师友于天下又不数遇,心持惶惑",无论是学习诗文技能还是学习辞章训诂,阳明之所学越精,他便越能感到其所学非圣人之道,而只是一些"虚文"。相反,在前期求道历程中,佛老之学在阳明看来倒是一种身心之学。"守仁早岁业举,溺志词章之习,既乃稍知从事正学,而苦于众说之纷扰疲迹,茫无可入,因求诸老、释,欣然有会于心,以为圣人之学在此矣!"[①] "今世学者,皆知宗孔、孟,贱杨、墨,摈释、老,圣人之道,若大明于世。然吾从而求之,圣人不得而见之矣。其能有若墨氏之兼爱者乎?其能有若杨氏之为我者乎?其能有若老氏之清净自守、释氏之究心性命者乎?吾何以杨、墨、老、释之思哉?"[②] 在龙场悟道之前,释老之学更能满足阳明有得于身心的需要。

第二,圣学必须措诸日用之际。相较于辞章之学而言,佛老之学确实在一定程度上满足了阳明有得于身心的需要。然而,佛老之学并不能

---

① 《王阳明全集》,第144页。
② 《王阳明全集》,第257页。

"教化儒学"的思想历程

措诸日用之间。阳明自述曰:"然(释老之学)于孔子之教间相出入,而措之日用,往往缺漏无归;依违往返,且信且疑。"① 阳明放弃佛道之教的根本原因,即在于佛道之教与孔子之教相出入,因为佛道之教在"措之日用"之际会造成"缺漏无归"的现象。此时阳明已经有了对圣学的自觉:所谓圣学,不单单要满足能够得之于身心的要求,同时也要满足能够措诸日用之间的要求。佛老之学能够满足前者,却不能满足后者,因而并非是圣人之道。

这样,阳明所理解的圣人之道必须同时满足这两大基本原则,即能够得于身心与措诸日用。阳明所理解的"圣人之道"之所以迥异于白沙,是因其圣道乃是一内在包含着"心""理"关系或"心""物"关系的平衡系统,而非如白沙那样偏向于"心"的一面。阳明之所谓"圣人之道"较之于白沙而言,实内含儒家之"外王"事功一面于其中,而非一空寂性的自得于身心。由此,阳明所求的圣人之道,亦内在地包含着如下理念:

首先,从圣人之道必须能够措诸日用之际来看,圣道不仅仅是一种"应当"的东西,它必须是在现实中本然真实存在着的东西,也就是说,圣人之道必须是一种现实性。这样,其内在蕴含的逻辑前提也就必然是:圣人之道构成着我们日用伦常生活的本质。"圣人之道"不可离日用伦常之"物"而独存。

其次,从圣人之道必须能够有得于身心之间来看,圣人之道的现实性必然要通过人自身的主体性显现出来。现实之所以为现实,在于它是存在与本质的统一。因此,圣人之道的现实性必然要通过主体之理性所得实现出来。圣道不但存于日用之中,而且还要在日用中显现出来。欲使圣人之道作为一种现实性存在起来,主体也就必须对自身生存于其间的人伦日常世界有一明确的了悟,圣人之道作为现实性也即意味着日用而知。故圣道亦不可离人情而独在。

可见,圣人之道作为一种现实性,内在要求着它是人心与物理的结合体,是内与外的统合体。心与物、心与理本为良知性体的一体两面。

---

① 《王阳明全集》,第268页。

固化的程朱理学以天理压制着人情，新兴的白沙心学又过于重视神秘体悟而无力改变这一局面。经由龙场之悟，阳明在过金山寺三十年后开创出良知教化系统，以良知这一点灵明之"金山"打破了明代程朱理学那一潭死水，掀起了波澜壮阔的心学思潮，真正完成了由"天理"到"人心"的转变。阳明这一功绩在挽救圣学的同时，也使他自己成为足以与孔孟程朱等先贤相比肩的伟大思想家。

二　王阳明良知教化之理论奠基

于逻辑上能构成一自圆其说的真理系统，乃是儒学圣道教化根基重建的关键。在此意义上，儒家所讲的圣人之道也就必然包含一逻辑理论上真理系统，脱离开后者，儒家之圣道必会失去它作为"道"的特质。《中庸》之所以说君子（圣人）之道"考诸三王而不缪，建诸天地而不悖，质诸鬼神而无疑，百世以俟圣人而不惑"，其道理正在于此。在此意义上，阳明心学的教化根基无疑要具体落实为一个自身圆成的圣道真理系统。在逻辑上厘清天"理"与人"心"的内在关系，实构成阳明心学重建儒学圣道教化根基的前提。下面我们就从"心""理"关系入手，来考察阳明是如何为其良知教化系统完成理论上的奠基的。

（一）由朱陆之争说起

宋明理学是儒学心性概念本体化，将先秦儒学心性系统与天道系统合为一的阶段。[①] 然而，宇宙本体所具有的先在性与形上超越性，在为儒家心性修养工夫提供终极依据的同时，却存在着削弱甚至遮蔽了心性所内在固有的明见性的危险。解决问题的关键，在于以"心"的明见性原则为基本出发点，变宇宙本体为自我意识。后来心学家所共倡的"心即理"命题，正是此一进路的集中代表。象山主张"心"与"理"并非二物，"心"即是"理"，"心"在其自我展开的明见性中，本身就

[①] 参见李景林《教化的哲学：儒学思想的一种新诠释》第七章之"心性与天道二系统之统合"一节，第412—413页。

能明见到宇宙的本质，明见到万物之"理"。①

不过朱子并不接受这一批评。他指出，"心"作为一主观活动性原则，如果失去客观超越之"理"的逻辑先在保证，其结果必然丧失其明见性，外人伦、遗物理，混淆天理人欲之别，而最终流为禅宗"作用是性"的唯"我"论。也就是说，如果失去客观超越之天理对"心"的优先地位，"心"之所见就不是"明见"，而是"妄见"。心之"明见"，恰恰是在"理"的规范保证中才是可能的。因此，在朱子看来，只可讲在建基于"理一分殊"宇宙本体模式上的"性即理"，而不能直接讲"心即理"。从这个角度来看，朱陆之辩正是在天理之客观超越原则与人心之内在显现原则两者之间何者优先的争辩，而解决朱陆之争这一问题实质上即是如何统合心性系统与天道系统的问题。问题是，如果坚持宇宙本体客观超越原则的优先地位，以天道系统来统摄心性系统，那么它如何避免象山支离"心""理"独断论式的"虚见"指责？反过来讲，如果坚持自我主体内在显现原则的优先地位，以心性系统来统摄天道系统，那么它如何避免朱子"认欲作理"②唯我论式的"妄见"批评？"心""理"冲突这一两难困境，亦恰恰是造成康斋白沙之思想体系各有得失的内在根源，它迫使包括阳明在内的后来者不得不重新思考人类如何可能"明见"圣道真理这一理论难题。③

（二）"心"的困境

由朱子学转出的阳明心学，表面看来充满了对程朱理学的反叛气质：它要求以自我意识之"心"，而非一套形上体系的宇宙论为出发点来明见圣道真理、成圣成贤。从这一点看，阳明走的是陆学的路线。不

---

① "'心即理'不是心合理，乃是心就是理；'心理为一'不是心与理合而为一，乃是此心自身之自一。"（牟宗三：《从陆象山到刘蕺山》，吉林出版集团2010年版，第138页）
② （南宋）黎靖德编：《朱子语类》（四），中华书局1990年版，第1498页。
③ 钱穆先生在《阳明学述要》（九州出版社2010年版，第1页）首章中即开门见山地指出："大凡一家学术的地位和价值，全恃其在当时学术界上，能不能提出几许有力量的问题，或者与以解答……宋明六百年理学，大体说来，宋代是创始，而明代则是结束。王守仁尤其是明代学者里的重镇。到他手里，理学才达到顶点，以后便渐渐地衰落了。所以评论王学的价值和地位，要看他解决问题的一面。那些问题，是从北宋时早已提出，积叠讨论，遗传下来的。"

第六章 阳明心学的良知教化

过基本路线的相同，并没有使阳明在象山那里获得启发；并且阳明还时常批评象山之学"粗"。在阳明看来，象山心学未能将从"心"出发的原则贯彻到底，其系统之中亦常常沿袭着诸如"知先行后"等与心学精神相矛盾的朱子学命题。象山不能回答心如何可能明见到理，心如何即是理的问题。① 自然而然，它也就无法应对朱子学者批评它"近禅"的唯"我"论诘难。② 阳明如果想以自我意识之"心"为出发点来通达圣道真理，那他也就必须回答心如何可能即是理，亦即自我意识的超越性是如何可能的问题。

作为关乎"心"学能否成立的根本问题，事实上，这个在象山那里未能得到解决的以自我意识为出发点如何达至超越的问题，早在罗、湛等学者诘难之前，都始终是笼罩在阳明追求明见圣道真理之"心"上空的一块巨大阴影。作为自幼便笃志圣人之学的阳明，胡塞尔（Edmund Gustav Albrecht Husserl）所谓客观世界的超越性问题③自始至终都是隐含在他成圣意识的前提之中的。这在阳明那里具体表现为"格物"的问题。在龙场悟道之前，阳明一直困惑外在的客观超越之"物"如何能与自"心"相关涉。他悟道之后回忆说："先儒解格物为格天下之物，天下之物如何格得？且谓一草一木亦皆有理，今如何去格？纵格得草木来，如何反来诚得自家意？"④ 由此来看，表面上以自我意识为出发点的阳明心学，其背后实天然地继承着中国传统之"物"所本有的客观超越向度，亦天然地存在着对唯我论之弊的克服。作为成圣的必要条件，此客观超越向度在阳明经历以自我意识为出发点的龙场悟道之后不仅没有消失，相反却是以自我意识为出发点而对此客观超越之"物"性的通达与证成。进一步讲，对客观超越之"物"性的通达与证成自然而然也就意味着对圣道真理的明见与证成。

---

① "其（象山）学问思辨、致知格物之说，虽亦未免沿袭之累，然其大本大原断非余子所及也。"（《王阳明全集》，第202页）

② "别人不晓禅，便被他（象山）谩；某却晓得禅，所以被某看破了。"［（南宋）黎靖德编：《朱子语类》（三），第1057页］

③ 参见［奥地利］胡塞尔《笛卡尔式的沉思》，张廷国译，中国城市出版社2002年版，第126页。

④ 《王阳明全集》，第135页。

那么，以自我意识为出发点，如何才可能通达客观超越之"物"而明见圣道真理呢？心如何可能即是理呢？

（三）"意"的本性

阳明龙场悟道之后发现，"物"并非是一种外在于主体自我意识的现成存在者，它本身就是自我"意"识所固有的原初存在环节。他讲，"凡意之所用无有无物者，有是意即有是物，无是意即无是物矣"①，又讲"意未有悬空的，必着事物"②"物者意之用"③。这是说，"物"与"意"的关联并不是一种依靠外在环境或人之心境而可有可无的偶然性的关联，而是先天必然性的关联。在阳明看来，"物"与"意"所构成的乃是存在论上的关联：没有自我意识，就不会有物象之显现。可以看出，阳明同胡塞尔一样，是通过对外在之物等自然观点的悬置，反对"物在外"等沿袭之说，而坚持以自我意识本身为出发点，将"物"进行还原的。而从自我意识出发，"物"也就必然不是存在于意识之外，而是存在于自我意识之中的原初内在环节。

"物"的这种原初内在性具体体现为自我"意"识对"物"的构造呈现作用。阳明讲"意之所著谓之物"④，又讲"意之涉着处谓之物"⑤，皆是就"意"对"物"的构造呈现作用而言的。"著"和"涉着"，明确点出"物"并非一独立于意识之外的抽象现成存在，而是在"意"的构造呈现作用之下所形成的意识显象。这种由意识构造出的显象之"物"，也正是"心"体生化原则的具体体现。阳明讲作为造化精灵的良知"生天生地，成鬼成帝，皆从此出"⑥，讲"万化根源总在心"⑦，讲心体"众理具而万事出"⑧，皆是就"心"体的生"物"功用而言的。这样，"意"由"心"发，"物"由"意""著"，"心"—

---

① 《王阳明全集》，第53页。
② 《王阳明全集》，第103页。
③ 《王阳明全集》，第1316页。
④ 《王阳明全集》，第1296页。
⑤ 《王阳明全集》，第1296页。
⑥ 《王阳明全集》，第119页。
⑦ 《王阳明全集》，第870页。
⑧ 《王阳明全集》，第17页。

第六章　阳明心学的良知教化

"意"——"物"的"生生"构造呈现关系便由此确立起来。

然而，"意"对"物"的构造呈现作用并非上帝"创世论"无中生有的创造。因为阳明并不把自我意识理解为一种时间上先于意识对象的先验主体，他说："目无体，以万物之色为体；耳无体，以万物之声为体；鼻无体，以万物之臭为体；口无体，以万物之味为体；心无体，以天地万物感应之是非为体。"① 这是说，意识并不是独立的实体，并不是脱离"色""声""臭""味"与"是非"等意识显象的先验主体，而是惟有在意识显象中始能展露出来的具体存在。因为"物"作为意识显象，所表征的也只是自我意识的具体现实存在。脱离开意识显象，当然没有一个现成的意识本身。如此一来，自我意识作为构造呈现的"起点"，充其量也只是一种"权说"和"虚说"。因为这个意识根本不存在一个与意识显象之"物"割离的"自我"，它所构造出的用于充实自身的"物"象对象，并不是一种外于其自身的他者或"对"象，而就是于当下显现着的自我意识本身。阳明说"生天生地"的良知"与物无对"，也正是基于天地万物之显象在本质上不过只是作为自我意识的良知本身罢了。

事实上，在阳明那里，作为"权说"或"虚说"的"自我意识"中的"自我"一词，所标示的只是"意"所普遍具有的原初"起点"。因为一切意识在构造呈现"物"象的同时，也必然是作为主体的"自我"的意识。从这个角度讲，一切意识都是属"我"的。一旦谈到意识，所指涉的必然就是"自我"意识。阳明指出，包含"学问思辨"等在内的人类一切意识，乃原初地隶属于"自我意识"这一主体存在。《大学》所讲的"学问思辨"，并不是外向型地求取那繁乱复杂的知识，而只是吾心之良知上所本有的析疏，只是一种"反求诸心"的工夫。它们脱离开"我"的良知，我们又怎能抽象地体察明见到道体呢？"舍吾心之良知，亦将何所致其体察乎？"② 故《大学》一书必以"诚意"（"诚"自我之"意"）为"头脑"。在此意义上，"自我"可以说是

---

① 《王阳明全集》，第123页。
② 《王阳明全集》，第52页。

"意识"的原初构成本性。除非我们不谈论意识，不谈论"意"和"知"，否则这种作为构造事物"起点"意义上的"自我意识"就是无法避免的。只是问题的关键在于，这种"自我意识"根本就不是一种与"对象"意识相隔绝的孤立"意识"，好像我们在经验时空中可以分别用自我意识去"求本心"、用对象意识去"穷物理"一样；而毋宁说，自我意识本身就是"物"象意识。"物"象只是自我意识的具体展开。阳明讲"人的良知，就是草木瓦石的良知。若草木瓦石无人的良知，不可以为草木瓦石矣。岂惟草木瓦石为然，天地无人的良知，亦不可为天地矣"[①]，即体现了这一点。在此情形下，作为与"物"象意识合一的自我意识，实质上也就可称为"无我"意识。所谓"自我"，本来就是相对于意识"对象"而言的，既然作为物象显现的意识"对象"已消融于"自我"之中，那么作为主体的"自我"也必消解为"无我"。所以阳明除了教导弟子须在"近而切"的"自我"处用工夫之外，又常对人讲"圣人之学，以无我为本"[②]，学者须"扩大公无我之仁"[③]。阳明这种以"自我"为起点，以"物"象为终点而与"物"为一的自我"意"识，同时即是一种与"物"相通的"无我"意识。

这样一来，"意"在阳明那里就是一种"独知"之体，而"意"的当下显现发用即是中国人所讲的"意象"。[④]"意象"既是"心"之象，又是"物"之象。所以，说"心"说"物"，说"知"说"意"，所指涉的事实上也就是陆九渊所说的那个时刻显现在我们面前的"此"在之"独"体，只是它们强调的侧面有所不同："以其凝聚之主宰而言，则谓之心；以其主宰之发动而言，则谓之意；以其发动之明觉而言，则谓之知；以其明觉之感应而言，则谓之物。"[⑤]"心""意""知""物"，并非漠不相关的四种现成存在者，而只是此"独"体的不同称谓。也

---

① 《王阳明全集》，第122页。
② 《王阳明全集》，第258页。
③ 《王阳明全集》，第324页。
④ 王树人先生将古人所讲的"意象"称为"象思维"，相关论述可参见《回归原初之思——"象思维"视野下的中国智慧》，江苏人民出版社2005年版。
⑤ 《王阳明全集》，第86—87页。

第六章 阳明心学的良知教化

正是基于此一理解，阳明在罗钦顺对他"学不资于外"的唯我论倾向的指责中回复说："故格物者，格其心之物也，格其意之物也，格其知之物也；正心者，正其物之心也；诚意者，诚其物之意也；致知者，致其物之知也：此岂有内外彼此之分哉？"① 既然"心""意""知""物"所指涉的只是此一无内外之"独"体，所以其中一个在其当下显现的现实性中必然已包含其余于自身之内了。

既然"心""意""知""物"相互奠基而为一整体，那么以主体之"心"为出发点的"心"—"意"—"物"的"生生"构造呈现关系也就完全可以倒转为以客体之"物"为出发点的"物"—"意"—"心"的"照应"给予呈现关系。因为没有一个先验的主体或"自我"在创造事"物"，所以心体所构造呈现"物"的"生生"过程实质上也就是"物"体自身原初地给予我们，来到我们身边而为我们所"照应"的过程。因而阳明不但立足于自我"意"识讲心体的"生物"性功用，更立足于无我"意"识来讲心体的"照物"性功用。他讲，"圣人之心如明镜，只是一个明，则随感而应，无物不照"②，又讲"良知常觉常照。常觉常照，则如明镜之悬，而物之来者自不能遁其妍媸矣"③。阳明以明镜喻心和良知，所强调的正是"物"的给予呈现关系。可见，阳明对"在外"之"物"的悬置，不但不取消物的客观超越性，恰恰相反，而是为使客观超越之"物"更加原真地予以显现做好准备。上帝的隐匿（或死亡）只是为了更好地复归以再临人间。

当然，无论是由心体出发而来的构造呈现，还是物体出发而来的给予呈现，他们的共同点都是"呈现"。而这个"呈现"之"显象"，如果从心体对事物"生生"构造的一面而言，可谓之"心象"；如果从物体给予主体而为人所"照应"的一面而言，可谓之"物象"。所以，"象"只是一个"象"，只是立足于不同侧面来说，故有"心""物"之别。

---

① 《王阳明全集》，第86页。
② 《王阳明全集》，第13页。
③ 《王阳明全集》，第84页。

"教化儒学"的思想历程

阳明这种心物同体的"意",自然不是罗、湛等人所批评的主观私"意"。因为它在作为自我意识的同时,必然又是"物"象意识。它不与客观超越之"物"相对,相反客观超越之"物"却是它的内在包容环节。换句话说,"物"象意识并不是人的主观私"意"所能创生安排出来的,而只是物自身原初地显现给予我们的。所以在意识对"物"生生构造功用之中原初地就蕴含一超越性原则。人的"意"识对事物的生生构造功用亦无非是此超越性原则自行展开呈现。因而"意"绝不仅仅是"人"意,而更是"天"意。在后者的意义上,阳明称"意"为"良知"。"良知"之"良",所强调的正是"意"乃"吾心天然自有之则,而不容有所拟议加损于其间"[①]的超越之"天"的一面。阳明所作《天成》亦正可看作是对意识这种超越本性的揭橥。[②] 由此看来,所谓主观内在性的"心""意"原初地就包含一种客观超越的原则,"心""意"本身即是一即主观即客观、即内在即超越的存在。阳明"心即理"之命题正由此而来。

(四)"理"的超越

在中国哲学中,就天人关系而言,"天"表征着这种客观超越的原则;就道物关系而言,"道"表征着这种客观超越的原则。而在宋明理学那里,先秦时期的天人关系与道物关系被集中转换为心理关系。"心"与"理"对,则"心"是用来表征主观、内在、活动性的概念;"理"则是用来表征客观、超越性的概念。正是在"心""理"区分的意义上,朱子拒绝讲"心即理"。阳明则立足于自我意识,以"意"为出发点,指出所谓的内在主观之"意"在其现实性中先天地包含客观超越的原则,从而使"心""理"为一。

"理"的客观超越性在阳明那里当然是在"意"的内在境域中达成的,所以"理"的超越必然只能是内在的超越。阳明的超越论是一种内在超越论。脱离开"意"这一内在境域,超越之理根本就是无从显

---

① 《王阳明全集》,第 280 页。
② 《王阳明全集》,第 1478—1480 页。

第六章 阳明心学的良知教化

现的,所以阳明讲"心外无理"①。这种内在超越论很容易被朱子学者所误解。正如罗钦顺所说,以主观内在之"意"为出发点的同时,就意味着失其大本。把客观超越性的"物""理"置于主观之"意"下,不仅不能超脱主观内在之嫌,相反却把本来客观超越性的"物""理"人为地染色成主观内在之"理"。这种"专求本心,遂遗物理"②的人类中心主义或唯"我"论倾向不能通达圣道,此一论调当然不能服阳明之心。"主观内在"只是"意"的一个抽象环节,而即主观即客观、即内在即超越的"独知"之"意"才是意的现实性。"意"在其本原现实性上根本就不是主观内在的东西。同样,唯"我"本身就是"无我",因为从来就没有"物"能够外在于"我"。个体生命若能唯"我"是从,自能通达圣道。阳明称良知为"真我",而为董萝石撰写《从吾道人记》即是此义。③

如此说来,"意"在其原初之际根本就不局限于意识论这一主观内在领域,它同时更是一客观超越的存在论范畴,换言之,它同时即是超越性的存在之"理"。当我们认为意识或思维为主观内在之际时,无非是说有一个客观外在的对象存在与之对峙着。然而,本原性的"独知"之"意"并不存在一个对象,它所面对的"意象"也无非只是它自身的显象。没有客观外在的对象与之对峙,"意"当然也就无所谓内在不内在、主观不主观了。当然,如果我们从"物象"的一面来看"意象",把意象当作一种对象。这也并不能改变问题的实质。因为"物象"只是相对于"心象"而言的,它归根结底只是"意象"的另一种表达。从意象包含心象与物象两方面来说,"意"仍然是一即主观即客观,即内在即超越的存在。所以,"与物无对"的"独知"之"意",实质上首先并不是去认识反映存在之"理",而是它本身就是存在之"理"。"心即理","心"本身即是存在之"理"。意识的呈现和存在的生成是同一个过程,意识论在本质上同时即是存在论。这一点落实到人

---

① 《王阳明全集》,第17页。
② 《王阳明全集》,第17页。
③ 《王阳明全集》,第276—279页。

"教化儒学"的思想历程

身上来讲,正体现为"知行合一"的具体原则。可见,阳明的"意"识论实蕴含着古希腊哲人巴门尼德(Parmenides of Elea)"思维与存在是同一个东西"① 那条真理性论断。

恰恰因为"意"识与存在是原初同一的,"意"所"照"之物也就必然是真实之"物"的原初给予与生成,而非人为私意安排出来的东西。阳明讲"物来顺应",讲"物各付物",讲"是的还他是,非的还他非,是非只依著他"②,正是从存在的真实实现来对良知进行强调的。所以,自我意识的生化构造作用并不能将"物"之显象困在主观内在之中。相反,这种生化构造功用因同时作为物象的原初给予作用而呈现,倒把自我意识拉到客观超越之中,从而揭示出了自我意识"主体即实体"的本真面相。

这个内在超越性的实体存在即是"理"。作为终极存在的天理,实际上也就是"心""意""知""物"所展现出的那个混而为一的"独"体的本质。所以阳明在以"独""一"来指称此天理道体的同时,又常以冠以"理一而已"的开端方式来对"心""意""知""物"展开论述。而"心""意""知""物"亦由此成为"理"的不同侧面。如此说来,心体之"心"—"意"—"物"的"生生"构造呈现关系之所以能够倒转为物体之"物"—"意"—"心"的"照应"给予呈现关系,其内在缘由完全是因为"理"。作为超越之"体"的天理,若落在"心"上来讲,即是所谓"心体";若落在"物"上讲,即是所谓"物体"。就心体而言,"物"象作为它在"知"之发用中的涉着内容,本质上也只是心体发用之心象。而心之显象自然是由心体"生生"构造而来。所以"心"—"意"—"物"的"生生"构造呈现关系实质上亦只是"理"落到"心"的一面而形成的"心体—心象"的"生生"构造关系。倒过来讲,若就物体而言,"心"象作为它的展开实现境域,本质上也只是物体所散发出的光亮,是物体发用显现出的物象。物之显象自然是由物体"照应"给予而来。故而"物"—"意"—

---

① [德]文德尔班:《哲学史教程》上卷,罗达仁译,商务印书馆1987年版,第56页。
② 《王阳明全集》,第120页。

第六章 阳明心学的良知教化

"心"的"照应"给予呈现关系实质上也只是"理"落到"物"的一面而形成的"物体—物象"的"照应"给予关系。由此两点可见,"心体""物体"其实只是一"理"之"体","心象""物象"其实只是一"理"之"用"。心物本来同体,亦本来同用,只因各弟子语境情势不同,才导致阳明或强调心之"生生"功用,或强调心之"照应"功用的不同。

所以,阳明的"心即理"并没有打掉朱子学中天理的客观超越性,而明确承认"心之本体,即天理也",他只是强调此客观超越的天理必须经由主观内在之"心"始能显现。故而当有人问阳明为什么程子只是讲"在物为理",而他却说"心即理"时,阳明回答说,"在物为理,在字上当添一心字,此心在物则为理"[1]。"物"的客观超越之"理",乃是在自我意识之"心"涉着于"物"时呈现出来的,离开主观内在之"心"这个环节,天理根本是无法呈现的。所以阳明又说"心外无理":"物理不外于吾心,外吾心而求物理,无物理矣"[2]。这样,"理"实质上构成了"心"的先天存在内容,心即是理,而程子所谓"在物为理"只是"心即理"思想的一种省略表达。

分析至此,朱子学者会问,客观超越之天理既然是终极存在,难道它离开主观内在之"心"就变成不在之"无"了吗?如果这样,天理还配称为终极存在吗?这就涉及天理本身与天理呈现,亦即体用关系的问题。阳明讲的"理",有两重含义:一是"天理"义,一是"条理"义。条理是天理之发用呈现,天理经由具体的条理来呈现自身。所以阳明在讲良知时,一方面会说"吾心之良知,即所谓天理也"[3]"良知即是天理"[4],另一方面又会说"良知上自然的条理"[5]。阳明所讲的"理"实质上是暗含着形上与形下、本体与发用的双重维度的。体用虽是一源,但毕竟有差异。"天理""条理"相对,前者更强调理的形上

---

[1] 《王阳明全集》,第137页。
[2] 《王阳明全集》,第48页。
[3] 《王阳明全集》,第51页。
[4] 《王阳明全集》,第81页。
[5] 《王阳明全集》,第123页。

"教化儒学"的思想历程

本体一面,而后者更侧重理的形下发用一面。形下发用所涉及的是具体的事物的条理,当然可以"有""无"论之。比如我们可以说一个黄色的桌子是"无"红色的条理的。而形上本体所涉及的则不是具体事物的条理,而是使事物"是其所是"的内在统一性,是客观超越的天理。这种终极绝对的第一性就是它的"有"性,或者说它就是"有"本身。黑格尔《逻辑学》之"存在论"以"纯有"为开端即说明了这一点。①所以就天理本身而言,它是不能以"有""无"论的,而只能以"隐""显"论的。阳明对此当然了然于心,所以他并不是以"有""无",而是以"隐—显""寂—明"来讲"天理"或蕴含着天理的事物。"一理隐显而为动静"②之理,是直接讲天理;而南镇观花之"寂"与"明白"则是在讲蕴含着天理的事物。

因此,"心外无理"所"无"的首先是具体的"条理","物理不外于吾心"与"此心在物则为理"之"理"也首先是具体的"条理"。没有这个"条理",也就没有天理的发用,那么天理也就是"隐""寂"的。然而,即使与"条理"相对,"隐""寂"的天理也还是逻辑上的"有",而不是虚"无"。只是仅仅依靠它自身无法在现实状态上现象地"显""明"。所以阳明实质上并不否认甘泉所说的天理"先天地而无始,后天地而无终者"的逻辑先在性。他讲"万象森然时,亦冲漠无朕;冲漠无朕,即万象森然"③,讲"未扣不可谓无,既扣不可谓有"④,虽在强调体与用、形上与形下、未发与已发在现实上的内在一体性,却同时更折射出体与用、形上与形下、未发与已发等诸概念在逻辑上有着一种区分性,并且它们的区分性只能是逻辑上的,而不是现实现象或现实状态上的。因而阳明认为若能在现实上"见得无未发已发"之可分,那么在逻辑区分的意义上"原不妨原有个未发已发在",原不妨"说个有未发已发"。⑤从这个意义上讲,阳明亦并没有否认朱子之

---

① 参见[德]黑格尔《小逻辑》,贺麟译,商务印书馆1980年版,第189—192页。
② 《王阳明全集》,第73页。
③ 《王阳明全集》,第28页。
④ 《王阳明全集》,第130页。
⑤ 《王阳明全集》,第130页。

第六章 阳明心学的良知教化

"理"作为超越之"体"的真理性，而是以强调"天理"的超越之"体"必待"条理"之"用"而始能于当下显明的方式将"理"的"体"性意义融摄于"心"或"良知"之中。这样看来，"理"和"心"之"心体—心象"与"物"之"物体—物象"一样，实亦包含一个"天理—条理"的体用结构。故而"心外无理"之"无理"在指涉"无""条理"的同时，也指向"无""天理"。只是这个"无""天理"只是说"无""天理"之现象的当下"显""明"，而不是说"无""天理"这一形上本体。阳明喜以直下之现实现象即"用"而言"体"，而不似朱子学者那样喜在逻辑分析的意义上就"体"而言"体"。只是这两种言说方式不但不矛盾，反倒是相辅相成。正如我们前面所说的阳明亦以"隐—显""寂—明"言天理一样，就"体"言"体"而以天理为绝对先在的逻辑区分思维实质上是隐藏在他即"用"言"体"的言说方式之下的。可见，朱子学者以阳明"心即理"与"心外无理"为否认"天理"这一形上本体的超越性而对其"良知"之教进行诘难的观点，是由于混淆了逻辑在先的形上本体之"天理"和作为具体"条理"发用而"现象"显明之天理所产生的误解，因而是站不住脚的。[①]

（五）"物"的分殊

由上可见，所谓"主观内在"之"心"在现实显象中并不仅仅止于"主观内在"，它经由对"客观外在"之"物"的克服与涵摄，最终在现实显象中开显出它即内在即超越的"天理"本质。"心"正是在这种与"物"的原初关联中超越为绝对之天"理"。意识论由此上达于存在论，人道亦由此而上通天道。而此即内在即超越的"天理"，正经由"昭明灵觉"之"心"的显现发用，始有"现象"给我们的具体"条

[①] "用'内在超越'来描述中国传统哲学思想的特征，表面看并未拒绝'超越'概念，实际却是偷梁换柱，通过将它内在化为人心而使之有限化和主观化，从而在根本上消解了它。"（张汝伦：《论内在超越》，《哲学研究》2018年第3期）这种论调正可看作是朱子学者"现代版"的误解。"内在超越"并没有把超越之"天""有限化和主观化"，也不可能"在根本上消解它"，相反，它所给出的恰恰是此超越之"天"理必经由"心"的内在显明始能获得其现实性。事实上，惟有"内在超越"才可称为是真正的"超越"。

"教化儒学"的思想历程

理"节目。存在论由此而下贯为意识论,天道亦由此下显为人道。这种思与在、天与人互涵互摄的"心即理"思想,是大程子"合内外之道,一天人,齐上下"① 命题的完全实现:天道化生万物与人心顺应万物本无二无别,或者说,天道恰恰是经由人心而流行开显、生成化育万物的。

　　这一思想对于朱子学宇宙本体论的理论架构造成了重大转变:它一方面把朱子学中经验先验混而未分的宇宙本体论的思维模式转变为纯粹先天意义上的本体论思维模式;另一方面又将宇宙论与心性修养论理解为内在关联着的本体展开的两个侧面。在阳明看来,朱子所建构的"理一分殊"的宇宙本体论模式,并非完全错误,而是缺少人"心"这一面。这是因为,天理"本体"所涉及的是使现实的宇宙万物所以可能的根据问题,也就是存在本身的问题;而"宇宙"作为万物的构成体,所涉及的只是现实存在物在时间上的先后起源与生成问题,它归根结底只是存在物的问题。由天理本体论直接下贯分殊为宇宙万物固然不错,然而人道人心这一环节却无处安置。由天理本体分殊而成的宇宙万物如果在时间上先于人而在,那么失去存在论之根基的"人"又如何可能通过"格物"工夫而通达圣道天理呢?阳明的"格物"问题实质上正是在这种人心与宇宙万物相互外在而无法弥合的理解前提下提出的。在阳明那里,这一理论所关甚大,它在直接导致知与行、涵养与省察、尊德性与道问学等工夫论的二分与断裂的同时,最终又必然导致天与人、思与在、自然与人伦、内在显现与客观超越的分裂与割离,这就彻底堵死了个体通达明见圣道真理的道路。为了救治宇宙本体论的这种弊端,阳明就必须把朱子这个貌似"自然哲学"② 的"理一分殊"论的另一面翻转过来,露出这一命题下本就隐藏着的人伦道德之"精神哲学"的

---

① (北宋)程颢、程颐:《二程遗书》,上海古籍出版社2000年版,第111页。
② 这里之所以说"貌似",是因为包括宋明理学在内的中国哲学并没有西方哲学意义上的那种与人伦社会相分裂的"自然哲学":"中国哲学也不能像西方哲学那样在开端上仅仅表现为一种有关自然的自然哲学。这是因为,贯通于中国人的社会意识中的天道观念,不仅是一个自然性,而且是一个自然属性与社会属性的统一……中国哲学的发展,也一向进展于这样一种统一性之中,它既无脱离社会伦理的自然观,也无脱离自然的社会伦理观。"(邹化政:《先秦儒家哲学新探》,黑龙江人民出版社1990年版,第84页)

第六章　阳明心学的良知教化

一面来。而这一翻转，恰恰是通过对人"心"的强调，对"心即理"命题的阐发来实现的。经由"心即理"命题植入的"理一分殊"论，不但完成了将天理本体论从宇宙本体论剥离出来的任务，而且更将心性工夫论与宇宙生化论以心物关系的问题形式统合为一，使二者成为天理本体展开实现自身的两个侧面。这一点同黑格尔以逻辑学之本体论为开端，以自然哲学与精神哲学为其展开的两个侧面的洞见有着异曲同工之妙。

这个被植入"心即理"命题的"理一分殊"论，具体体现为阳明的"万物一体"论。阳明晚年所作的《大学问》指出，"大人"乃是以"天地万物为一体者"，当他们见到"孺子之入井""鸟兽之哀鸣""草木之摧折"与"瓦石之毁坏"时，会分别有"怵惕恻隐""不忍""悯恤""顾惜"之心的产生。而这些不同应物之心的情感显现，在阳明看来实质上也只是"良知上自然的条理"。[①] 如此说来，所谓"理一"，是说本体只是一个天理，只是一个良知；而所谓"分殊"，则是说"良知"在不同的条理情势中以"以情应物"的形式的具体展开。所以"条理"也就不仅仅是"物"的条理，它同时亦是人"心"的条理。当然，确切来说应该是心物关联之"事"的条理。因而阳明说"除了人情事变，则无事矣。喜怒哀乐非人情乎？自视听言动，以至富贵贫贱、患难死生，皆事变也"[②]。朱子"人人有一太极，物物有一太极""人""物"二分的讲法，被阳明以"事"的方式统合了起来。"理一分殊"在阳明那里的实际内涵也就转变成了以体用关系为架构的"理一事殊"。后来阳明弟子王龙溪讲"体用显微只是一机，心意知物只是一事"[③]，正是对阳明这一思想的承续与发挥。这样，所谓求"理"的工夫，也只是在人情事变中去求，而不是以"物"为外向型的认知对象的求知方式去求。阳明批评某些朱子学者"竞搜物理外人情"[④]，所反对的正是以知识求本体之"理"倾向。所以"物理"在本源上实是

[①] 参见《王阳明全集》，第1066页。
[②] 《王阳明全集》，第17页。
[③] （清）黄宗羲：《明儒学案·浙中王门学案二》，中华书局1985年版，第238页。
[④] 《王阳明全集》，第864页。

"事理"。自郑玄以来（包括朱子）以"事"训"物"传统的真理内涵终于在阳明这里得到了彻底的揭示。

以"事"训"物"这一传统的真理彰明，事实上也就意味着那貌似平面性的"理一分殊"的宇宙本体论被阳明以"心即理"从纵深方向"十字打开"了。因为所谓"宇宙"，无非是天地万"物"的统一体。既然"物"只是与吾心相关之"事"，那么宇宙也就不是外于吾"心"的现成存在者，而实质上与"我"在存在发生论上具有着同源性。也正立足于此，阳明才讲原"天地也与我同体"，才讲"万物一体"。当然，"同体"和"一体"都是"同""一"到"我"上，而"我""心"与宇宙万"物"的心物关系亦由此而转变为心身关系。阳明讲"莫谓天机非嗜欲，须知万物是吾身"①，又讲"无心则无身，无身则无心。但指其充塞处言之谓之身，指其主宰处言之谓之心"②，都说明了这一点。事实上，也惟有基于心物关系与心身关系的转换，陆九渊所言"宇宙内事乃己分内事，己分内事乃宇宙内事"③"宇宙便是吾心，吾心即是宇宙"④的真理意义才能得到彻底地昭示。用梅洛·庞蒂（Maurice Merleau–Ponty）的话说，本源性的认知并不是抽象的知识性认知，而是具身性认知。自我意识之"心"本身就先天地植根于交互主体性之中而内含着一个宇宙论的客观超越维度。正基于此，阳明讲"格物"之功只需在自家心身上做，⑤而"格物"之功做到极致，"天地位，万物育"本真宇宙效验自然呈现。所以，阳明批评象山之学"粗"、批评象山"致知格物"之说有"沿袭之累"，首先在于象山之学在内部义理上存在着自相矛盾的地方。象山未能将"格物"之心物关系转换到心身关系上理解他提出的"宇宙便是吾心，吾心即是宇宙"的命题，而是错误地继续沿用具有浓厚外向认知色彩的"格物"说；

---

① 《王阳明全集》，第865页。
② 《王阳明全集》，第103页。
③ 《陆九渊集》，中华书局1980年版，第483页。
④ 《陆九渊集》，第483页。
⑤ "及在夷中三年，颇见得此意思乃知天下之物本无可格者。其格物之功，只在身心上做。"（《王阳明全集》，第136页）

第六章　阳明心学的良知教化

象山也未能将知行关系提高到意识与存在相同一的"知行合一"层次上来对他的"心即理"命题予以理解，而是错误地继续沿用朱子的"知先行后"论。象山之学义理上无法构成一个真理的系统，才是阳明对其进行批评的关键所在。①

因而阳明学并非如某些学者所言：只有心性工夫论而没有宇宙论；其"本体"只是道德本体而不是宇宙本体。②事实上，阳明是以工夫论的形式将宇宙论涵化于其中，将心性工夫论与宇宙论合而为一了。阳明并不反对朱子学"理一分殊"的本体宇宙论，也不反对罗钦顺由"乾坤之理"而分"人""物"之殊，又由"人""物""其分之殊而有见乎理之一"的论断。但阳明认为，失去对人"心"这一"头脑"环节的强调，所谓宇宙极易异化为外在于人的现成存在物。所以他要把"天理"宇宙论中的人心"头脑"突显出来。在《稽山承语》中，阳明阐述其宇宙论时对"吾心"这一头脑强调说："无万象则无天地，无吾心则无万象矣。故万象者，吾心之所为也；天地者，万象之所为也；天地万象，吾心之糟粕也。"③也正是经由对"吾心"之头脑的强调，"理一分殊"论才一转而为"万物一体"论；宇宙生化论亦转变为心性工夫之"学"。故而阳明最后总结说，"若其本体，惟吾而已，更何处有天地万象？此大人之学，所以与天地万物一体也。一物有外，便是吾心未尽处，不足谓之学"④。

（六）小结

综上所论，阳明学中心性系统与天道系统的逻辑关系在总体上就呈

---

① "阳明对朱子之敬奉，亦可见阳明之沿袭宋学。彼谓象山为沿袭，为粗，恐亦五十步笑百步耳"（陈荣捷：《王阳明传习录详注集评》，华东师范大学出版社2009年版，第274页）的论断，恐怕未能道出阳明批评象山的重点。阳明批评象山，并不在于象山是否沿袭了宋学，而是在于象山的很多沿袭是错误的。因为阳明并不反对沿袭古人，而只是反对错误的沿袭之"累"："夫学贵得之心。求之于心而非也，虽其言之出于孔子，不敢以为是也，而况其未及孔子者乎！求之于心而是也，虽其言之出于庸常，不敢以为非也，而况其出于孔子乎！"（《王阳明全集》，第85页）所以阳明批评象山有"沿袭"之"粗"，主要在于后者未能形成一个"致广大而尽精微"的圣道真理系统。

② 参见劳思光《中国哲学史》，第三卷上"宋明儒学总说"，广西师范大学出版社2005年版。

③ 陈来：《中国近世思想史研究》，商务印书馆2003年版，第627页。

④ 陈来：《中国近世思想史研究》，第628页。

"教化儒学"的思想历程

现为：人心旁通于宇宙万物而上达天理本体（二至三节所论），此为以心性统天道；天理本体下贯于人心而呈现为宇宙万物（三至四节所论），此为以天道统心性。天道与心性所构成的便是这样一个"心""道"相即而顺逆相生、"天""人"相合而上下相成的内在关系论的系统圆环。在此系统圆环中，"心""意""知""物""性""理""身"每一个概念都既可表现为与他者相区分的逻辑起点，同时又可合一为涵摄他者的终点大全（理）。刘宗周对此只眼独具地总结说："（阳明之学）即知即行，即心即物，即体即用，即工夫即本体，即下即上，无之不一。"①

阳明心学的终极理论形态是朱陆哲学思想的汇合体：它在坚持象山"心即理""宇宙便是吾心，吾心即是宇宙"等思想命题的同时，又把它们置于朱子"理一分殊"的宇宙本体论的架构中予以理解。这样，朱子学那个平面铺展的宇宙本体论就呈现出了本就隐藏着的它那纵贯人性人心的一面，而象山学那个纵贯的人心本体亦在与"物"的先天关联中展露出它平摄家国天下的一面。阳明经由龙场"格物"之悟而建构起来的"万物一体"的"良知"之教，正是这样一个既旁通万物又上达天理的圣道真理系统。②

旁通万物，故能破"唯我"之见而断"禅"释之非；上达天理，故能存"明见"之知而除"独断"之嫌。阳明良知体系的这种双重特质在使朱陆理论之争归于消解的同时又赋予二者相互补充的真理内涵。一方面，阳明以严密的逻辑证明在人"心"显发之机处"物""我"本然同体，所谓唯"我"的真实内涵亦只是唯"物"。由此，包括象山学在内的儒家心学与禅学在根基处就有着本质的不同。也正基于此，心学所讲"心即理"之"理"也就必然是"物"之"理"，心之所见在本源处亦必然是朱子所谓在具体事事物物"道问学"中的"明见"之理，而不可能是脱离开家国天下的"妄见"之欲。所以，心学之所谓唯

---

① （清）黄宗羲：《明儒学案》，中华书局1985年版，第7页。
② 特别说明，"旁通而上达"是李景林在中国哲学史学会2019年年会上提出的一个概念，我们在此化用这一概念来说明阳明心学合汇朱陆的特质最合适不过。

第六章　阳明心学的良知教化

"心"恰恰正是理学家所推崇的唯"理"。另一方面，就心学对朱子学的批评而言，宇宙本体的先在性与形上超越性并不对"心"的内在明见性造成遮蔽，相反，作为逻辑先在而非时间先在的天理本体恰恰是这种心之内在明见性所得以可能的终极保证。因为所谓意识的"明见"，归根结底只是天理本体自身所散发出的"明"光，所以阳明认为那内涵明见性的良知实质上只是"天理之昭明灵觉处"[1]。天理在其现实性中必然通过"心"始能得以显明展开，而"心"亦必然在天理的显明展开中明见到"天理"本体。所以阳明在《大学问》中非常强调地指出人心所感之"万物一体""非意之也"[2]，不是主观臆测的独断，而是天理本身的自我显明。换句话说，人心之所见，在其应照宇宙万物之际必然通达于使它自身得以可能的"德性"天理之"明"，而不可能是脱离开"德性"天理本体的"虚见"之知。当然，惟有那种分"心""理"为二，将宇宙本体认作是在时间上先在于人心的现成存在者的观点，才是遮蔽"心"之内在明见性的"独断"论，才会使心"知"异化为单纯知识性的"虚见"之知。阳明正是立足于此旁通万物而上达天理的"良知"之教，真正实现了当初朱子"去两短，合两长"[3]的梦想，而使朱陆之学合为一套相互反哺对方的圣道真理系统。所以他自陈说："仆尝以为晦庵之与象山，虽其所为学者若有不同，而要皆不失为圣人之徒。"[4] 章学诚所谓朱陆"千古不可合之同异"[5]事实上早在阳明这里就已经被"合"而为一了。

这样我们就可以说，那个貌似以"自我意识"之"心"为开端的所谓"意识论"的象山学路线，下面实隐藏着一个以"存在"之天"理"为开端的本体论的朱子学路线。在此意义上，我们就可以说阳明的"良知"实存在着一个双重开端结构：一个存在论上的开端，一个意识论上的开端。宇宙本体对自我意识的优先性，是立于本体论

---

[1]《王阳明全集》，第81页。
[2]《王阳明全集》，第1066页。
[3]《陆九渊集》，第400页。
[4]《王阳明全集》，第891页。
[5]（清）章学诚著，叶瑛校注：《文史通义校注》，中华书局1994年版，第262页。

意义上的奠基；而自我意识对宇宙本体的优先性，则是方法论意义上的开端。① 这样，一方面"理一分殊"也就不是先于主体意识的本体论"独断"，而是转为构成着主体意识自身内容并时时都能为之明见到的真理之原生现象；另一方面，主体意识也因植根于宇宙本体，显现出它宇宙意识（"天地之心"）的本来面目，而可免于唯我论的指责了。

三　"范围三教"的良知教化体系

如果说上一节是对阳明良知教化体系的基础理论内涵的澄清，那么本节则可看作是对阳明良知教化体系如何融摄转化佛道文明的讨论。众所周知，儒家文明之所以历时两千多年经久不衰而拥有极强的生命力，主要是因其所内具的开放性与包容性。这种开放性与包容性，赋予儒学在遭遇异质文明的碰撞冲击时，经由它所本具的强大吸收与转化能力，能够因应时代需求而转生出新型的儒学形态。阳明心学作为"范围三教"之儒学的典型形态，于其建立之初即承续起宋明理学应对佛老之挑战、捍卫儒家道统的主题。深入探讨王阳明"范围三教"的心学理论内涵，厘清它与佛老之学的内在逻辑关系，并在此基础上反思总结阳明心学吸收与转化异质文明的理念方法，对于我们深入理解阳明良知教化体系具有重要意义。

（一）佛老之学与阳明心学的关系

阳明心学产生之际，正是程朱理学因逐渐沦为时人窃取功名的工具，无法因应切合世道人心，而致使其流弊盛行、日渐式微的时代。与

---

① "胡塞尔的交互主体性现象学中实际存在着双重开端：存在论上以交互主体性胡塞尔的'哥白尼式转向'为开端，方法论上以自我我思为开端。"（朱刚：《胡塞尔的哥白尼式革命》，《中山大学学报》2014年第3期）这一论断同样适用于阳明心学。因为一切由自"心"出发而建构自身理论系统的中西方哲学家在寻求避免唯我论批评（哈贝马斯、阿佩尔、施密茨等人就胡塞尔的"创世论"很难避免唯我论的危险）的同时，必然要超出单纯的主体而暗含着存在论上的开端。只是在阳明这里，胡塞尔所谓的"交互主体"存在论被深化为以"天理"为基础的"万物一体"论。

第六章 阳明心学的良知教化

之相伴，有志之士因无法在程朱理学中给予自身性命以安顿，而转向佛老之学求取圣道。实质上，除却程朱理学在当时的僵化保守性，这种情况产生的主要原因更在于宋儒未能在真正意义上完成对佛老之学的批判。程朱理学系统，于佛老之学的理论层面虽有所涉及，较韩愈时代之批判已颇为深入；但依然多停留在社会礼俗、道统相传以及华夷之辨等外在层面来反对佛老，重在就捍卫儒家道统本身以排拒之，而无法从更具有根本意义的形上心性义理层面来撼动它们。程朱理学的这种局限性导致在其衰退之际佛老之学又卷土重来。在此情形下，儒学若要重新振兴，不但要找到一种不同于程朱理学的新型儒学形态，更为重要的是，这种新型儒学必须接续程朱理学的未竟之志，从形而上的心性义理层面来应对佛老之挑战，以彻底完成宋明理学的任务，而非仅止于就儒家之道统来批判佛老。由此，在彻底意义上对佛老之学予以清算，也就成为建构新型儒学的必要条件。

正是在这一时代背景中，阳明心学应运而生。作为曾经究心于佛老的心学大师，王阳明非常清楚，要完成对佛老之学的清算，就必须跳出单纯的判教之争，找到一个更具有客观性和真理性的标准来"范围三教"，评判佛老之得失。这个标准，即是阳明自幼便汲汲以求的"圣人之道"或"圣人之学"。在龙场悟道之前，阳明曾将以朱子学为代表的儒学作为圣学来看待，只是经由多方求索终无法契入，他才放弃以儒学为圣学的看法，而转入佛老求取圣道。可见，阳明在龙场悟道之前曾经历了一个由儒学到佛老的转变。这种出入三教的经历，也就决定了他后来龙场所悟的圣道实质上并非是以某种现成的儒学流派为圣道之标准；恰恰相反，而是立足于他所悟的圣道，以其所悟圣道的实质内容为标准，来重新理解、判释三教之典籍学说，衡量孰是孰非。当然，他最终发现儒家学说与其所悟之道最为吻合，这才致使他在龙场之悟后归本于儒学，以儒学为圣道。所以，作为心学建构之重要关节点的龙场悟道，不但包含着阳明以其所悟之圣道重释儒家经典的环节，而且更包含着对佛老的判释环节。由此而言，阳明龙场所悟的圣道，可以说是一种在批判三教的基础上所形成的以肯定儒学为根本、以否定佛老之学为辅翼的

"教化儒学"的思想历程

新型儒学形态。此即阳明所讲的"心学"。[①]

这种以肯定儒学为根本、以否定佛老之学为辅翼的心学,虽然可以省略"肯定"与"否定"两词而如某些学者所言,是以儒学为根本、以佛老为辅翼的"范围三教"之学。但必须明白,这个"根本"和"辅翼",乃是在阳明所悟的"心学"之源这个基础上,对传统三教之判释中所形成的;而不是从传统三教中截取各家之理论学说拼凑出来的。换句话讲,"以佛老为辅翼"只是一种形式的说法。佛老之学的辅翼作用,在实质内容上恰恰是以否定性的辅翼作用而存在于阳明心学中的。这就可以理解,阳明心学在作为一种"范围三教"之学的同时,为何又被定性为儒学。这样,在立于实质内容的意义上,阳明心学作为一有机整体,它也就理所当然地反对"兼取""上一截,下一截"等拼凑性的讲法。当有人问及儒学是否应"兼取"佛老或肯定佛老"上一截"的理论时,阳明总是表示出强烈的反对态度。故此,那些认为阳明吸取了佛老"上一截"形上智慧,而否定佛老脱离日用伦常的部分的观点,只能被理解为是一种形式性的讲法,它并不能从实质上来揭示,甚至恰恰是违反阳明心学之精神的。正如前文所论,批判与消解佛老的形上心性系统恰恰是构成阳明心学建构的前提和必要条件。事实上,自阳明龙场而悟"吾性自足"的那一刻起,就说明"心学"在诞生之际即是先天"自足"的。心学之后的发展,包括良知说的提出,在阳明那里与其说是"援佛入儒",而毋宁说是"化佛归儒",或者说是"化佛归心"。

从客观上来看,阳明是通过心学系统的建构,而将传统儒学的根本精神彻底激活了。这种激活不但表现为它在重新回返至原始儒家经典,并在对后儒之流弊的批判中去证成自身;而且更表现为它以转化并消解佛老的方式来建构自身。后者实构成阳明心学真正超越程朱理学的地方,它促使儒学在与佛老之学发生实质碰撞的基础上,一方面从形式上

[①] "盖其心学纯明,而有以全其万物一体之仁"(《王阳明全集》,第62页);"后世心学不讲,人失其情,难乎与之言礼!"(《王阳明全集》,第225页);"圣人之学,心学也"(《王阳明全集》,第273页)。

第六章　阳明心学的良知教化

建构起了一种"范围三教"的"大"儒学，而不是仅仅基于捍卫道统的门户观念，一味排斥佛老；另一方面则从形上心性之实质内容上，对佛老的基本思想内涵给予致命的批判，从而又最大限度地维护了儒学的正统性与真理性。具体来讲，程朱理学之建构，可以归结为三个环节：一是肯定自身为儒门之真；二是批评儒门内部其他门派之流弊；三是直接批判与否定儒门之外的佛老之学。阳明心学在前两个环节上与程朱理学并无不同，但在第三个环节，即对待佛老之学的方式上，却与程朱理学大相径庭：阳明宣称，佛老之本真是合于大道的，只有佛老之流弊才是应该批判的。这样，结合阳明的有关资料，其体系建构也就可以划分为四个环节：（1）肯定自身为儒门之真；（2）否定儒门之流弊；（3）肯定佛老之本真；（4）否定佛老之流弊。然而，前两个环节同后两个环节在形式上虽然相同，但它们在阳明心学中的实质作用却是截然相反的。（1）与（2）作为阳明心学中的儒学理论，主要服务于其"肯定儒学为根本"这一特质；而（3）与（4）作为阳明心学中的佛老理论，主要服务于其"否定佛老为辅翼"这一特质。[①] 在此意义上，（1）与（2）也就是从实质内容上而言的，它们能如实表现阳明心学的特质；而（3）与（4）则同"以佛老为辅翼"一样，它们只有形式上的意义，是以相反的方式来表现阳明心学之特质的。具体来讲，（3）在阳明心学系统中的真实含义是肯定佛老的形式，而非肯定佛老的真实内涵；而（4）则是否定佛老的本质内容，而非否定佛老之流弊。惟其如此，（3）与（4）服务于"否定佛老为辅翼"的逻辑始能成立。

由于这四个环节在阳明的语录及文章中因不同情景而凸显的侧重各不相同，并且常常是两个或多个环节相互纠缠。如果我们不能厘清它们的实质内涵及相互关系，就极易造成误读。其中，（3）与（4）分别作为佛老之学在阳明心学中的建构性环节与批判性环节，乃为程朱理学之所无而为阳明心学所独具者。此二者及其相互关系实亦构成我们准确理

[①] 当然，（3）与（4）也可以说是服务于"肯定儒学为根本"这一心学特质的，只是二者是以否定佛老的方式来实现这种肯定的。同样，（1）与（2）也可以说成是以肯定儒学的方式来实现服务于"否定佛老为辅翼"这一特质的。

解阳明心学的关键。例如，有学者根据阳明晚年对佛老的肯定，就断定阳明由儒学最终归宗于佛学。这就只看到了（3）的形式表象，而没有注意到它的实质内涵恰恰是截然相反的。再如，有些学者认为阳明对待佛老的态度前后不一或者常常处于矛盾或"暧昧"之中，这实质上是混淆了（3）与（4），没有注意到阳明分别是在本真与流弊的环节上对其进行定位的；更没有看到（3）与（4）作为阳明心学"否定佛老为辅翼"这一特质的两个具体构成环节，乃是一相辅相成的有机统一体。为了避免此类误解，接下来我们根据阳明的论说，来着重对（3）与（4）分别所包含的建构与批判作用，以及二者如何统一于阳明心学"肯定儒学为根本，否定佛老为辅翼"的理念特质进行具体分析。

（二）"三教同根"说的理论内涵

阳明"范围三教"的思想进路，具体体现在"三教同根"与"三家同堂"之说中。阳明将佛老看作儒家圣道的枝叶，并认为释迦与老聃实质上与儒家所讲的圣人并无差异，甚至声言圣学之究极即佛门之"空"。与"三教同根"说相呼应，阳明认为，三家本是同一厅堂，本无所谓三教之分，圣学大道本来是包含"完养此身"和"不染世累"的仙佛之道。然而，后世三教皆有流弊。世之儒者"举一而废百"，佛老之徒"自私其身"，最终导致三教皆沦为"小道"。因为"三教同根"说与"三家同堂"说有着相似的理论内涵，为方便论述，我们下文以"三教同根"说来兼指二者。

纵观阳明心学系统，"三教同根"说是阳明为了应对佛老思想对儒学的冲击，以儒学为主体、为本位，对佛老思想进行重大诠释与改造的基础上所形成的。其中，佛老探讨究极实相的"空""无"观和探讨入头动机的生死观（出离生死的成佛观和长生不死的修仙观）构成了阳明改造佛老之学两个重要层面。实质上，这两大层面在作为儒者评判对象的同时，也确实能够从整体上展现佛老之学的精神实质。所以，阳明在这两个层面对佛老之学改造的完成，也就相当于对整个佛道系统改造的完成。下面，我们就从这两个层面，来对阳明分别从建构性与批判性这两大环节上改造佛老之学的具体内涵进行展开。

第一，立足于佛老讲究极实相的层面，阳明化佛老之"空""虚"

第六章 阳明心学的良知教化

"无"为儒家"去人欲"的工夫。

众所周知,"空""无"之旨乃仙佛之究极。佛家爱讲"空""无",仙家爱讲"虚""无"。由此,阳明首先从仙佛之究极宗旨处对其进行改造。他讲:"仙家说到虚,圣人岂能虚上加得一毫实?佛氏说到无,圣人岂能无上加得一毫有?"[①] 实质上,佛家所讲的"空""无",本义是诸法因缘而生,其自性为"空",故佛家讲"色即是空,空即是色"(《心经》)。此为以现象之"有"说本体之"空"的进路。然而,阳明所讲之"空",则与佛家大异其趣。"空",所着重强调的是儒家去人欲的工夫。他讲,"吾辈用功只求日减,不求日增。减得一分人欲,便是复得一分天理"[②]。阳明所谓的"空""无",即是这种"日减"的工夫。"空"掉的、"无"掉的都是那些遮蔽天理道体、遮蔽良知本体的私欲。"空"掉这些私欲,良知本体就会自然呈现出来,遇事物之来就自能物来顺应。由此,个体愈是能"空"掉那些虚妄的价值分别,工夫也便愈加纯化高明,其所证显的本体也便愈加真实。心体若"空"到极致,便是圣人。阳明常讲,圣人的良知心体是廓然与太虚同体的,是无富贵、贫贱、得丧、爱憎之相的。可见,不同于佛家以"有"说"空"的进路,阳明所采用的是以"空"说"有"的进路。以"空"说"有",以"虚""无"说"有",这样既可以坚持儒家道德本体生生之"有"的主体本位,同时又不否定佛老之"空""虚""无"的言语形式。基于此,我们才能真正理解阳明"三教同根"说中的"学竟是空"。"空",并非是"空"掉湛若水所说的天道本体,[③] 而是要"空"掉那些贫贱忧戚、患得患失甚至悦生恶死之心。

这种转化的最终结果导致"空""虚""无"不是妨碍,而恰恰是证成儒家日用伦常之"道德"的关键环节。"空"既为破除私欲以证显本体的工夫,则吾人不须离开人伦日用而别寻圣道,而是应即人伦日用

---

① 《王阳明全集》,第121页。
② 《王阳明全集》,第121页。
③ "宇宙间只是一气充塞流行,与道为体,何莫非有,何空之云?虽天地弊坏,人物消尽,而此气此道亦未尝亡,则未尝空也。"(参见黎业明《湛若水年谱》,上海古籍出版社2009年版,第55页)

"教化儒学"的思想历程

而见本体实相。在此意义上,阳明肯定佛老之"空"乃得圣道之真,佛老之作佛成仙也即儒家之所谓成圣,圣人于仙佛"虚""无"之上并不能加一毫"实""有"。由此,从仙佛之究极实相的层面上,阳明经由这种创造性的诠释,赋予了佛老之学在阳明心学中的积极建构作用。

与这种积极建构环节相反,佛老所讲的究极实相在阳明心学还存在着一种否定批判环节。阳明指出,佛老之本真虽合于圣道,但并不意味着它在现世社会没有流弊。那些离开人伦之用而别求"空""无"的佛老之徒,实质上是因无法堪破生身命根处的悦生恶死之欲,才归隐山林而别求自在解脱的。然而,恰恰是因为这最后的悦生恶死之念没有"空"掉,他们事实上是不可能证显他们所谓的"空"体的。所以,阳明在论述圣人并不能在仙佛"虚""无"之上加一毫"实""有"之后接着讲:"但仙家说虚,从养生上来;佛氏说无,从出离生死苦海上来:却于本体上加却这些子意思在,便不是他虚无的本色了,便于本体有障碍。"① 此处所言,正为佛老所讲"空""无"之流弊,也是阳明所批判和消解的观点。这种流弊之所以产生,在于佛老之徒存有悦生恶死之心,从"养生"与"出离生死"之情欲执念出发来观照本体,这样自然不能客观地证显"空""无"。所以,这种脱离人伦道德日用的"空""无"观,乃是阳明所要批判和否定的:它在理论上指向割裂"空""有"的对立思维模式,在现世社会中指向罔顾天下国家而求作佛成仙的佛道修习者。

第二,立足于佛老讲入头动机的层面,阳明化佛老之"养身""超世"为儒家之"养德""养心",以儒家"道德"的精蕴来转变佛老"生死"的内涵。

上文已提到,某些仙佛之徒之所以不能证显空、无实相,关键在于其存有悦生恶死的执念。确实,佛家以超脱生死为教,道教以长生不死为标,二教旨归无不与生死问题紧密相关。佛老这种以了生死为宣引的做法,一方面,极大地增强了它们对传统士人的吸引力,为他们赢得了广泛信众:人们为求超脱与长生,弃儒学而修习仙释,投身

---

① 《王阳明全集》,第121页。

第六章 阳明心学的良知教化

佛老；另一方面，却也招致儒学更多的批评。这种来自儒学从入头动机层面对佛老的批判，自宋儒已多有所论。然而，以托言圣贤"不论生死"的消极回避的方式批判佛老，并不能从根本上抵御之。基于此，阳明一方面接续并转化宋儒的讲法，在承认宋儒对佛老之生死入头动机批判的基础上，将此批判的范围限定在佛老之流弊，而非其本真的环节上；另一方面则超越宋儒，对儒家"道德"与生死问题的内在关联给予了清晰地阐明。

阳明首先对"生死"的重大意义予以肯定。阳明将生死看作同儒家"尽性至命"密切关联的重大问题，实质上也就改变了前儒对生死问题存而不论的态度，肯定了佛老探讨生死的合理性。在此基础上，阳明却又对佛老生死问题的解答进行了创造性诠释。对于"超脱生死"和"长生不死"的说法，阳明并不否认，但他却将二者的内涵归本到儒家的道德上来讲。在阳明看来，生死问题之所以必然归本于道德，关键在于：人作为一身心统一体的存在，"身"和"心"实为一内在整体而不可或分。"养身"与"养心"实质上并无不同，既没有脱离开以养身为代表的生死问题的道德，也没有脱离开以养心为代表的道德问题的生死。阳明由此指出，佛老所讲养生、养身的生死观同儒家所讲养心、养德的道德观在本质上亦本无不同，三者皆可通达圣道，只是三教在或言道德或言生死的进路上有所不同。这样，立足于佛老讲入头动机的层面，阳明通过对"生死"的重新诠释，亦赋予了佛老在阳明心学中的积极建构作用。

同样，佛老所讲的生死，在阳明心学中亦存在着一种否定批判环节。生死既然不能脱离道德而独存，那么，那些脱离开人伦日用而追求外在肉体长生不死或了脱生死烦恼的人也就不能证显死生之道，不能证显生死的"空""无"之相而做佛成仙。在对这种佛老之流弊的批判中，阳明又继承了宋儒以佛老之言"生死"为"自私"的讲法，并将这种外在索求的思维方式所陷入的困境喻为"骑驴觅驴"之蔽。可见，阳明并不反对佛老讲生死，他甚至将生死问题作为自身心学建构的核心。但他强调的是根本意义上的生死，而非单纯外在意义上的生死表象。所以，他提倡学者要"须从根本求生死，莫向支离觅浊清"①。这也可以解释，为何别人问及佛老的冲举、仙佛之说时，阳明一般都避而不谈，而只在迫不得已的情况下才会详加论说。因为问者所理解的仙佛、长生之说同阳明所理解的完全不同。在阳明看来，问者完全是基于自身情欲、单纯外在的生死表象来理解佛老的，也即是从"佛老自私其身，是之谓小道"的层面上来理解的；而不是从"儒、佛、老、庄皆吾之用，是之谓大道"这一"圣学之全"的根本层面上来理解的。这种生死的意义在阳明的心学系统中自然是作为否定批判的环节来展现的。

综上，我们从佛老之究极实相与入头动机两个层面，对阳明以儒学的教化精神内涵改造佛老的"三教同根"说进行了简要概括。当然，这两个层面在阳明的具体论述中常常是截然不分的，因为它们本来就是内在关联的：动机的纯正与否同实相的透悟与否是互为因果的；能否彻底堪破自私意义上生死之念，同能否证显"空""无"之究竟实相是相互决定的。可以发现，通过这种改造与重新诠释，佛老之学在阳明心学中实现了一种彻底意义上转化：从具体观点上来看，包含生死、有无、身心、仙佛等理论在内的两大套佛道形上系统被收摄在以道德为旨归的儒学教化系统之内；从理念特征上来看，佛老系统所本有的出世性、彼岸性和宗教性被消融殆尽，取而代之的是儒学的入世性、道德性和日常性。所以，无论阳明怎样在表面上论述佛老的合理性，当别人向他问道时，他最终还是坚称："吾道既匪佛，吾学亦匪仙。坦然由简易，日用匪深玄。"② 可见，佛老在阳明心学中实质上就是一个被抽干了精神内涵的空壳，它的建构性仅仅是立足于语言形式这个空壳才成立起来的，而这个空壳的下面所蕴藏的则是儒学的精神内容。毕竟，脱离开出世性、彼岸性和宗教性，佛老也就不成为其自身了。故此，"三教同根"中佛老作为圣之枝叶，也仅具有形式上的意义。（3）的形式下面，还是在肯定儒学；而（4）的形式下面，则是从实质上在批判佛老。这样

---

① 《王阳明全集》，第864页。
② 《王阳明全集》，第808页。

第六章　阳明心学的良知教化

就能解释，在阳明的具体论述中，为何常常存在着那种一边肯定佛老，一边否定佛老的"矛盾"现象了。①

（三）"点铁成金"之法

反思阳明改造佛老之学的方法，可以发现，他对佛老之学的形式与内容采取的乃是一种分而治之的态度：通过保留佛老之学的形式，阳明宣称佛老同儒学一道，共同构成圣道真理的内在包容环节，从而赋予佛老之学作为积极建构环节存在于其良知系统之中；通过批判佛老之学的实质，阳明宣称其背离圣道真理，从而赋予它作为否定批判环节存在于其良知系统之中。这种保留佛老形式而否定其内容的方法，同某些学者以阳明为"阳儒阴释"的评判相反，恰恰是一种"阳释阴儒"的方法：它在整体实质上，对佛老当然是否定性的，然而对儒学却是肯定性的。因为那些被否定的佛老的内容正是被儒学所取代了。基于此，佛老才完成了向儒学的转变。这种方法的运用，在使阳明建构起"范围三教"、体大思精的心学系统的同时，更在儒学发展的历史进程中，对佛老之学进行了彻底的批判，完成了宋明理学捍卫儒学的任务，恢复了儒学教化精神之本有的内在生命力。

事实上，如果我们跳出"范围三教"的问题，就可以发现，这种保留形式而转变内容的方法，乃是作为阳明心学的根本方法贯通于其体系之中的。除却在"阳释阴儒"这冰山一角的层面上讲"儒、佛、老、庄皆吾之用"外，此一方法的根本性还表现在：阳明不但将它推扩至百家之学，赋予它对一切异质文明的普遍适用性；② 而且更将它推扩至包含山川草木与人伦制度等在内的万事万物，从而赋予它对一切人类意识的普遍适用性。这种保留形式、转变内容的方法，可以借用阳明之语而概括为："点铁成金。"③ 点铁成金之法，并不能理解为一种外在的方

---

① 例如，阳明在《书悟真篇答张太常二首》中，他一边讲"《悟真篇》是误真篇"，一边又讲"误真非是《悟真篇》"（参见《王阳明全集》，第820页）。

② "虽小道必有可观。如虚无、权谋、术数、技能之学，非不可超脱世情。若能于本体上得所悟入，俱可通人精妙。"（《王阳明全集》，第1297页）

③ "人若知这良知诀窍，随他多少邪思枉念，这里一觉，都自消融。真个是灵丹一粒，点铁成金。"（《王阳明全集》，第106页）

"教化儒学"的思想历程

法,它是一种有着它自身精神内涵的根本性方法。脱离开儒学这个"金"的精神内涵或主体性,阳明眼中佛老这块"铁"无论如何也不能构成圣道真理的内在环节。所以,此法是立于儒学之"金"的精神内涵或主体地位才成立的。这个"金"的精神内涵,就是阳明所说的"良知"。而"点铁成金"之法,也正是良知最为根本和奇特的妙用。在这种意义上,儒学在阳明那里也就被建构为一种方法,而具有方法论的意义。他常将良知比作"试金石""指南针",[①] 其道理亦在于此。从历史上看,以孔子为代表的儒家文明的初创奠基期与以阳明为代表的儒家文明融合异质佛道文明的完成期所采用的乃是同一种方法。前者是通过自身的文化主体性对那些尚未形成主体性的文明形式给予点化、提升的手段来实现的,后者是通过自身的文化主体性对那些有着自身主体性的文明系统予以形式上的认可肯定与内容上的批判否定的改造、转变的手段来实现的。从这种意义上说,阳明宣称其良知说乃是被埋没已久的千圣传心之要与儒门正眼法藏,确是有据可依的。

  由此而言,儒学的教化精神实内具着一种"点铁成金"的方法。正是这种内在于自身主体性的方法赋予了儒学开放性和包容性的特质,使它在遭遇异质文明与新生事物之际,能够立足自身的精神特质,立足自身的主体性,以其所本有的方法来完成对新生事物的理解与对异质文明的转化。而不是反过来,通过借取异质文明的部分内容或建构方法来填充自身。庄子曾说,"夫道不欲杂,杂则多,多则扰,扰则忧,忧而不救"(《庄子·人间世》);海德格尔(Martin Heidegger)也说,一切本质和伟大的东西,都只能在与它自身同源的传统中才能产生出来。[②] 这说明,每一种真正的文化观念和文明系统,都有着自身的主体性。这种文化主体性,能通过自身所拥有的内涵和方法,因时乘势,随物化形,在不同时代和不同情式下通过转变自身的形式而完成新生。近现代以来,在遭遇西学挑战的大背景下,无论是现成地引入诸如民主、自由

---

  ① 参见《王阳明全集》,第 105 页。
  ② 参见《海德格尔选集》下,孙周兴选编,上海三联书店 1996 年版,第 1289—1317 页。

第六章　阳明心学的良知教化

等西方观念，还是引入各式各样的西学研究方法，均未能拯救儒学的没落。然而这并不意味着儒学已经被时代淘汰了。国人之所以没有找到复兴儒学的方法，事实上跟近现代以来儒学主体性的丢失有着很大的关联。这个主体性如果不建立起来，那么一切吸收外来文明，谋求复兴传统文化之方法的口号都是空谈。这一点，作为阳明心学"范围三教"带给我们的方法论启示，在当今时代儒学复兴进程中，依然是值得深思的。

第 七 章
清代教化儒学思想研究

清代教化儒学思想的核心价值是其经世致用的实学理念。围绕这一理念内涵的阐发，清代教化儒学的发展大体体现为宋明理学的反思与整合、汉学的兴起与衰落以及今文经学的复兴与发展三种形态。每一种形态的兴起与衰落，都契合着对其一贯的经世理念的诠释，并充分体现了中国传统文化发展一脉相承的文质互变规律，以下拟对此分述之。

一 "经世致用"的价值观

经世致用是清代教化儒学思想的核心价值所在。清代学者在学宗上无论是心学派还是理学派、汉学家还是今文经学家，在身份上无论是人君还是士大夫，其信持儒学教化之功皆着落在经世致用上。

(一) 学以经世

在学术层面上，不同学宗的清代学者皆秉持经世致用的价值观。

清初，师从心学一系的黄宗羲曾言道："儒者之学，经纬天地。而后世乃以语录为究竟，仅附答问一二条于伊、洛门下，便厕儒者之列，假其名以欺世。治财赋者则目为聚敛，开阃捍边者则目为粗才，读书作文者则目为玩物丧志，留心政事者则目为俗吏，以生民立极，天地立心，万世开太平之阔论钤束天下。一旦有大夫之忧，当报国之日，则蒙然张口，如坐云雾，世道以是潦倒泥腐，遂使尚论者以为立功建业，别是法门，而非儒者之所与也。"① 这段话既是对宋明理学发展之弊的反省与批判，也表现出强烈的经世致用的学术思想倾向。学宗程朱的陆世仪认为："天下无讲学之人，此世道之衰；天下皆讲学之人，亦世道之衰也。三代之世，君君、臣臣、父父、子子，各务躬行，各敦实行。庠序之中，诵《诗》《书》、习《礼》《乐》而已，未尝以口舌相角胜也。嘉隆之间，书院遍天下，讲学者以多为贵，呼朋引类，动辄千人，附影逐声，废时失事，甚至有借以行其私者。此所谓处士横议也，天下何赖焉。"② 陆世仪还指出："今人所当者，正不止六艺，如天文、地理、河渠、兵法之类，皆切于用世，不可不讲。俗儒不知内圣外王之学，徒高谈性命，无补于世，此当世所以来迂拙之讥也。"③ 他本人亦是学问广博，对于天文地理、礼乐农桑、河渠贡赋、战阵刑法皆有广泛涉猎，他认为这些都是治国安邦不可或缺之处，因而强调人才取用要"体用具备，文武兼资"，唯此才能救亡图存，造福社稷。宗师张载的大儒王夫之以为："书义而外，论以推明经史，而通其说于治教之详，策以习天人之乱、礼乐、兵刑、农桑、学校、律历、吏治之理，非此则浮词靡调，假于五经、四书而不知其所言者何谓，国无可用之士，而士益偷则益贱。"④ 在此，王夫之强调学以经世，主张学以致用。清代的颜李学派是清代实学的重要代表，主张实文、实行、实体、实用，要求"见之事""证诸物""讲实话，行实事"。其创始人颜元更明确指出："学习躬行经济，吾儒本业也；舍此而书云书云，讲云讲云，宋明之儒也，非唐虞三代之儒也。"⑤ 颜元还在其主持漳南书院时期创设文事、武备、经史、艺能、理学、帖括六斋，亲自践行其通经致用的主张。其弟子李

---

① （清）黄宗羲：《赠编修弁玉吴君墓志铭》，《南雷诗文集》（上），《黄宗羲全集》第10册，浙江古籍出版社1994年版，第421页。
② （清）陆世仪：《大学类》，《思辨录辑要》卷1，《丛书集成初编》本，第668册商务印书馆1936年版，第8页。
③ （清）陆世仪：《大学类》，《思辨录辑要》卷1，《丛书集成初编》第668册本，商务印书馆1936年版，第13页。
④ （清）王夫之：《噩梦》，《船山全书》第12册，岳麓书社1988年版，第569页。
⑤ （清）颜元：《论开书院讲学》，《习斋记余》卷6，《颜元集》，中华书局1987年版，第519页。

"教化儒学"的思想历程

埴亦倡导习行践履,主张学者干济实事。

乾嘉时期,汉学兴盛。汉学家们恪守"读九经自考文始,考文自知音始"的治经原则,以为训诂明则义理明,用戴震的话说就是:"诂训明则古经明,古经明则贤人圣人之义理明。"① 因此并不能简单地认为乾嘉汉学全然拘泥文字考订,不通义理,没有现实关怀。事实上,乾嘉汉学的兴起存在内外诸方面因素,其中一个重要的原因就是清初理学批判中的经世精神,这一精神使之后学风趋向于实,进而引导了乾嘉汉学治学方向与治学方法的转变。从根本上讲,乾嘉汉学之训诂考据只是治学之方,究其实还是要落在经世致用的义理上。例如凌廷堪提出"以礼代理"的主张,一个重要原因就是认为"夫舍礼而言道,则空无所附;舍礼而言,则茫然无所从"②"圣人之道也,则舍礼奚由哉!"③ 而同样主张"以礼代理"的焦循则以为:"知有礼者,虽仇隙之地,不难以揖让处之,若曰虽伸于理,不可屈于礼也。知有理者,虽父兄之前,不难以口舌争之,若曰虽失于礼,而有以伸于理也。今之讼者,彼告之,此诉之,各执一理,譊譊不已。为之解者,若直论其是非,彼此必皆不服;说以名分,劝以孙顺,置酒相揖,往往和解。可知理足以启争。而礼足以止争也。"④ 由上可见,凌廷堪与焦循"以礼代理"的主张皆是立足于经世致用的需要,力图切实化解社会矛盾,建立和谐的社会秩序。戴震的经世主张则与之有所不同,他认为宋儒脱离情欲言理,不知民情却又以理约制于人,犹如酷吏使用刑罚一样,甚至比以法杀人更残酷,因为它是自欺欺人的。他的《孟子字义疏证》便是运用训诂法并结合义理深刻辨析了人的理欲关系,具有极大的现实启示意义。此外,倡导经史之学的钱大昕、章学诚也体现了经世致用的情怀,并在此基础上对偏执于考订训诂的汉学家进行了纠正。钱大昕继承了儒家经史之学

---

① (清)戴震:《题惠定宇先生授经图》,《戴震杂录》卷11,《戴震全书》第6册,中华书局1998年版,第505页。
② (清)凌廷堪:《校礼堂文集》卷10《荀卿颂》,中华书局1998年版,第76页。
③ (清)凌廷堪:《校礼堂文集》卷4《复礼上》,中华书局1998年版,第28页。
④ (清)焦循:《理说》,《雕菰集》卷10,《丛书集成初编》本,第2193册商务印书馆1936年版,第151页。

第七章 清代教化儒学思想研究

重在经世的文化传统，以为"儒林经济非两事""经史自可致治平"①，并提出为文的四项要求："曰明道，曰经世，曰阐微，曰正俗。"② 他以为："儒者之学，在乎明体以致用"③，故而指出"《易》《书》《诗》《礼》《春秋》，圣人所以经纬天地者也，上之可以淑世，次之可以治身，于道无所不通，于义无所不该"，并认为"残守专己者，辄奉一先生之言以为依旧，虽心知其不然，而必强为之辞。又有甚者，吐弃一切，自夸心得，笑训诂为俗儒，诃博闻为玩物，于是有不读书而号为治经者，并有不读书而号为讲学者"④。章学诚主张"六经皆史"，认为治学的根本在于明道，同时又认为"以道名学而外轻经济事功，内轻学问文章，则守陋自是，枵腹空谈性天"⑤，又言："君子苟有志于学，则必求当代典章，以切于人伦日用；必求官司掌故，而通于经术精微，则学为实事，而文非空言，所谓有体必有用也。不知当代而言好古，不通掌故而言经术……虽极精能，其无当于实用也审矣。"⑥

历史发展到清代嘉道时期，清朝已经衰落，内有民变，外有西学涌入和列强入侵，因此如何实现国家自强，抵抗内忧外患，便成为一个非常切实的问题。在此背景下，经世致用就更加成为儒学教化的精神指向。嘉道时期，今文经学之所以得到发展的一个重要原因就是它具有经世致用的特点。乾嘉汉学的学风导致学术陷入烦琐考证、一味墨守泥古而忽视了义理阐发与思想的融汇，同时缺乏积极、明确的现实关怀和解决现实问题的能力，以致在社会出现问题的时候缺乏应有的责任担当。为了扭转汉学颓风，一些学者开始发挥今文经学的微言大义的精神，发挥经文以求经世致用之功。如恽敬批评汉代那些通经博士，以为"彼诸儒博士者，过于尊圣贤，而疏于察凡庶；敢于从古昔，而怯于赴时势；

---

① （清）钱大昕：《潜研堂文集》，《四部丛刊初编缩本》，商务印书馆1975年版，第645页。
② （清）钱大昕：《潜研堂文集》，《四部丛刊初编缩本》，第327页。
③ （清）钱大昕：《潜研堂文集》，《四部丛刊初编缩本》，第235页。
④ （清）钱大昕：《潜研堂文集》，《四部丛刊初编缩本》，第195页。
⑤ （清）章学诚、仓修良编：《文史通义新编》，上海古籍出版社1993年版，第693页。
⑥ （清）章学诚著，叶瑛校注：《文史通义校注》，中华书局1985年版，第231页。

"教化儒学"的思想历程

笃于信专门，而薄于考通方"①。张惠言则以为："古之以文传者，虽与圣人有合有否；要就其所得，莫不足以立身行义，施天下致一切之治。"② 此外龚自珍亦由原初专于朴学而转为经世之实学，主张"通经致用"，他的《明良论》和《乙丙之际著议》即是这方面的代表作。他一方面主张仿古法以救今日之病，即以讲廉耻正世风；另一方面又主张更法、变法，以为"一祖之法无不敝，千夫之议无不靡，与其赠来者以劲改革，孰若自改革"③。另一位代表人物魏源则师从数位经学大师，他提出了"以经术为治术"的主张，并以今文经学的"三统说"来发挥社会进化论，以为"三皇之事，若有若无；五帝之事，若存若灭；三王之事，若明若昧；时愈古则传愈少"④，主张"天下无数百年不弊之法，无穷极不变之法，无不除弊而能兴利之法无不易简而能变通之法"⑤。

综上所述，清代儒学的教化之功在学术层面上始终贯穿着经世致用的精神，且在时代转换与学风变迁之际表现尤为明显。

（二）治道一体

在政治层面上，清代不同身份的统治者亦是秉持着"经世致用"的利用、实用目的来对待儒学，这也可以看作儒学教化作用在政治层面上的作用。对此我们可以通过一些具体的言论主张和做法来进一步认识。

历史上，清朝统治者对待儒学的态度存在着一系列的变化。清初，满族在扩张战争中曾推行了一系列措施，其中剃发、易服、圈地、投充、逃人、占房六项内容可谓是为害最烈。它们源于满族自己的文化传统，但它们的强制推行则成为强迫异族归顺的政治行为，这直接造成了满族文化传统与汉族文化传统的对立、冲突。其中，剃发令直接伤害了

---

① （清）恽敬：《三代因革论八》，《大云山房文稿》初集卷1，《万有文库》本，商务印书馆1935年版，第17页。
② （清）张惠言：《茗柯文编》三编，上海古籍出版社1984年版，第117页。
③ （清）龚自珍：《龚自珍全集》第一辑，上海古籍出版社1999年版，第5—6页。
④ （清）魏源：《魏源集》上册，《默觚》上，《学篇》一，中华书局1976年版，第3页。
⑤ （清）魏源：《魏源集》上册，《默觚》上，《学篇》一，第432页。

第七章　清代教化儒学思想研究

汉人的民族自尊心，提升了满汉矛盾，引发了汉族强烈反抗，黄宗羲、顾炎武等人皆对此深恶痛绝。而圈地、投充等制度又使国家失去了纳税的人丁，国课亏减，结果就是肥了私人，亏了国家，可谓是"上下交困，莫此为甚"。随后，清初统治者开始进行一定程度上的文化调适，接纳儒学、崇儒重道便是其中一项重要的举措，其目的就是缓和满汉民族矛盾、收服汉族知识分子的人心、稳定社会秩序、强化政治统治。而客观上，儒学正统地位的确立也使其经世致用的教化职能得到充分发挥。

具体说来，清太宗皇太极时期即已开始接纳儒家仁政学说，采用了一些尊孔重儒的政策，如崇德元年（1636年）八月，皇太极派遣内秘书院大学士范文程致祭至圣先师孔子，"并仿旧制以复圣颜子、宗圣曾子、述圣子思子、亚圣孟子配享"，并定于每年春、秋行释奠礼，这是清政府第一次国家性的祭孔活动。[①] 清代顺治朝前期，在文化倾向上表现出来的是儒、释、道、满、耶五教并举。结果引发了一些汉臣的警惕，以为世道人心当有所归，倡导儒学治世。于是顺治朝后期确定了"兴文教，崇经术"的治国方针。顺治九年（1652年），清世祖举行了"临雍释奠大典"，并对太学师生言道："圣人之道，如日中天，上赖之以致治，下习之以事君。尔等务尽心教训诸生，诸生亦当祗承师训，力体诸身，教成为师训之功，学成乃弟子之职。"[②] 十年，颁谕礼部："国家崇儒重道，各地方设立学宫，令士子读书，各治一经，选为生员，岁试、科试入学肄业，朝廷复其身，有司接以礼，培养教化，贡明经，举孝廉，成进士，何其重也。"[③] 可见这时崇儒重道已经成为一项重要的国策。十二年又颁谕礼部："今天下渐定，朕将兴文教，崇经术，以开太平。"[④] 顺治十四年（1657年）九月，清廷举行了清朝历史上第一次经筵盛典，清世祖还号召臣民尊孔读经，这是清代前期"尊孔崇儒，表彰理学"的开端，为以后清代统治者所效仿。

---

① 参见梁从峨《繁荣与危机——清代儒学》，中州古籍出版社2017年版，第9—11页。
② 《清世祖实录》卷68，《清实录》第3册，中华书局1985年影印本，第539—540页。
③ 《清世祖实录》卷74，第585页。
④ 《清世祖实录》卷91，第712页。

"教化儒学"的思想历程

清圣祖康熙亲政后延续了顺治时期的策略。康熙朝初期，满族贵族保守势力有所抬头，主张恢复满洲"家法祖制"的呼声十分强烈。然经康熙帝与汉臣的努力乃得以纠偏，确立了"满汉如一体"的施政方针。清康熙帝曾谈到自己的治学经历，说八岁"学庸训诂，询之左右，求得大意而后愉快。日所读者，必使字字成诵，从来不肯自欺。及四子之书既已通贯，乃读尚书，于典谟训诂之中，体会古帝王孜孜求治意"。而后"读大易，观象玩占，实觉义理悦心。"① 其学无所不包，举凡"帝王政治，圣贤心学，六经要旨，无不融会贯通"。② 康熙九年（1670年），康熙帝晓谕礼部，称："朕维至治于世，不以法令亟，而以教化为先。其时人心醇良，风俗朴厚，刑措不用，比屋可封，长治久安，茂登上理。盖法令禁于一时，而教化维于可久。若徒恃法令，而教化不先，是舍本而务末也……朕今欲法古帝王尚德缓刑、化民成俗。"③ 于是在顺治帝"六谕"基础上颁布《圣谕十六条》作为施政纲领，即"敦孝弟以重人伦、笃宗族以昭雍穆、和乡党以息争讼、重农桑以足衣食、尚节俭以惜财用、隆学校以端士习、黜异端以崇正学、讲法律以儆愚顽、明礼让以厚风俗、务本业以定民志、训子弟以禁非为、息诬告以全善良、诫匿逃以免株连、完钱粮以省催科、联保甲以弭盗贼、解雠忿以重身命"。④ 这十六条在全国各地不断宣讲，后成为定制。十六条充分发挥了儒学重道德伦理、合宗族乡党、明礼教操守、奖善黜恶、移风易俗的教化职能。康熙十六年（1677年）十二月，他在御制《日讲四书解义序》中，又明确宣布要将治统与道统合一，以儒家学说为治国之本。如其言："朕惟天生圣贤，作君作师，万世道统之传，即万世治统之所系也。""道统在是，治统亦在是矣。历代贤哲之君，创业守成，莫不尊崇表彰，讲明斯道。"⑤ 所谓道统即是儒家一贯传道谱系，也就

---

① 《清圣祖实录》卷117，中华书局1985年影印本，第5册，第19页。
② 参见《清圣祖实录》卷1，中华书局1985年影印本，第4册。
③ 《清圣祖实录》卷34，中华书局1985年影印本，第4册，第461页。
④ 《清圣祖实录》卷34，康熙九年十月初九日条。
⑤ 《御制文集》初集卷19，《日讲四书解义序》，《四库全书》本，第1298册，商务印书馆2008年影印本，第185页。

第七章 清代教化儒学思想研究

是儒家所公认的圣贤与经典序列。道统与治统合一则深刻表明了学以经世的价值取向。而在具体制度上，清政府也采取了一系列相应措施，如重开学校、科举制度、重开日讲、经筵等。清代儒学名臣魏裔介、熊赐履、李光地等人便是以日讲、经筵等形式向康熙帝施以儒学教化。其中，熊赐履自康熙十年二月到十四年三月间一直充当日讲官。熊赐履崇信朱熹之学，也由此将康熙帝引入理学之门。

由上可见，在康熙朝，儒学教化之功得到了极大的发挥。公元1691年，古北口总兵官蔡元向朝廷提出他管辖的一段长城年久失修，要求朝廷准许修筑。结果康熙的答复是："秦筑长城以来，汉唐宋常修理，其时岂无边患？明末我太祖统大兵长驱直入，诸路瓦解，皆莫能当。可见守国之道，惟在修德安民。"长城的形象一直具有闭关锁国的象征义，意味着从思想到形式的隔阂、界限。康熙的这一决断显然打破了它的这种象征义，为当时儒学正统地位的确立定下了基调，做到这一点是十分不易的。清代最初的汉族知识分子在文化上是极其固执、强硬的，反清复明绝不仅是政治上，更是思想上、身体上的。大学者刘宗周在清兵进杭州后即决定绝食殉国，其有言曰："予之自处，唯有一死。先帝之变，宜死；南京失守，宜死；今监国纳降，又宜死。不死，尚俟何日"，二十多天后殉节。但是到了康熙朝时期，事情发生了变化。康熙在讨伐吴三桂的战争还未结束时，就向全国发出了一个"崇儒重道"的通知，这显然是一种寻求文化融合的积极态度。最后虽然傅山、李颙、黄宗羲等明朝遗民遵循"夷夏之防"的观念没有直接出山，但还是支持他们的儿子或弟子出来接受儒学传承的工作。正是在此背景下，有清代实现了崇儒重道以经世致用之文化政策的重大转向。

除了皇帝以外，清代崇信儒学的大臣如包世臣、陶澍、姚莹、林则徐、贺长龄、徐松、徐继畬等人也积极将儒学教化之功着落于经世致用之上。包世臣曾讲道："国立于三，行之以一。夫维心以德，养尊以威，合众以财，财匮则威不行，威沮则德不立。"[1] 范麟曾在其著述中记载

---

[1] （清）包世臣：《说储上篇前序》，《小倦游阁集》卷3，《续修四库全书》第1500册，上海古籍出版社2002年版，第400页。

"教化儒学"的思想历程

了包世臣的经世之业，说他："嘉庆戊午东游楚北，为浦城祖承宣画招流亡、开屯田、营战屯守之策。""戊辰游袁甫，觉罗长文敏公、大庾戴文瑞公闻声下交，立谈之间，以罢徐扬六府州摊征三百六十万已成之议。辛未秋，佐百文敏公治河，临工决盖坝之策，旬日间使袁甫、板闸、淮安百万家得免为鱼而就高枕。丙寅夏在扬州，诱伊太守举荒政，全流民三万。甲戌冬在白门，激百文敏公举荒政，活饥民八万。""其余当路多采先生河槽盐法之论而行之。"① 陶澍则在其为官期间严查贪腐受贿，着力海运与漕运，兴修水利，禁鸦片，改兵制。姚莹亦是精勤政务，为此林则徐称赞他："学问优长。所至于山川形势，民情利弊，无不悉心讲求，故能洞悉物情，遇事确有把握。前在闽省，闻其历著政声。自到江南，历试河工、漕务、词讼听断，皆能办理裕如，武进士民，至今畏而爱之。"② 林则徐自身则是查禁鸦片之名臣，此外还组织翻译了大量西方报刊书籍，以开发民智，在这方面，徐松与徐继畲亦是贡献良多，此不赘述。

二 "分合出新"的教化形态

围绕"经世致用"这一实学理念的阐发，清代教化儒学的发展乃大体体现为宋明理学的反思与整合、汉学的兴起与分化以及今文经学之复兴与发展三种形态，以下对此分述之。

（一）反思与整合

清初教化儒学的发展主要表现为在经世致用的宗旨下对宋明理学进行反思与整合。从反思的方面看，主要是总结宋明理学发展的经验教训，批判其空谈心性命理、不务实际。如颜元批判朱子学的人性论，以为天命附于人才是性，脱离人的"天命之性"并不存在。在理气善恶

---

① 范麟：《读安吴四种书后》，《齐民四术》附录，中华书局2001年版，第445—446页。

② （清）姚莹：《十幸斋记》，《东溟文后集》卷9，《续修四库全书》第1512册，上海古籍出版社2002年版，第576页。

第七章 清代教化儒学思想研究

的问题上，他主张气恶理亦恶，理善气亦善。理气相即，气乃理之气，理乃气之理。朱子学所谓理善气恶的现象是不存在的。所谓恶乃是人在后天习染所致。

张履祥则批评阳明心学，以为"姚江以异端害正道，正有朱紫、苗莠之别。其弊至于荡灭礼教。今日之祸，盖其烈也"①。又言："儒者不为儒者之学，反去旁求二氏之说，搀入正道。二氏亦不专守二氏之说，则欲袭取儒先之言，牵合彼教。此百余年以来，积重之习。想此风自宋时渐有，而决裂大闲，则始于三教一门，遂令滥觞，不可界限。学术之祸中于世运，夷夏之闲亦致尽决。率兽食人，人将相食，未知何时而已也。"② 魏裔介以为"后世象山、阳明俱以颜子为心学之宗。陆一传而为慈湖至不起意，而陆入于禅矣。王一传而为龙溪至无善无恶，而王又入于禅矣"③。熊赐履则指出："自姚江提宗以来，学者以不检饬为自然，以无忌惮为圆妙，以恣情纵欲、同流合污为神化，以灭理败常、毁经弃法为超脱。学术人心，敝于败坏。"④

当然，在反思的过程中，朱子理学与阳明心学也在很大程度上出现了融合的趋势。清初学术门户之争主要指朱子学与王学之争，这在官修《明史》时是否立《道学传》上表现尤为突出。当时徐乾学作为监修，他认为"明朝讲学者最多，成、弘以后旨归各别。今宜如《宋史》例，以程朱一派另立《理学传》"，而将与程朱不同的陈献章、王守仁等尤其是王门后学列入《儒林传》。这一倡议导致争论四起。它所凸显的实即理学与心学的门户之争。对此，一些学者则能够摆脱门户之见，积极倡导融合二教。如孙奇逢以为："朱则成其为朱，陆则成其为陆。圣贤豪杰，豪杰圣。即有不同，亦不失建安、姚江面目，又何病焉。某谓学人不宜有心立异，亦不必著意求同。若先儒无同异，

---

① （清）张履祥：《杨园先生全集》卷4《答沈德孚二》，中华书局2002年版，第85页。
② （清）张履祥：《杨园先生全集》卷28《愿学记三》，中华书局2002年版，第777—778页。
③ （清）魏裔介：《为学门·总论》，《希贤录》卷1，《四库全书存目丛书》第154册，齐鲁书社1995年影印版，子部，第277页。
④ （清）熊赐履：《闲道录》，《四库全书存目丛书》第22册，齐鲁书社1995年影印版，子部，第34页。

后儒何处著眼。""亦各存其所见而矣。""尝思之,固不敢含糊一家之言,亦不敢调停两是之念。不坠之绪,即剥丧蔑贞,必存乎其人。譬之适都者,虽南北之异,远近之殊,要必以同归为止。"① 其又言:"门宗分裂,使人知反而求之事物之际,晦翁之功也,然晦翁殁而天下实病,不可不泄,词章繁兴使人知反而求之心性之中,阳明之功也。然阳明殁而天下之虚病不可不补。"② 他强调与其争门户,不如真践行,正所谓:"言阳明之言者,岂遂为阳明?须行阳明之行,心阳明之心,始成其为阳明。言紫阳之言者,岂遂为紫阳?须行紫阳之行,心紫阳之心,始成其为紫阳。我辈今日要真实为紫阳,为阳明,非求之紫阳、阳明,各从自心自性上打起全副精神,随各人之时势身份,作得满足无遗憾,方无愧紫阳与阳明。无愧二子,又何惭于天地,何惭于孔孟乎?"③

与此同时,清初儒学在教化方面又提出了诸多新的见解:

1. 尊朱为正,树于庙堂。张伯行、汤斌、熊赐履、李光地等人皆以朱子学为正统,竭力使其成为庙堂之学。如张伯行指出:"朱子之学,主敬以立其本,穷理以尽其知,反躬以践其实,为功切实可循。"④ 陆陇其以为:"继孔子而明六艺者,朱子也。非孔子之道者皆当绝,则非朱子之道者皆当绝。"⑤ 李光地则称:"自朱子以来,至我皇上又五百年,应王者之期,躬圣贤之学,天其殆将复启尧舜之运,而道与治之统复合乎!伏惟皇上承天之命,任斯道之统,以升于大猷。"⑥ 经过魏裔介、熊赐履、李光地等人的大力推许以及日讲、经筵等形式的渐进影响,清圣祖康熙帝乃开始尊崇理学尤其以朱子学为尊,康熙以为孔孟之

---

① (清)孙奇逢:《夏峰先生文集》卷2《寄张蓬轩》,中华书局2004年版,第62页。
② (清)赵御众、汤斌等编:《孙夏峰先生年谱》,《孙奇逢集》中册,中州古籍出版社2003年版,第140页。
③ (清)孙奇逢:《夏峰先生文集》卷2《与魏莲陆》,中华书局2004年版,第69页。
④ (清)张伯行:《何干公余》,《困学录集萃》卷2,《丛书集成初编》本,第675册商务印书馆1936年版,第25页。
⑤ (清)陆陇其:《四书集义序》,《陆稼书先生文集》卷2,《丛书集成初编》本,第2475册商务印书馆1936年版,第52页。
⑥ (清)彭绍升:《故光禄大夫文渊阁大学士李文贞公事状》,载钱仪吉编《碑传集》卷13,中华书局1993年版,第333页。

学"至于朱子集大成,而继千百年绝传之学,开愚蒙而立亿万世一定之规,穷理以致其知,反躬以践其实,释《大学》则有次第,由致知而平天下;自明德而止于至善,无不开发后人而教来者也。五章补之于断简残篇之中,而一旦豁然贯通之为要,虽圣人复起,必不能逾此。问《中庸》各篇之义,则不偏不倚,无过不及之名,未发已发之中,本之于时中之中,皆先贤所不及也。若《语》《孟》则逐篇讨论,皆内圣外王之心传,于世道人心之所关匪细。如五经则因经取义,理正言顺,和平宽宏,非后世浅见而轻议者同日而语也。至于忠君爱国之诚,动静语默之敬,文章言谈之中,全是天地之正气,宇宙之大道"。康熙以为朱子学"非此不能知天人相与之奥,非此不能治万邦于衽席,非此不能仁心仁政施于天下,非此不能外内为一家。读书五十载,只认得朱子一生居心行事"①。又以为"体道亲切,说理详明,开发圣贤之精微,可施诸政事,验诸日用,实裨益于身心性命者,惟有朱子之书,驾乎众家之上。令人寻味无穷,久而弥觉其旨。此朕读书嗜古,阅历数十年之后,有得于心"②。由此,康熙帝乃以理学尤其是朱子学为基础,确立了其道统与治统相统一的国策。

2. 明体达用,贵在应务。李颙明确提出儒学乃是"明体适用"之学,其言曰:"儒学明晦,不止系于士风盛衰,实关系生民休戚、世运否泰。儒学明,则士之所习者,明体适用之正业,处也有守,出也有为,生民蒙其利济,而世运宁有不泰?儒学晦,则士之所攻者,辞章记诵之末技,处也无守,出也无为,生民毫无所赖,而世运宁有不否?"③对于"明体适用",他的解释是:"穷理致知,反之于内,则识心悟性,实修实证,达之于外,则开物成务,康济群生。夫是之谓明体适用。"④在此基础上,他又进一步言道:"今无论出于佛书、儒书,但论其何体

---

① 清圣祖:《御制朱子全书序》,《御制文集》第 4 集卷 21,《四库全书》本第 1299 册,商务印书馆 2008 年影印本,第 534—535 页。
② 清圣祖:《康熙几暇格物论》,《御制文集》第 4 集卷 21,《四库全书》本第 1299 册,商务印书馆 2008 年影印本,第 581 页。
③ (清)李颙:《二曲集》卷 14,中华书局 1996 年版,第 120 页。
④ (清)李颙:《二曲集》卷 14,第 120 页。

何用。如明道存心以为体,经世宰物以为用,则体为真体,用为实用。此二字出于儒书故可,即出于佛老亦无不可。苟内不足以明道存心,外不足以经世宰物,则体为虚体,用为无用。此二字出于佛书固不可,出于儒书亦岂可乎?"① 此外,他认为:"明体而不适用,失之腐;适用不明体,失之霸。腐与霸,非所以言学也。"② 由此他又提出:"天下之大根本,莫过于人心;天下之大肯綮,莫过于提醒天下之人心。然欲醒人心。惟在明学术,此在今日为匡时第一要务。"③ 为明人心,李颙十分主张办学校讲学,以为:"最上道理,只在最下修能,不必骛高远。说精微,谈道学,论性命,但就日用常行,纲常伦理,极浅极近处做起。"但是李颙也指出需制民之产而后教,其言曰:"民有恒产,然后可望其有恒心。故明君将欲兴学校以教民,必先有以制民之产;所以然者,衣食足然后可望其知礼义也。后世言治者,动曰兴学校,却全不讲为民制恒产,不知恒产不制,而责民以恒心,是犹役馁夫负重,驱羸马致远,纵勉强一时,究之半途而废耳。"④ 张履祥则主张"明理适用",为此他讲道:"为学只一件事,非有歧也。今人不知,为应举者则曰科举之学,为治道者则曰经济之学,为道德者则曰道学,为百家言者则曰古学,穷经者则曰经学,治史者则曰史学。噫!学若是歧乎!夫学一而已矣,理义之谓也。圣人先得我心之所同然也,吾唯从事于我心之所同然。修之于身则为道德,见之于行则为事业,发之于言则为文章,事亲、从兄,此理也,此义也;敷奏以言,明试以功,此理也,此义也;为法天下,可传后世,此理也,此义也。"⑤ 对于"明理适用",他解释道:"读书所以明理,明理所以适用。今人将适用二字看得远了,以为致君泽民,然后谓之适用。此不然也。即如今日,在亲长之前,便有事亲长之理;处宗族之间,便有处宗族之理;以至亲戚、朋友、乡党、州里,无一不然;以至左右仆妾之人,亦莫不然。此际不容一处缺陷,处之当与不

---

① (清)李颙:《二曲集》卷16,中华书局1996年版,第149—150页。
② (清)李颙:《二曲集》卷7,第48页。
③ (清)李颙:《二曲集》卷12,第104页。
④ (清)李颙:《二曲集》卷43,第539页。
⑤ (清)张履祥:《杨园先生全集》卷13,中华书局2002年版,第369—370页。

当，正见人实际学问。孟子曰：君子以仁存心，以礼存心。又曰爱人者，人恒爱之；敬人者，人恒敬之。又曰：舜为法于天下，可传于后世，我犹未免为乡人也，是则可忧也。舜之横逆，直从父子兄弟之间起来，较之宗族乡党，其难百倍。然自瞽瞍底豫，以至格及有苗，无非爱敬之尽处。故曰：君子必自反也，我必不仁也，必无礼也；我必不忠。《中孚》格及豚鱼，诚爱诚敬，岂有终不可格之理。"① 值得注意的是，张履祥对于程朱理学与陆王心学的历史检讨与褒抑也是建立在如上的价值评断标准上的。此外，康熙朝名臣李光地在尊朱的基础上亦提出了自己的三大为学之要："一曰存实心，二曰明实理，三曰行实事。"又言："惟圣人之道谓之中庸，过此即为隐怪。此是实理，此是实心，此是实事。即浅即深，即粗即精，无大无小，无内无外。"② 概言之，李光地仍是发挥儒家传统的内圣外王之学，为此，他一面批评了汉唐诸儒重外王轻内圣的做法，指出："自孔、孟后，心学不讲，汉唐儒者，虽读儒书，只以谶纬、文词为事，讲到经济、气节而止，将孔子合外内之道遗却一边，全不从天命之性、自己心上下工夫。"③ 另一面则又强调学以致用，通于事功。在此，他特别发挥了儒家传统的民本思想。其言曰："大抵天生民而立之司牧，非徒以荣之，将使助天而生养斯民也。苟以救民为心，虽汤武之放伐，《大易》以为顺天应人；管仲之事仇，圣人以为仁。孟子曰：民为贵，社稷次之，所见精矣。"④ 又言："由孟子之论，见得天为民立君，原以治安百姓，非为君一家欲其富贵久长，世世子孙享受也。故汤武革命，受命于天，绝无不是处。孟子直是从天立论，得最上一层道理。"⑤

3. 学本经史，道事一体。全祖望曾表彰黄宗羲之学说："自明中叶以后，讲学之风，以为极敝，高谈性命，直入禅障，束书不观，其稍平者则为学究，皆无根之徒耳。先生始谓：学必原本于经术而后不为蹈

---

① （清）张履祥：《杨园先生全集》卷13，第367—368页。
② （清）李光地：《榕村语录》卷13，中华书局1995年版，第410—411页。
③ （清）李光地：《榕村语录》卷13，第417页。
④ （清）李光地：《榕村语录》卷22，第397页。
⑤ （清）李光地：《榕村语录》卷5，第75页。

虚；必证明于史籍，而后足以应务；元元本本，可据可依，前此讲堂痼疾，为之一变。"① 黄宗羲本人曾言："读书不多，无以证斯理之变化，多而不求于心，则为俗学。"② 其又言："学者必先穷经，然拘执经术，不适于用。欲免迂儒之诮，必兼读史。"③ "儒者之学，经纬天地。"④ 黄宗羲主张学贵适用，注重学术与事功的统一。一方面他讲："古今学术不能无异同，然未有舍体而言用者。所谓体者，理也。"⑤ 另一方面他又讲："心无本体，工夫所至，即是本体。"⑥ 这是强调学不止于博而要有体，体要在实用之工夫上成就，正所谓："道无定体，学贵适用。奈何今之人执一以为道，使学道与事功判为二途。事功而不出于道，则机智用事而流于伪；道不能达于事功，论其学则有，适于用则无，讲一身之行为则似是，救国家之急难则非也，岂真儒哉！"⑦ 黄宗羲的"学贵适用"论主要体现在两个方面的力行：一方面是经世应务，即对现实政治经济的关注。在政治层面上，他反对专制君权，指出："古者以天下为主，君为客，凡君之所毕世而经营者，为天下也"，故"天下之人爱戴其君，比之如父，拟之如天，诚不为过"。但"今也以君为主，天下为客，凡天下之无地而得安宁者，为君也"，故"天下之人怨恶其君，视之如寇仇，名之为独夫"。由此黄宗羲提出"为天下之大害者，君而已矣"。⑧ 在他看来，君是服务于民的，是"不以一己之利为利，而使天下受其利""合天下之私以成天下之公"的人，由此他也反对"臣为君设"的认识，指出臣之立"为天下，非为君也；为万民，非为一姓也"。与此相应，他又提出要立"天下之法"，废"一家之法"。他认为三代以上之法皆非为一己而立，可谓"藏天下于天下"者，后世

---

① （清）全祖望：《全祖望集汇校集注》（中），上海古籍出版社2002年版，第1059页。
② （清）全祖望：《全祖望集汇校集注》（上），第219页。
③ 王钟翰点校：《黄宗羲传》，《清史列传》卷68第17册，中华书局1987年版，第5439页。
④ （清）黄宗羲：《南雷诗文集》上，《黄宗羲全集》第10册，浙江古籍出版社1994年版，第421页。
⑤ （清）黄宗羲：《南雷诗文集》上，《黄宗羲全集》第10册，第666页。
⑥ （清）黄宗羲：《明儒学案》卷首，《黄宗羲全集》第7册，第3页。
⑦ （清）黄宗羲：《南雷诗文集》上，《黄宗羲全集》第10册，第607页。
⑧ （清）黄宗羲：《明夷待访录》，《黄宗羲全集》第1册，第8页。

之法则是"一家之法"乃是"藏天下于筐箧"者,只是为了一家之私利。在此基础上,他提出了"有治法而后有治人"的法治主张。此外他还指出:"天子之所是未必是,天子之所非未必非,天子亦不敢自为是非,而公是非于学校。"① 由此,学校就具有是非判断、权力监督以及参政议政的权力,成为具有近代议院性质的存在。在经济层面上,黄宗羲系统反思了以往历史教训,反对传统的抑制工商、重农轻商的政策,提出了"工商皆本""废金银""通钱钞"等主张。另一方面是落实为经史研究。黄宗羲主张"经术所以经世",学术与事功相统一。他认为六经载道,史籍记事,道事相即。故一旦学者放弃经史研究,那么其所谓经学要么流于章句之学,要么流于空谈义理性命的虚学。他指出:"国可灭,史不可灭,后之君子,而推寻桑海余事,知横流在辰,犹以风教为急务也。"② 章学诚曾言:"善言天人性命,未有不切于人事者。三代学术,知有史不知有经,切人事也。后人贵经书,以其三代之史耳!近儒读经,似乎人事之外别有所谓义理矣!浙东之学,言性命者必究于史,此其所以卓也。"③ 为此黄宗羲编著了《隆武纪年》《赣州失事记》《绍武争立记》《鲁监国纪年》《舟山兴废》《日本乞师记》《四明山寨记》《永历纪年》《沙定洲纪乱》等著作,后又辑录《明史案》二百四十四卷,选编《明文海》四百八十二卷,编撰《明儒学案》六十二卷。另一个代表人物顾炎武则提倡"理学,经学也"。他以为:"理学之传,自是君家弓冶。然愚独以为理学之名,自宋人始有之。古之所谓理学,经学也,非数十年不能通也。故曰:'君子之于《春秋》,没身而已矣,今之所谓理学,禅学也,不取之五经而但资之语录,校诸帖括之文而尤易也。'又曰:'《论语》,圣人之语录也。'舍圣人之语录,而从事于后儒,此之谓不知本矣。"④ 他强调:"鄙俗学而求六经,

---

① (清)黄宗羲:《明夷待访录》,《黄宗羲全集》第1册,第10页。
② (清)黄宗羲:《旌表节孝冯母郑太安人墓志铭》,《黄梨洲文集》,中华书局1959年版,第269页。
③ (清)章学诚著,叶瑛校注:《文史通义》,中华书局1985年版,第523页。
④ (清)顾炎武:《亭林文集》卷3,《万有文库》本,商务印书馆1937年版,第232页。

"教化儒学"的思想历程

舍春华而食秋实,则为山覆篑,当加进往之功;祭海先河,尤务本原之学。"① 在此基础上,顾炎武又进一步提出"通经致用"的主张,其言:"孔子之删述六经,即伊尹、太公救民于水火之心,而今之注虫鱼、命草木者,皆不足以语此也,故曰:'载之空言,不如见诸行事。'夫《春秋》之作,言焉而已,而谓之行事者,天下后世用以治人之书,将欲谓之空言而不可也。愚不揣,有见于此,故凡文之不关于六经之旨、当世之务者,一切不为。"② 在他看来,通经致用本身内含着关心家国天下之事的道德人文情怀,这是每个人皆需参与其间的职责与担当,为此就要重视人伦之道与社会风俗的养成。故他言道:"有亡国,有亡天下。亡国与亡天下奚辨?曰:'易姓改号,谓之亡国。仁义充塞,而至于率兽食人,人将相食,谓之亡天下。'""是故知保天下,然后知保其国。保国者,其君其臣肉食者谋之;保天下者,匹夫之贱与有责焉耳矣。"③ "有人伦然后有风俗,有风俗然后有政事,有政事然后有国家。"④ 在具体的治国方略上,他提出了"人君之于天下,不能以独治也"⑤,应"以天下之权寄之天下之人"的主张。

4. 实用实行,事功经世。唐受祺的《陆桴亭先生遗书序》曾讲到陆世仪"凡其所言,皆参酌古今,务在因时制宜,有可见诸行事,而其生平诚敬穷理,履中蹈和"⑥。陆世仪自己亦曾言道:"今人所当学者,正不止六艺,如天文、地理、河渠、兵法之类,皆切于用世,不可不讲。"⑦ 他以为治学之要不在心性本体的理论辨析,而要着重讲求格物、穷理、居敬等工夫修养。这种修养不仅要反向内心,更要求之于外,包含了对天下之理的求知。如其所言:"致知工夫,莫备于六书。盖天地

---

① (清)顾炎武:《亭林文集》卷4,《万有文库》本,第254页。
② (清)顾炎武:《亭林文集》卷4,《万有文库》本,第255页。
③ (清)顾炎武著,黄汝成集释:《日知录集释》卷13,上海古籍出版社2006年版,第756页。
④ (清)顾炎武:《亭林文集》卷5,《万有文库》本,第274页。
⑤ (清)顾炎武著,黄汝成集释:《日知录集释》卷6,上海古籍出版社2006年版,第366页。
⑥ 唐受祺:《陆桴亭先生遗书序》,《陆桴亭先生遗书》卷首,光绪年间刊本,第2页。
⑦ (清)陆世仪:《大学类》,《思辨录辑要》卷1,《丛书集成初编》本第668册,商务印书馆1936年版,第13页。

第七章 清代教化儒学思想研究

间一物必有一字,而圣贤制字,一字必具一理。能即字以穷理,则格物之道存焉。"① 他还主张广泛阅读天文、地理、河渠、兵法之类实用性的书籍。在经世主张上,他以为封建、井田、学校三者乃是"致治之大纲,后世若欲治平"的根本,其中,政治制度上一个重要的关照就是避免集权,力求分权;经济上则倡导"重农"思想;教育上则主张培养有体有用之才,即既要有德行,又要有实在本领。为此他还倡导引进当时先进的西学科技成果以满足教学需要,从而极大丰富了中国传统教育内容。与其相应的人物还有重视习行的颜李学派。颜元是颜李学派的创始人,崇尚实学,强调实文、实行、实礼、实用。在他看来,"性命之理不可讲也,虽讲,人亦不能听也,虽听,人亦不能醒也,虽醒,人亦不能行也。所可得而共讲之,共醒之,共行之者,性命之作用,如《诗》《书》、六艺而已。即《诗》《书》、六艺,亦非徒列坐听讲。要惟一讲即教习,习至难处来问,方再与讲。讲之功有限,习之功无已"。② 其又言曰:"如天不废予,将以七字富天下,垦荒、均田、兴水利;以六字强天下,人皆兵,官皆将;以九字安天下,举人才,正大经,兴礼乐。"③ 在治世原则上,他修正了董仲舒的观点,提出了"正其谊以谋其利,明其道而计其功"的主张。对此他解释道:"世有耕种而不谋收获者乎?世有荷网持钓而不计得鱼者乎?抑将恭而不望其不侮,宽而不计其得众乎?这不谋、不计两不字,便是老无、释空之根;惟吾夫子先难后获、先事后得、敬事后食三后字无弊。盖正谊便谋利,明道便计功,是欲速,是助长;全不谋利计功,是空寂,是腐儒。"④ 颜元晚年主持漳南书院乃积极践行自己实学经世的教育理念。他执行了自己制定的《习斋教条》,具体内容为"孝父母、敬尊长、主忠信、申别仪、禁邪僻、勤赴学、慎威仪、肃衣冠、重诗书、敬字纸、习书、讲

---

① (清)陆世仪:《格致类》,《思辨录辑要》卷4,《丛书集成初编》本,第668册,第50页。
② (清)颜元:《存学编》卷一,《颜元集》,中华书局1987年版,第41页。
③ (清)李塨:《颜习斋先生年谱》卷下,《颜元年谱》,中华书局1992年版,第67—68页。
④ (清)颜元:《颜习斋先生言行录》卷下,《颜元集》,第671页。

"教化儒学"的思想历程

书、作文、习六艺、行学仪、序出入、轮班当值、尚和睦、责责善、戒旷学",总计二十条,突出了其实文、实行、实礼、实用的实学主张。漳南书院设有"习讲堂""文事斋""武备斋""经史斋""艺能斋""理学斋""帖括斋"等,其教学内容包含德育、经史、技能、兵法、体育、科技等内容,具有强烈的现实意义,正如漳南书院"习讲堂"的对联所言:"聊存孔绪励习行,脱去乡愿、禅宗、训诂、帖括之套;恭体天心学经济,斡旋人才、政事、道统、气数之机。"颜元以为"人必能斡旋乾坤、利济苍生,方是圣贤。不然,虽矫语性天,真见定静,终是释迦庄周也",又认为"吾儒自有真才真器,隐足以型俗开后,见足以致君泽民"。梁启超在《清代学术概论》中表彰颜元,说他"以实学代虚学、以动学代静学、以活学代死学",还说他"为做事故求学问,做事即是学问,舍做事外别无学问,此元之根本主义也",此言可谓不虚。

（二）求实与明道

康乾时期,学风又变,汉学兴起。这一变化的产生源于内外因素的影响:就内部因素而言,经过对宋明理学的反思与整合后,学界兴起一股实学思潮,具体来说就是力图以经史考证为方法来反对理学玄虚空议之风,以经世致用为目标来挽救时代危局;就外部因素而言,康熙后期经雍正至乾隆时期,政府加强了思想控制,这种政治高压极大束缚了知识分子的思想和眼界,迫使他们沉于纯粹学术研究之中,究心经史、考订制度、训诂文章,其经世之念渐渐难以变现。在此背景下,清代汉学的发展在教化作用上总体呈显为求实与兼修明道两义。

1. 求实。"求实"一义存有二途:一为训诂考据;一为以气言理、以礼代理。清初蜀中三杰之一的费密曾言:"古今远隔,舍遗经而言得学,则不本圣门,叛道必矣。"又言圣人之道:"惟经存之,舍经无所谓圣人之道。凿空支蔓,儒无是也。归有光尝辟之云:'自周至于今,二千年间,先王教化不复见,赖孔氏书存,学者世守以为家法,讲明为天下国家之具。汉儒谓之讲经,后世谓之讲道。能明于圣人之经,斯道明矣。世之论纷纷然异说者，皆起于讲道也。'有光真不为所惑哉！"①费密所言之要在于通经传道，而后来的乾嘉汉学则恪守"读九经自考文始，考文自知音始"②的治经原则，强调训诂明则义理明，如惠栋认为治经"古训不可改也，经师不可废也"③。其治经主张从文字考订、音韵训诂入手，以古为是，疏通文字句读，晓畅名物典章制度。由此一来，传统的音韵训诂之小学乃得以成为一独立的学问。戴震则是更进一步申明其旨。对于学问，戴震有着自己的理解，他指出："古今学问之途，其大致有三：或事于理义，或事于制数，或事于文章。事于文章者，等而末者也。然自子长、孟坚、退之、子厚诸君子为之，曰是道也，非艺也。以云道，道固有存焉者矣，如诸君子之文，亦恶睹其非艺欤？夫以艺为末，以道为本。诸君子不愿据其末，毕力以求据其本，本既得矣，然后曰是道也，非艺也。"④在此，他以得道为学问之本，以求艺为学问之末，并基于此，系统地提出了自己的治学主张，即："经之至者道也，所以明道者其词也，所以成词者字也。由字以通其词，由词以通其道，必有渐。"⑤又言："经之至者，道也；所以明道者，其词也；所以成词者，字也，未有能外小学文字者也。由文字以通乎语言，由语言以通乎古圣贤之心志，譬之适堂坛之必循其阶，而不可以躐等。""所谓理义，苟可以舍经而空凭胸臆，将人人凿空得之，奚有于经学之云乎哉？惟空凭胸臆之卒无当于贤人圣人之理义，然后求之于古经。求之古经而遗文垂绝，今古悬隔也，然后求之训诂。故训诂明则古经明，古经明则贤人圣人之理义明，而我心之所同然者乃因之而明。贤人圣人

---

① （清）费密：《弘道书》卷上，《道脉谱论》，民国九年怡兰堂刊本，第22—23页。
② （清）顾炎武：《亭林文集》卷4，《万有文库》本，商务印书馆1937年版，第244页。
③ （清）惠栋：《松崖文抄》卷1《九经古义述首》，《东吴三惠诗文集》，台北："中央研究院"—中国文哲研究所2006年版，第300页。
④ （清）戴震：《戴震文集》卷9《与方希原书》，《戴震全书》第6册，中华书局1998年版，第375页。
⑤ （清）戴震：《戴震文集》卷9《与是仲明论学书》，《戴震全书》第6册，中华书局1998年版，第370页。

"教化儒学"的思想历程

之理义非它，存乎典章制度者是也。"① 他自言学路历程："仆自十七岁时，有志闻道。谓非求之六经、孔、孟不得，非从事于字义、制度、名物，无由以通其语言，为之卅余年，灼然知古今治乱之源在是。"② 由此他以为："夫文无古今之异。闻道之君子，其见于言也，皆足以羽翼经传，此存乎识趣者也。"③ "治经先考字义，次通文理。志存闻道，必空所依傍。""我辈读书原非与后儒竞立说，宜平心体会经文。有一字非其的解，则与所言之意必差，而道从此失。"④ 戴震以为"士生千载后，求道于典章制度而遗文垂绝。今古悬隔，时之相去殆无异地之相远，仅仅赖夫经师诂训乃通，无异译言以为之传导也者。又况古人之小学亡，而后有诂训，诂训之法亡，流而为凿空。数百年以降，说经之弊，善凿空而已矣。虽然，经自汉经师所授受，已差违失次，其所训释，复各持异解。""后之论汉儒者，辄曰诂训之学云尔，未与于理精而义明。则试诘以理义于古经之外乎？若犹存古经中也，则凿空者得乎？"⑤ 又言："歧训诂、理义二之，是训诂非以明理义，而训诂胡为？理义不存乎典章制度，势必流入异学曲说而不自知，其亦远乎先生之教矣。"⑥ 在此，戴震意在阐明训诂与义理之间所具有的方法与目的的内在关联，消解其间的极端化对立性的认识，并指出其各自的弊端所在，即："汉儒诂训有师承，亦有时傅会，晋人傅会凿空益多；宋人则恃胸臆为断，故其袭取者多谬，而不谬者在其所弃。"又言："宋以来，儒者以己见硬坐为古圣贤立言之意，而语言文字实未之知。其于天下之事也，以己所谓理，强断行之，而事情原委隐曲实未能得，是以大道失而行事乖。"⑦ 正是基于以上的认识，戴震乃提出自己的学术标准："凡仆

---

① （清）戴震：《戴氏杂录》卷11《题惠定宇先生授经图》，《戴震全书》第6册，中华书局1998年版，第505页。
② （清）戴震：《与段茂堂等第十一札·第九札》，《戴震全书》第6册，第541页。
③ （清）戴震：《戴东原先生文·与某书》，《戴震全书》第6册，第494—495页。
④ （清）戴震：《戴东原先生文·与某书》，《戴震全书》第6册，第495页。
⑤ （清）戴震：《东原文集》卷11《古经解钩沉序》，《戴震全书》第6册，第377—378页。
⑥ （清）戴震：《戴氏杂录》卷11《题惠定宇先生授经图》，《戴震全书》第6册，第505页。
⑦ （清）戴震：《戴东原先生文·与某书》，《戴震全书》第6册，第495—496页。

所以寻求于遗经，惧圣人之绪言暗汶于后世也。然寻求而获，有十分之见，有未至十分之见。所谓十分之见，必征之古而靡不条贯，合诸道而不留余议，巨细必究，本末兼察。若夫依于传闻以拟其是，择于众说以裁其优，出于空言以定其论，据于孤证以信其通，虽溯流可以知源，不目睹渊泉所导，寻根可以达杪，不手披枝肆所歧，皆未至十分之见也。以此治经，失不知为不知之意，而徒增一惑，以滋识者之辨之也。"①

求实之另一途为以情欲言理、以礼代理。如戴震以血气心知来解读人性，他以为："口能辨味，耳能辨，目能辨色，心能辨夫理义。味与声色，在物不在我，接于我之血气，能辨之而悦之；其悦者，必其尤美者也；理义在事物之条分缕析，接于我之心知，能辨之而悦之；其悦者，必其至是也。"② 又言："以心知言，昔者狭小而今也广大，昔者暗昧而今也明察，是心知之得其养也，故曰：'虽愚必明'。人之血气心知，其天定者往往不齐，得养不得养，遂至于大异。苟知问学犹饮食，则贵其化，不贵其不化。记问之学，入而不化者也。自得之，则居之深；资之深，取之左右逢其源，我之心知，极而至乎圣人之神明矣。"③ 这是讲作为人性的血气心知天赋有异，后天之养亦有异。人性之实乃基于血气心知，如其言："人生而后有欲、有情、有知，三者，血气心知之自然也。给于欲者，声色臭味也，而因有爱畏；发乎情者，喜怒哀乐也，而因有惨舒；辨于知者，美丑是非也，而因有好恶。"④ "喜怒哀乐之情，声色臭味之欲，是非美恶之知，皆根于性而源于天。"⑤ 在此基础上，他认为："人之心知于人伦日用，随在而知恻隐，知羞恶，知恭敬辞让，知是非，端绪可举，此之谓性善。"⑥ 由此一来，戴震便将性善立足于血气的基础之上，从而否定了宋儒"天命之性"的讲法。与

---

① （清）戴震：《东原文集》卷九，《与姚孝廉姬传书》，《戴震全书》第6册，第372页。
② （清）戴震：《孟子字义疏证》卷上《理》，《戴震全书》第6册，第156页。
③ （清）戴震：《孟子字义疏证》卷上《理》，《戴震全书》第6册，中华书局1998年版，第159页。
④ （清）戴震：《孟子字义疏证》卷下《才》，《戴震全书》第6册，第197页。
⑤ （清）戴震：《绪言》卷上，《戴震全书》第6册，第103页。
⑥ （清）戴震：《孟子字义疏证》卷中《性》，《戴震全书》第6册，第183页。

此同时，戴震还将道德原则与现实人生紧密联系起来，使之成为生活的条理。为此他首先讲道："古贤圣之所谓道，人伦日用而已矣，于是而求其无失，则仁义礼之名因之而生。非仁义礼加于道也，于人伦日用行之无失，如是之谓仁，如是之谓义，如是之谓礼而已矣。宋儒合仁义礼而统谓之理，视之如有物焉，得于天而具于心，因以此为形而上，为冲漠无朕；以人伦日用为形而下，为万象纷罗。盖由老、庄、释氏之舍人伦日用而别有所谓道，遂转之以言夫理。"① 这是在说明没有一个独立于人伦日用之外的"道""理"存在。所谓"道""理"即是人伦日用的"道""理"；其次他又言道："仁者，生生之德也；'民之质矣，日用饮食'，无非人道所以生生者。一人遂其生，推之而与天下共遂其生，仁也。"② "仁"乃儒家核心德目，戴震以其为"生生之德"，所谓"一人遂其生，推之而与天下共遂其生"，并将其落实在百姓的日用饮食上。由此出发，戴震围绕理欲、情理关系对道德展开进一步的说明，批判了宋儒"存理灭欲""以理抑情"等观念。关于"理"，他讲道："理者，察之而几微必区以别之名也，是故谓之分理；在物之质，曰肌理，曰腠理，曰文理；得其分则有条而不紊，谓之条理。"③ 对于"欲"，他又言道："生养之道，存乎欲者也；感通之道，存乎情者也；二者自然之符，天下之事举矣。"④ "夫耳目百体之所欲，血气之资以养者，生道也。"⑤ 有基于此，戴震眼中的理欲关系便是一个实存与实存法则的关系，合理之欲即是善，为此他讲道："无欲，仁也；不蔽，智也；非绝情欲以为仁，去心知以为智也。是故圣贤之道，无私而非无欲；老、庄、释氏，无欲而非无私；彼以无欲成其自私者也；此以无私通天下之情，遂天下之欲者也。"⑥ 显然，戴震不主张无欲而倡导无私。所谓无私，实即"以我之情絜人之情，而无不得其平是也"⑦。有私与无私的区别就在于

---

① （清）戴震：《孟子字义疏证》卷下《道》，《戴震全书》第6册，第202页。
② （清）戴震：《孟子字义疏证》卷下《仁义礼智》，《戴震全书》第6册，第205页。
③ （清）戴震：《孟子字义疏证》卷上《理》，《戴震全书》第6册，第151页。
④ （清）戴震：《原善》卷上，《戴震全书》第6册，第10页。
⑤ （清）戴震：《原善》卷上，《戴震全书》第6册，第103页。
⑥ （清）戴震：《孟子字义疏证》卷下《权》，《戴震全书》第6册，第211页。
⑦ （清）戴震：《孟子字义疏证》卷上《理》，《戴震全书》第6册，第152页。

第七章 清代教化儒学思想研究

是否合乎理,他认为:"天理者,节其欲而不穷人欲也。是故欲不可穷,非不可有;有而节之,使无过情,无不及情。可谓之非天理乎!"① 为此他又指出:"欲之失为私,私之贪邪随之矣;情之失为偏,偏则乖戾随之矣;知之失为蔽,蔽则差谬随之矣。不私,则其欲皆仁也,皆礼义也;不偏,则其情必和易平恕也,不蔽,则其知乃所谓聪明圣智也。"② 关于"情",他一面讲"感通之道,存乎情者也",一面又言"理也者,情之不爽失也,未有情不得而理得者也""天理云者,言乎自然之分理也;自然之分理,以我之情絜人之情,而无不得其平是也"③。可见,戴震也不主张情理对立,而是即情言理,力求通情达理,并将其作为理解与调治社会人生的基础,故其又言:"古人之学在行事,在通民之欲,体民之情,故学成而民赖以生。"④ 另如凌廷堪等人主张以礼代理。凌廷堪倡导"以礼代理"源于他对宋明理学"空谈性理"的批判。他曾言:"后儒熟闻夫释氏之言心言性极其幽深微妙也,往往怖之,愧圣人之道以为弗如,于是窃取其理事之说而小变之,以凿圣人之遗言。曰吾圣人固已有此幽深微眇之一境也。复从而辟之,曰:彼以心为性,不如我以理为性也。呜呼!以是为尊圣人之道而不知适所以小圣人也。以是为异端而不知阴入于异端也,诚如是也。"⑤ 在此,凌廷堪指出理学实是暗入佛老而不自知,真正的儒学乃是洽中实事,并不空言性理,认为宋儒"本出释氏,故谓其言之弥近理而大乱真。不知圣学礼也,不云理也。其道正相反,何近而乱真之有哉!"⑥ 为此他倡导要实事求是,所谓"夫实事在前,吾所谓是者,人不能强辞而非之。吾以为非者,人不能强辞而是之也,……虚理在前,吾所谓是者,人既可别持一说以为

---

① (清)戴震:《孟子字义疏证》卷上《理》,《戴震全书》第6册,中华书局1998年版,第162页。
② (清)戴震:《孟子字义疏证》卷下《才》,《戴震全书》第6册,第197页。
③ (清)戴震:《孟子字义疏证》卷上《理》,《戴震全书》第6册,第152页。
④ (清)戴震:《戴东原先生文·与某书》,《戴震全书》第6册,第496页。
⑤ (清)凌廷堪:《校礼堂文集》卷4《复礼》下,中华书局1998年版,第31页。
⑥ (清)凌廷堪:《校礼堂文集》卷4《复礼》下,第32页。

非，吾所谓非者，人亦可别持一说以为是也"①。在此前提下，凌廷堪乃发明其"以礼代理"之意。如其言："夫人之所受于天者，性也。性之所固有者，善也。所以复其善者，学也。所以贯其学者，礼也。是故圣人之道，一礼而已矣。"② 又言："夫性见于生初，而情则缘性而有性者也。性本至中，而情则不能无过不及之偏。非礼以节之，则何以复其性焉。"③ 可见，凌廷堪以为"性本至中"，乃是善。复性必须以礼节情。故其又言道："其所以节心者，礼焉尔，不远寻夫天地之先也。其所以节性者，亦礼焉尔，不侈谈夫理气之辨也。""本乎礼而言者也，实有所见也""外乎礼而言者也，空无所依也""夫仁根于性，而视听言动则生于情者也。圣人不求诸理而求诸礼，盖求诸理必至于师心，求诸礼始可以复性也。"④ 在凌廷堪看来："夫礼，天之经也，地之义也，民之行也。此言礼本于天地人三才而制也。又云：天地之经，而民实则之。则天之明，因地之性，生其六气，用其五行。气为五味，发为五色，章为五声。淫则昏乱，民失其性。……圣人制礼，皆因人之耳有声，目有色、口有味而奉之，恐其昏乱而失其性也。"⑤ 由此可见，凌廷堪反对宋儒空言性理、不务其实的做法，并从复性的角度肯定了礼对于过情的现实节制作用。再进而言之，他认为："道无迹也，必缘礼而著见，而制礼者以之，德无象也，必藉礼为依归，而行礼者以之。"⑥可见，道德之显须由现实之礼上见。

2. 兼修明道。与一般汉学家不同，钱大昕、章学诚等人则是主张经史并举，以求明道经世。如钱大昕曾言："经与史岂有二学哉！昔宣尼赞修六经，而《尚书》《春秋》实为史家之权舆。汉世刘向父子校理秘文为六略，而《世本》《楚汉春秋》《太史公书》《汉著记》列于春秋家，《高祖传》《孝文传》列于儒家，初无经史之别。厥后兰台、东

---

① （清）凌廷堪：《校礼堂文集》卷35，《戴东原先生事略状》，中华书局1998年版，第317页。
② （清）凌廷堪：《校礼堂文集》卷4《复礼》上，中华书局1998年版，第27页。
③ （清）凌廷堪：《校礼堂文集》卷4《复礼》上，第27页。
④ （清）凌廷堪：《校礼堂文集》卷4《复礼》下，第32页。
⑤ （清）凌廷堪：《校礼堂文集》卷16《好恶说》上，中华书局1998年版，第141页。
⑥ （清）凌廷堪：《校礼堂文集》卷4《复礼》中，第30页。

第七章 清代教化儒学思想研究

观,作者益繁,李充、荀勖等创立四部,而经史始分,然不闻陋史而荣经也。自王安石以猖狂诡诞之学要君窃位,自造《三经新义》,而驱海内而诵习之,甚至诋《春秋》为断烂朝报。章、蔡用事,祖述荆舒,屏弃《通鉴》为元祐学术,而十七史皆束之高阁矣。嗣是道学诸儒,讲求心性,惧门弟子之泛滥无所归也,则有诃读史为玩物丧志者,又有谓读史令人心粗者。此特有为言之,而空疏浅薄者托以藉口,由是说经者日多,治史者日少。彼之言曰,经精而史粗也,经正而史杂也。愚谓经以明伦,虚灵玄妙之论,似精实非精也。经以致用,迂阔刻深之谈,似正实非正也。""若元明言经者,非剿袭稗贩,则师心妄作,即幸而厕名甲部,亦徒供后人覆瓿而已,奚足尚哉!"① 由上可见,钱大昕反对"经精史粗""经正史杂"等论调,主张经史兼治以明伦致用。为此,他强调治学要务求其是,通观全览,不可以偏概全,故其言道:"愚以为学问乃千秋事,订讹规过,非以訾毁前人,实以嘉惠后学。但议论须平允,词气须谦和。一事之失,无妨全体之善,不可效宋儒所云一有差失,则余无足观耳。""去其一非,成其百是,古人可作,当乐有诤友,不乐有佞臣也。且其言而诚误耶,吾虽不言,后必有言之者,虽欲掩之,恶得而掩之!所虑者,古人本不误,而吾从而误驳之,此则无损于古人,而适以成吾之妄。"② 在此基础上,他发挥儒学明道以经世的一贯精神,指出:"儒林经济非两事""经史自可致治平"③,以为"儒者之学,在乎明体以致用,《诗》《书》执《礼》,皆经世之言也。《论语》二十篇,《孟子》七篇,论政者居其半。当时师弟子所讲求者,无非持身处世、辞受取与之节,而性与天道,虽大贤犹不得而闻,儒者之务实用而不尚空谈如此"。④ 他对那些"残守专己者,辄奉一先生之言以为依归,虽心知其不然,而必强为之辞。又有甚者,吐弃一切,

---

① (清)钱大昕:《二十二史札记序》,陈鸿森《钱大昕潜研堂遗文辑存》卷上,《经学研究论丛》第六辑,台北:台湾学生书局1999年版,第1页。
② (清)钱大昕:《潜研堂文集》卷35《答王西庄书》,《四部丛刊初编缩本》,商务印书馆1975年版,第342—343页。
③ (清)钱大昕:《潜研堂诗续集》卷6《潜研堂文集》,《四部丛刊初编缩本》,第645页。
④ (清)钱大昕:《潜研堂文集》卷25《世纬序》,《四部丛刊初编缩本》,第235页。

"教化儒学"的思想历程

自夸心得,笑训诂为俗儒,诃博闻为玩物,于是有不读书而号为治经者,并有不读经而号为讲学者"①皆有批评,并提出为文的四个宗旨:"曰明道,曰经世,曰阐幽,曰正俗。"②凌廷堪认为钱大昕之学乃是"体大精深,识高学粹,集通儒之成,祛俗儒之弊,直绍两汉者"③,而阮元则以为"国初以来,诸儒或言道德,或言学术,或言史学……专精者固多,兼擅者尚少,惟嘉定钱辛楣先生能兼其成"④。可见学者普遍认同钱大昕之学具有兼修以明道之通儒的特质,其教亦由此而立。

章学诚则是另一个兼修经史并以明道为宗旨来打通经史的学者。首先,关于治学,他认为:"考索之家,亦不易易。大而《礼》辨郊社。细若《雅》注鱼虫,是亦专门之业,不可忽也。阮氏《车考》,足下以谓仅究一车之用,是又不然。治经而不究于名物度数,则义理腾空而经术因以卤莽,所系非浅也。"⑤可见,章学诚反对离开训诂名物制度而治经,认为这是空讲义理。他很看重以实物为义理之据,正所谓:"声色臭味,天下耳目口鼻皆相似也。心之所同然者,理也,义也。然天下歧趋,皆由争理义,而是非之心,亦从而易焉。岂心之同然,不如耳目口鼻哉?声音臭味有据而理义无形。有据则庸愚皆知率循,无形则贤知不免于自用也。""治自用之弊,莫如以有据之学,实其无形之理义,而后趋不入于歧途也。"⑥显然,章学诚将义理之是非着落在有形之据上,这与他以训诂为基础来治经、论理相一贯。由此出发,他又进一步将考据、义理、文辞统一起来,反对门户倾轧,倡导通人通识。如其言:"学问之途,有流有别,尚考证者薄词章,索义理者略征实,随其

---

① (清)钱大昕:《潜研堂文集》卷21《抱经楼记》,《四部丛刊初编缩本》,第195页。
② (清)钱大昕:《潜研堂文集》卷33《与友人书》,《四部丛刊初编缩本》,第327页。
③ (清)凌廷堪:《校礼堂文集》卷24《复钱晓征先生书》,中华书局1998年版,第220页。
④ (清)阮元:《十驾斋养新录·序》,江苏古籍出版社2000年版,第1页。
⑤ (清)章学诚著,仓修良编:《文史通义新编》外篇三,《答沈枫墀论学》,上海古籍出版社1993年版,第584页。
⑥ (清)章学诚著,叶瑛校注:《文史通义校注》卷四内篇四,《砭异》,中华书局1985年版,第449页。

性之所近，而各标独得，则服、郑训诂，韩、欧文章，程、朱语录，固已角鼎峙，而不能相下。必欲各分门户，交相讥议，则义理入于虚无，考证徒为糟粕，文章只为玩物，汉、唐以来，楚失齐得，至今嚣嚣，有未易临决者。惟自通人论之则不然，考证即以实此义理，而文章乃所以达之之具。事非有异，何为纷然。"① 又言："所以通古今之变，而成一家之言者，必有详人之所略，异人之所同，重人之所轻，而忽人之所谨，绳墨之所不可得而拘，类例之所不可得而泥。"② 章学诚以考据、义理、文辞一统以论学，其总归于明道，故其言："《易》曰：神以知来，知以藏往。知来，阳也。藏往，阴也。一阴一阳，道也。文章之用，或以述事，或以明理。事溯以往，阴也。理阐方来，阳也。其至焉者，则述事而理以昭焉，言理而事以范焉，则主适不偏，而文乃衷于道矣。"③ 又言："义理必须探索，名数必须考订，文辞必须娴习，皆学也，皆求道之资，而非可执一端谓尽道也。君子学以致其道，亦从事于三者，皆无所忽而已矣。"④ 其次，章学诚又将他"学以致道"的主张落实在"以史通经"的经史之学的实践之中。为此他讲道："六经皆史也，古人不著书，古人未尝离事而言理，六经皆先王之政典也。"⑤ "道之不明久矣，六经皆史也"，"孔子之作《春秋》也，盖曰：我欲托之空言，不如见诸行事之深切著明，然则典章事实，作者之所不敢忽，盖将即器而明道耳"。"道不明而争于器，实不足而竞于文""世之溺者不察也。"太史公曰："好学深思，心知其意。当今之世，安得知意之人，

---

① （清）章学诚著，仓修良编：《文史通义新编》外篇三，《与族孙汝楠论学书》，上海古籍出版社1993年版，第672页。
② （清）章学诚著，叶瑛校注：《文史通义校注》卷五内篇五，《答客问上》，中华书局1985年版，第470页。
③ （清）章学诚著，叶瑛校注：《文史通义校注》卷二内篇二，《原道下》，中华书局1985年版，第139页。
④ （清）章学诚著，仓修良编：《文史通义新编》外篇三，《与朱少白论文》，上海古籍出版社1993年版，第640页。
⑤ （清）章学诚著，叶瑛校注：《文史通义校注》卷一内篇一，《易教上》，中华书局1985年版，第1页。

而与论作述之旨哉？"① 又言："古之所谓经，乃三代盛时，典章法度，见于政教行事之实。"② "学者但诵先圣遗言，而不达时王之制度，是以文为鞶帨绨绣之玩，而学为斗奇射覆之资，不复计其实用也。""书吏所存之掌故，实国家之制度所存，亦即尧、舜以来，因革损益之实迹也。故无志于学则已，君子苟有志于学，则必求当代典章，以切于人伦日用；必求官司掌故，而通于经术精微，则学为实事，而文非空言，所谓有体必有用也。不知当代而言好古，不通掌故而言经术，则鞶帨之文，射覆之学，虽极精能，其无当于实用也审矣。"③ 再言："夫子述六经以训后世，亦谓先圣先王之道不可见，六经即其器之可见者也。后人不见先王，当据可守之器而思不可见之道，故表彰先王政教，与夫官司典守以示人，而不自著为说，以致离器言道也。夫子自述《春秋》之所以作，则云：我欲托之空言，不如见诸行事之深切著明。则政教典章，人伦日用之外，更无别出著述之道，亦已明矣。"④

（三）返本与开新

乾嘉时期，清代汉学获得了极端发展，导致"家家许郑，人人贾马"，乃至有学者以"凡古必真，凡汉皆好"为治学信条。在此背景下，一些学者进行了深入的反思，从而使教化儒学的发展又呈现出"返本"与"开新"两途。

1. "返本"。所谓返本者，乃是指学者更加尊古，乃至由尊崇东汉古文经学顺次推至崇尚西汉今文经学，正如文廷式所言："汉学重考证，考证之学则愈古而愈奥，故人惟搜旧，西汉之学盛而东汉之学顿衰。"⑤ 清代汉学末流以为理学空疏而以务实自标，却又自陷于章句名物而不能

---

① （清）章学诚著，叶瑛校注：《文史通义校注》卷五内篇五，《答客问上》，中华书局1985年版，第471—472页。
② （清）章学诚著，叶瑛校注：《文史通义校注》卷一内篇一，《经解上》，中华书局1985年版，第94页。
③ （清）章学诚著，叶瑛校注：《文史通义校注》卷三内篇三，《史释》，中华书局1985年版，第231页。
④ （清）章学诚著，叶瑛校注：《文史通义校注》卷二内篇二，《原道中》，中华书局1985年版，第132页。
⑤ 文廷式：《文廷式集》《罗霄山人醉语》下册，中华书局1993年版，第813页。

第七章 清代教化儒学思想研究

自拔，故亦成一种空疏，正如翁方纲批评的那样："偏徇而不论理之是非，琐碎而不识事之大小。"为此他要求弟子"勿循一时人之好尚"[①]。为了克服理学空疏，同时也为了超越汉学末流的烦琐支离，清代学者乃寻求回归孔子，以孔子儒学为宗，发挥其教化职能。如汪喜孙言道："吾儒所读之书，皆周、孔之书；所传之学，皆周、孔之学，降为汉学、宋学，可乎？"[②] 焦循则言："宋之义理，仍当以孔之义理衡之。未容以宋之义理，即定为孔子之义理也。"[③] 这皆是在讲要以孔子儒学为学之根本，为理解诸经之宗旨。相对而言，西汉今文经学于此最著，故晚清朱一新言："汉学家琐碎鲜心得。高明者亦悟其非，而又炫于时尚，宋儒义理之学深所讳言。于是求之汉儒，惟董生之言最精；求之《六经》，惟《春秋》改制之说最易附会。且西汉今文之学久绝，近儒虽多缀辑，而零篇坠简无以自张其军。独《公羊》全书幸存，《繁露》《白虎通》诸书又多与何注相出入。其学派甚古，其陈义甚高，足压倒东汉以下儒者，遂幡然变计而为此。"[④] 当然，更古的西汉今文经学的兴起还有其外部因素的影响。对此，冯友兰在《中国哲学史》下册曾言道："此派经学之复兴与当时又一方面之潮流，亦正相适应。此派经学家所以能有新问题者，亦受此潮流之影响。盖自清之中叶以降，中国渐感觉西洋之压迫。西洋人势力之前驱，以耶教传教士为代表，其后继之军事政治经济各方面之压力。此各方之压力，在当时中国人之心中，引起各种问题。其中较根本者，即（1）西洋人有教，何以中国无之？岂中国为无教之国乎？（2）中国广土众民，而在各方面皆受西洋之压迫，岂非因中国之本身，有须改善之处与？当时有思想之人，为答此问题，即在思想方面，有新运动。此运动之主要目的，即为自立宗教，自改善政

[①] （清）翁方纲：《复初斋文集》，卷11《与陈石士论考订书》，光绪丁丑重校本，第14页。

[②] （清）汪喜孙：《从政录》，卷1《与朱兰坡先生书》，《汪喜孙著作集》，台北："中央研究院"—文史哲研究所2003年版，第408页。

[③] （清）焦循：《寄朱休承学士书》，《雕菰集》卷13，《丛书集成初编》本第2194册，商务印书馆1936年版，第203页。

[④] 朱一新：《无邪堂答问》，卷1《答胡仕榜问董胶西欧阳永叔论春秋》，中华书局2000年版，第21页。

"教化儒学"的思想历程

治,以图'自强'。简言之,即立教与改制。然其时经学之旧瓶,仍未打破。人之一切意见,仍须于经学中表出之。而西汉盛行之今文经学家之经学,最合此需要。盖在今文经学家之经学中,孔子之地位,由师而进为王,由王而进为神。在纬书中,孔子之地位,固已为宗教之教主矣。故讲今文经学,则孔子自成为教主;而孔子之教,自成为宗教。今文经学家,又有孔子改制、立之世之政治制度,为万世制法之义。讲今文经学,则可将其时人理想中之政治,托孔子之说,以为改革其时现行政治上社会上各种制度之标准。"① 总而言之,西汉今文经学一方面具有尊孔释经的学术宗旨,另一方面则因外在时代因素的影响而为经世致用者所重,故其在清代汉学之后得到了儒者的广泛关注。

清代今文经学发端于乾隆中期,展开于嘉庆、道光时期,主微言大义、通经致用。如恽敬曾言:"彼诸儒博士者,过于尊圣贤,而疏于察凡庶;敢于从古昔,而怯于赴时势;笃于信专门,而薄于考通方;岂足以知圣人哉!是故其为说也,推之一家而通,推之众家而不必通;推之一经而通,推之众经而不必通。且以一家一经,亦有不必通者。至不必通,而附会穿凿以求其通,则天下之乱言也已。"② 魏源则曾评述另一今文学家李兆洛,以为其"学无不窥,而不以一艺自名,醰然粹然,莫测其际也"③。清代今文学大师庄存与以为"《春秋》非记事之史,不书多于书,以所不书知所书,以所书知所不书"。又言:"《春秋》治乱必表其微,所谓礼禁未然之前也,凡所书者有所表也,是故《春秋》无空文。"④ 由此可见今文家讲求微言大义、经世致用之一贯精神,尤其他以大一统理论附和清代统治者的王道政治,颇为时政所重。另一位今文学大师刘逢禄则以为《春秋》是"立百王之制,通三统之义,损周

---

① 冯友兰:《中国哲学史》下册,中华书局1961年版,第1010—1011页。
② (清)恽敬:《三代因革论八》,《大云山房文稿》初集卷1,《万有文库》本,商务印书馆1935年版,第17页。
③ (清)魏源:《魏源集》,《李申耆先生传》,中华书局1976年版,第361页。
④ (清)庄存与:《春秋要指》,《春秋正辞》卷13,《清经解续编》第3册,凤凰出版社2005年版,第2956页。

第七章　清代教化儒学思想研究

之文，益夏之忠，变周之文，从殷之质"，乃至"百世以俟圣人而不惑"①。他还坚持"张三世""大一统"的思想作为当时中央集权的确立和巩固发展提供理论支撑。大体来看，清代今文学主要是依托孔子之旨，发挥古代六经之意，以服务于现实，力图扭转清代当时衰颓之势，它自身的愿望显然是不成功的，不过却为后来的思想开新埋下了种子。

2."开新"。嘉道时期，贺长龄、魏源编撰了《皇朝经世文编》，其宗旨在于"欲识济时之要务，须通当代之典章；欲通当代之典章，必考屡朝之方策"②。对此，后世之人称许有加，如盛康云："道光初，善化贺耦耕中丞因华亭陈氏有《明经世文一编》，复踵陆氏《切问斋文钞》之例，辑开国以来诸家奏议文集，成《皇朝经世文编》百二十卷。钜典宏规，于斯焉粹。言经济者宗之。道光而后，世变浸寻，于今为烈。而荩臣志士之所经营而维持者，论议设施，尤资考证。"③陈邦瑞则言："《经世文编》，为前云贵总督贺耦耕先生所辑，凡文字足备经济，有关治世者，无不搜采，洵称大观。后贤踵而续之，又有续编三编之出，固早已风行海内矣。方今国家讲求实学，广征经济之才，用备维新之佐。取中学为体西学为用。于是《经世文编》，都人士莫不家置一编，更觉洛阳纸贵矣。"④由上可见，这部《文编》作为返本以开新之作对于后世的影响是十分巨大的。

此外，这一时期还有一些抱定经世致用、通变求治之宗旨的思想家力图结合西学对传统儒学进行创造性诠释以契合实用，富国强民，抵御外侮，振兴国运。如恽敬言："圣人治天下，非操削而为局也，求其罫之方而已。必将有以合人情之所宜。"⑤这是讲圣人治理天下并非与人

---

① （清）刘逢禄：《论语述何篇》，《刘礼部集》卷2，《续修四库全书》第1501册，上海古籍出版社2002年版，第42页。
② （清）魏源：《皇朝经世文编》卷首，《皇朝经世文编五例》，中华书局1992年版，第3页。
③ （清）盛康：《皇朝经世文续编叙》，《皇朝经世文续编》卷首，《近代中国史料丛刊》第八十四辑，台湾文海出版社1966年版，第1页。
④ 何良佐：陈序，《皇朝经世文四编》卷首，《近代中国史料丛刊》第七十七辑，台湾文海出版社1966年版，第1页。
⑤ （清）恽敬：《三代因革论一》，《大云山房文稿》初集卷1，《万有文库》本，商务印书馆1935年版，第5页。

为难，而是要合乎情理。其又言："因时适变，为法不同，而考之无疵，用之无弊。"这是讲既要因时变法，又要注意合理变法，所谓"利不十不变法，功不十不易器"①。李兆洛则言："治经者，知读书所以致用，必有观其会通，而不泥于迹者，庶几六经之在天壤，不为占毕记诵之所荒，不为迂僻胶固之所窜。"② 这充分体现了李兆洛学以致用的务实精神。时人称赞他说："于经则撷群圣之未言，不规规于性理之说，而一以礼义为准；于史则周秦而下，治乱所由，兵、农、礼、乐、河、槽、盐、币，随事立说，因宜见义，娓娓千百言，以己意为断制，而必衷于正。其若星历、象数、算术、声律、球图舆地、氏族谱牒，以及一名一物之细，莫不兼宗百钧稽历代，精研极虑以出之，凡实事必求其是。"③ 可见李兆洛的儒学教化不止于理论上的精言辨析，更是落实在行为实践上，落实在经世实务上，从伦理、政治到自然、经济，无不留心。

至于龚自珍、魏源、姚莹、徐继畬等人则结合时势，会通中西，使儒学之教于新时期得到新的彰显。作为传统汉学的继承人，龚自珍的思想经历了一个由治学到经世的发展。鉴于当时清朝的危机，龚自珍主张首先要求培养士大夫的知耻之心，正所谓："士皆知有耻，则国家永无耻矣；士不知耻，为国之大耻。"④ 而后他主张要"更法"。在《乙丙之际著议》中，他表达了清代衰败的景象："左无才相，右无才史，阃无才将，庠无才士，陇无才民，廛无才工，衢无才商""则百不才督之缚之，以至于戮之。戮之非刀、非锯、非水火。文亦戮之，名亦戮之，声音笑貌亦戮之""徒戮其心，戮其能忧心、能愤心、能思虑心、能作为心、能有廉耻心、能无渣滓心"。⑤ 为此就要变法图存，故其又言道：

---

① （清）恽敬：《三代因革论八》，《大云山房文稿》初集卷1，《万有文库》本，第16页。

② （清）李兆洛：《庄方耕周官记序》，《养一斋文集》卷3，《续修四库全书》第1495册，上海古籍出版社2002年版，第25页。

③ （清）汤成烈：《重刊李申耆先生养一斋文集序》，《养一斋文集》卷首，《续修四库全书》第1495册，上海古籍出版社2002年版，第1页。

④ 参见（清）龚自珍《龚自珍全集》第一辑《明良论一》，上海古籍出版社1999年版，第？页。

⑤ （清）龚自珍：《龚自珍全集》第一辑《乙丙之际著议第九》，上海古籍出版社1999年版，第6—7页。

第七章 清代教化儒学思想研究

"一祖之法无不敝,千夫之议无不靡,与其赠来者以劲改革,孰若自改革。"① 为此他充分发挥今文经学中《春秋》公羊学的"张三世"和"通三统"等思想来为自己的更法变革主张作注,其所谓"大一统"则包含反异族侵略、维护民族独立的时代意义。也正因此,梁启超以为"晚清思想之解放,自珍确与有功焉。"② 魏源早年深受今文经学之影响,曾提出"以经术为治术"的经世主张。他依据今文经学的"三统说"来发挥他的社会历史进化论,反对人们迷信古代,为此他言道:"三皇之事,若有若无;五帝之事,若存若灭;三王之事,若明若昧;时愈古则传愈少。"③ 他强调社会历史在不断进化发展,因此就要及时变法,以对应时事,正所谓:"天下无数百年不弊之法,无穷极不变之法,无不除弊而能兴利之法,无不易简而能变通之法。"④ 此外,魏源为了及时应对西方外敌侵略而开始关注并介绍西方各国诸方面情况,力求实现知己知彼,以御外侮。正如他在讲述创作《海国图志》的宗旨时所言到的"为以夷攻夷而作,为以夷款夷而作,为师夷长技以制夷而作"⑤。嘉庆时期的姚莹与徐继畲同样十分关注当时世界各国的风土人情以及发展情况,以求在加深了解的基础上寻求自强独立的路径。如姚莹讲道:"若坐井观天,视四裔如魑魅,暗昧无知,怀柔乏术,坐致其欺凌,曾不知所忧虑,可乎?甚矣,拘迂之见,误天下国家也!"⑥ 他在讲述自己写作《康輶纪行》的初心时曾言道:"欲吾中国童叟皆习见习闻,知彼虚实,然后徐筹制夷之策,是诚喋血饮恨而为此书,冀雪中国之耻,重边海之防,免胥沦于鬼域。"⑦ 徐继畲则在与外国人士接触过程中于开阔眼界之际更感受到了现实危机。在其撰写的《瀛环志略》中,他一方面积极唤醒民族自强意识以应对外部列强危机,另一方面仔

---

① (清)龚自珍:《龚自珍全集》第一辑《乙丙之际著议第七》,第5—6页。
② 梁启超:《清代学术概论》,人民出版社2008年版,第67页。
③ (清)魏源:《魏源集》《默觚》上《学篇》一,上册中华书局1976年版,第3页。
④ (清)魏源:《魏源集》《筹鹾篇》,下册,中华书局1976年版,第432页。
⑤ (清)魏源:《海国图志·自叙》,中州古籍出版社1999年版,第67页。
⑥ (清)姚莹:《康輶纪行》卷12,中国社会科学院历史所馆藏本,第22页。
⑦ (清)姚莹:《复光律原书》,《东溟文后集》卷8,《续修四库全书》第1512册,上海古籍出版社2002年版,第557页。

细分析外国文化、介绍相应的知识，以开发民智。如其关于"西夷"分析言道："其人性情缜密，善于运思，长于制器。金木之工，精巧不可思议。运用水火，尤为奇妙。火器创自中国，彼土仿而为之，益加精妙。铸造之功，施放之敏，殆所独擅。造舟尤极奥妙，篷索器具，无一不精，测量海道，处处志其浅深，不失尺寸，越七万里而通于中土，非偶然也。"① 关于欧洲强生富有之因，其又言道："皆善权子母，以商贾为本技，关有税而田无赋。航海贸迁，不辞险远，四海之内，遍设埠头，固由其善于操舟，亦因国计全在于此，不得不尽心力而为之也。"②

概言之，嘉道时期，清朝在内忧外患中已经走向了衰落。在此形势下，传统儒学代表人物基于挽救时局的现实要求，一方面积极援引、发明今文经学微言大义、经世致用之精神以应对时局，建言献策，寻求治世之良方；另一方面则是打开眼界看世界，积极介绍世界各国知识、讯息，以启发民智，增强国人危机意识，扭转错误、迂腐、浅陋之陈见，积极应对外敌之挑战。其文化主体思路仍不外乎治学与治世一体以及中体西用之基本框架。

三　"文质互变"的演化规律

清代教化儒学的发展历程可谓是传统教化儒学发展的一个重要缩影。首先，它包含对宋明理学、两汉经学以及原始儒学的理论反思、回溯、辨析、整合、订正、补充和创造性诠释；其次，它包含对清代社会政治、经济、法治、伦理、教育等诸多方面更法变革的深切关照；再次，它还包含基于救亡图存、民族独立、反对列强侵略之目的而对世界各国之地理、历史、政治、经济、科技、风俗及其优长的理解、介绍以及在此基础上的针对性运用。在此过程中，其代表性儒者本乎"治学所

---

① （清）徐继畬：《欧罗巴》，《瀛环志略》卷4，《续修四库全书》第742册，上海古籍出版社2002年版，第79页。

② （清）徐继畬：《欧罗巴》，《瀛环志略》卷4，《续修四库全书》第742册，第81页。

以治世"的经世致用宗旨,以一种开放、务实的精神面貌,将传统儒学理论资源与现实形势、外来文化资源相结合,力图为陷入危机中的清朝提供一个切实可行的救治良方。当然,在这一过程中,清代教化儒学仍然未能摆脱传统学术之藩篱以及在此基础上的中体西用的格局,因而它也无法从根本上挽救时局之危亡。

值得注意的是,透过以上这些基本内容,我们还可以发现,在清代教化儒学阶段性变迁背后还隐含着一条潜在作用的规律,这就是"文质互变"之道。

(一)"文质"大意

所谓文质观,源于对文、质关系的解读。关于"质",许慎《说文》云:"质,以物相赘。"又训"赘"为"以物质钱"。段玉裁注:"质赘双声。以物相赘,如春秋交质子是也。引申其义为朴也、地也,如有质有文是。"① 可见,"质"的原意是交换,以物易物。后依据引申义,"质"首先具有了素朴、自然义,随后又具有了"本质""本性""本真"义,如《礼记·乐记》云:"中正无邪,礼之质也",郑玄注:"质,犹本也",孔颖达疏:"谓内心中正,无有邪僻,是礼之本质也"②;关于"文",《说文》云:"错画也。象交文。凡文之属皆从文。"段玉裁注:"错画者,交错之画也。……依类象形故谓之文。象交文。像两纹交互也。纹者,文之俗字。"③ "错画也。象交文"这一点亦可由甲骨文字形获知。徐中舒先生曾在其《甲骨文字典》中分列了一期、三期、五期之"文"字字形,并认为"文"字"象正立之人形,胸部有刻画之纹饰,故以文身之纹为文"④,此说可资借鉴。不过,中国古人确有断发文身的习俗,如《庄子·逍遥游》云"越人断发文身",《史记·越王勾践世家》载越人"文身断发",《礼记·王制》云"东方曰夷,被发文身,有不火食者矣",皆是此类。这里的"文身",作为一种人造符号,包含信仰、审美等多重象征意义,已构成了人与动

---

① (清)段玉裁:《说文解字注》,上海古籍出版社1988年版,第281页。
② 李学勤主编:《礼记正义》,北京大学出版社1999年版,第1090—1091页。
③ (清)段玉裁:《说文解字注》,上海古籍出版社1988年版,第425页。
④ 徐中舒:《甲骨文字典》,四川辞书出版社2014年版,第995页。

物之重要区别，亦可视为人文之发端。此外，段玉裁又言道："黄帝之史仓颉见鸟兽蹏迒之迹，知分理之可相别异也。初造书契，依类象形，故谓之文。"① 相对于前面"错画也。象交文"，这里的表述可谓是"文"的引申义，因为它已经指向了文理。对此，《周易·系辞上》曾云："《易》与天地准，故能弥纶天地之道。仰以观于天文，俯以察于地理，是故知幽明之故。""天文""地理"体现的是人对自然实存的一种文化感知，对此文理的仰观俯察乃是这种感知实践的具体展开，由此而成之《易》则是一种人文创制，正如《周易·系辞下》所言："古者包牺氏之王天下也，仰则观象于天，俯则观法于地，观鸟兽之文与地之宜，近取诸身，远取诸物，于是始作八卦，以通神明之德，以类万物之情。"从感知自然文理到人文创制，即是一种文明的历路，诚如《易·贲卦·彖辞》所言："刚柔交错，天文也。文明以止，人文也。"

由"质""文"之意出发，质、文关系乃大体体现为自然与人文的关系。中国古人对这一关系的梳理，其根本目的就在于探求人的合理存在方式，这也构成了传统文质观的思想主旨。那么如何梳理二者关系以达成这一目的呢？本质上说，这取决于古人对文、质的价值定位。当然，这种价值定位并非是简单地局限于一个文化视域中来进行，而是需要结合特定视域下的文、质内涵来具体审定并由此建构起特定的文质观，不能一概论之。

（二）终始之道

如上所述，质、文关系即自然与人文的关系。"自然"可谓文化创生之源，"文化"则是人的存在方式，它的创生与发展必然以与自然的分化为前提，同时在一定时期一定程度上也将导致与自然相疏离的结果。不同文化系统对此关系的认识存在着深刻的差异。例如张光直先生曾在《中国青铜时代（二集）》一书中指出，中国古史的研究和考古材料的新发现表明，长期以来依据西方历史经验所形成的一些社会科学法则对中国古史并不必然具有普遍的适用性。为此他专门从自然与文化关系的角度出发，把人类文明的起源概括为两种形态，即"连续性"与

---

① （清）段玉裁：《说文解字注》，上海古籍出版社1988年版，第425页。

第七章　清代教化儒学思想研究

"破裂性"。"连续性"文明形态的特征是在一种有机整体的宇宙意识形态中保有着与之所从出的原始自然状态的连续与和谐。这种连续性具体表现为"人类与动物之间的连续、地与天之间的连续、文化与自然之间的连续";与此相反,"破裂性"文明形态的特征则表现为整体性意识的分化和文明与原始自然之间的分割①。通过对中国、玛雅和苏美尔文明的比较研究,他认为,中国文明的起源属于"连续性"的形态,西方文明的起源则属于"破裂性"或"突破性"的形态。连续性文明代表着人类从原始时代带来的一个人类共有的文化基层,而由两河流域的苏美尔文明发展起来的西方文明,则是从这个人类共有的文化基层上产生出来的一个例外形态,即"中国形态可能是全世界向文明转进的主要形态,而西方的形态实在是个例外"②。

张光直先生从自然与文化关系的角度出发来探讨人类文明起源的形态无疑有着深远的启发性。③ 其对中、西古代文明起源形态所做的"连续性"与"破裂性"描述亦在各自文明发展的进程中得到进一步澄明。如宋代学者张载论礼有云:"礼不必皆出于人,至如无人,天地之礼自然而有,何假于人。天之生物便有尊卑大小之象,人顺之而已,此所以为礼也。学者有专以礼出于人,而不知礼本天之自然。"④ 张载的这个说法即体现了自然与文化的连续性。由此出发,人的理想文化存在形式便是自然与人文、质与文的连续统一。而西哲康德则说:"与自然状态相对的是文明状态,而不是社会状态。在自然状态中,很可能有某种社会状态,但是在那里没有一个用公共法律来维护的……文明的社会结构。"⑤ 康德的这番话则体现了自然与文化的破裂性。由此出发,人在其文化理性限度内将无法重返自然之境,而只能依靠神来拯救。这一文

---

① 李景林、孙栋修:《自然与文明的连续性——先秦儒家的历史意识》,《社会科学战线》1995年第3期。
② 参见张光直《中国青铜时代(二集)》,生活·读书·新知三联书店1990年版,第131—142页。
③ 参见华军《文质之变—传统政治视域下的文质观》,《杭州师范大学学报》2020年第1期。
④ (北宋)张载:《张载集》,中华书局1978年版,第264页。
⑤ [德]康德:《法的形而上学原理》,沈叔平译,商务印书馆1991年版,第51页。

"教化儒学"的思想历程

明形态上的差异随后又在各自历史与社会生活中直接导致了价值观与价值实践上的巨大差异,并具体体现在对情感与理智、道德与知识、哲学与宗教、性情与礼法、复旧与进化等一系列关系的认识上,此不赘述。

诚如张光直先生所述,在自然与文化的关系上,中国古代文明的起源体现出一种"连续性"形态,而其在后续发展中亦保持了这一特征。只不过,这种"连续性"是通过正、负两种文化取向,依托一种复质、尚故的文化理想来实现的。以下对此略作阐释。

所谓正的文化取向是主张质以成文,文以显质,文质兼备。历史上,人们讨论质、文关系多愿称引儒家孔子之言。但事实上,有关文、质关系的讨论在儒家之前即已存在。《国语·晋语四》中记载晋文公与胥臣讨论教育问题,胥臣认为:"质将善而贤良赞之,则济可俟。若有违质,教将不入,其何善之为。"这里的"质"就是指人的自然质地,胥臣的结论是"胡为?文益其质""夫教者,因体能质而利之者也",意即文教要因天赋材质而行,由此引出了文、质关系的探讨。《国语·晋语五》中又载宁嬴语云:"夫貌,情之华也;言,貌之机也。身为情,成于中。言,身之文也。言文而发之,合而后行,离则有衅。"这里指出情(质)生于身,显于容貌,言(文)则为容貌之枢机。言、貌、情三者合乃能成事,否则就会出现瑕疵,此皆彰显了文质关系的连续性形态。后来的儒家亦是如此。儒家的文质观在孔子那里有着系统的表达。在《论语·雍也》中,孔子曾言:"质胜文则野,文胜质则史。文质彬彬,然后君子。"其所谓"质",即指人自然、素朴的一面,它奠基于人的率性之动,其核心特征就是真实,其基本原则就是直道而行,钱穆先生曾云:"直者诚也。内不以自欺,外不以欺人,心有所好恶而如实以出之者也。"[1] 又云:"孔子所谓直者,谓其有真心真意,而不以欺诈邪曲待人也。"[2]《论语》中孔子所言"刚""毅""木""讷"诸德皆是其表征;所谓"文",指人的文化、文明一面,它奠基于人的理性活动,其核心特征就是人文化成,其基本原则就是"称情而立

---

[1] 钱穆:《四书释义》,台北:联经出版事业公司1996年版,第87页。
[2] 钱穆:《四书释义》,第92页。

第七章 清代教化儒学思想研究

文"。围绕"称情而立文",儒家存在两种相关的诠释路径:一者是以文显情,正所谓"君子美其情"者;一者是以文节情,正如《荀子·礼论》所云:"人生而有欲,欲而不得,则不能无求。求而无度量分界,则不能不争;争则乱,乱则穷。先王恶其乱也,故制礼义以分之,以养人之欲,给人之求。使欲必不穷乎物,物必不屈于欲,两者相持而长。"儒家"称情而立文"的终极目的是实现"文质中道",正如郭店竹简《性自命出》所云:"君子美其情,贵其义,善其节,好其容,乐其道,悦其教,是以敬焉。"明清之际的王夫之在其《尚书引义·毕命篇》中亦言道:"盖离于质者非文,而离于文者无质也""集文以成质,则天下因文以达质,而礼、乐、刑、政之用以章"①。此皆充分体现了文质之间的连续性形态。不仅如此,儒家的文质观还有更深一步的含义。儒家所言之"质",除了素朴自然之本源实存义以外,还进一步体现为"本质""本性"的"本真"义。如《论语·卫灵公》有云:"君子义以为质,礼以行之,逊以出之,信以成之,君子哉!"所谓"义"乃指事之当然,为儒家德目。但对这里的"质",钱穆先生与李泽厚先生则将其释为"实质"与"本质",不同于上文中的"素朴"义。在此基础上,儒家的义德乃成为君子人格的本质规定。换言之,儒家言"质",不仅具有素朴自然的本源实存义,更包含以义德为本的道德本质义。这一点在孟子的"四端说"与王阳明的"大人说"中皆得到了证明。也是在此认识基础上,朱熹言道:"礼必以忠信为质,犹绘事必以粉素为先……杨氏曰:'甘受和,白受采,忠信之人,可以学礼。苟无其质,礼不虚行。'"②由此,儒家在更深刻的层面上展现了文、质关系的连续性形态。

所谓负的文化取向是指在文化反思的基础上主张节文返质,其实质是在更深刻的文化意识中追求文质相副。如郭店甲本《老子》云:"绝智弃辩,民利百倍。绝巧弃利,盗贼无有。绝伪弃诈,民复孝慈;三言以为使不足,或令之有乎属;视素抱朴,少私寡欲。"再结合郭店乙本

---

① (清)王夫之:《尚书引义》,中华书局1976年版,第177页。
② (南宋)朱熹:《四书章句集注》,中华书局1983年版,第63页。

"教化儒学"的思想历程

《老子》"为学者日益,为道者日损"以及郭店丙本《老子》"大道废,焉有仁义。六亲不和,焉有孝慈。邦家昏乱,焉有贞臣"[1]等说法,可见郭店本《老子》总体上呈显出一种遵道尚质,反对智辩、巧利、伪诈等文过之饰,追求文质相副的思想倾向。《庄子·缮性》亦言:"文灭质,博溺心,然后民始惑乱,无以反其性情而复其初。"这里同样表达了对于遮蔽真质的文饰、陷溺心灵的博学的批判。道家的这种文化反思与批判及其对素朴之质的尊尚与其说是反文化的,不如说是针对过度文饰形式、名制的文化解蔽,是更高层面上的文化自觉意识,亦是更高层面上的文质相副的追求。不过,这一意识不只体现于道家思想,墨、法思想亦有相关体现。如墨家从实用、尚利的立场出发,极力反对传统礼乐文化的繁文,故《墨子·非儒下》有云:"繁饰礼乐以淫人,久丧伪哀以谩亲,立命缓贫而高浩居,倍本弃事而安怠傲。"在此基础上,墨家还反对过度的文言,《墨子·修身》云:"言无务为多而务为智,无务为文而务为察。"这是讲言辞不求多而求有智慧,不求华丽而要求意思明确。法家以为人皆是追逐私利、充满贪欲的,故人性恶。由此出发,法家崇尚法治,着力排斥儒家的德教文治,认为儒家的礼乐之教只能破坏国家法令,导致"穷事""亡国"之祸,故而《韩非子·和氏》主张"燔诗书而明法令"。《韩非子·解老》又云:"礼为情貌者也,文为质饰者也。夫君子取情而去貌,好质而恶饰。夫恃貌而论情者,其情恶也;须饰而论质者,其质衰也。"由此可见,法家韩非是好质尚法而轻文饰,以为过度的礼文将对自然之质形成戕害。以上道、墨、法诸家思想皆在文化反思的过程中表达了对过度智识、文饰的批判,从而在更高的层面上彰显了文质相副的理想诉求。

综上所述,在中国传统文质观中,文、质关系的连续性乃是在正、负两种文化取向中实现的。这体现了古人结合历史现实来探求人的合理生存方式的路径是多向度的。当然,这其中始终贯穿着一条复质、尚故的文化理想主线。《尚书·盘庚》曾载迟任之言:"人惟求旧,器非求旧,惟新。"而《晏子春秋·内篇杂上》中晏子对景公则云:"衣莫若

---

[1] 李零:《郭店楚简校读记》,北京大学出版社2002年版,第4页。

新，人莫若故。"这两句话皆表达了古人器物求新、人则贵旧之义。这个"旧"人，乃指故旧、老成人，隐含着人格的成熟，故又可称为一个时代的贤人。人格的成熟在于自我的澄明。这是一切认知与价值判断得以确立的前提。自我的澄明基于"知其所是"与"是其所是"。"知其所是"即是觉知"自我"，把握本己的内在规定性。在中国古代文化中，这个"自我"便是源出于"诚者，天之道也"的天命之性；"是其所是"即是自我的实践展开，实现这个本己的内在规定性，也就是"诚之者，人之道也"的率性经历。合而观之，即是以中为本、以和而立的中和之道。《礼记·中庸》云："诚者自成也，而道自道也。诚者物之终始，不诚无物。是故君子诚之为贵。"王夫之的《礼记章句》注云："天下之物皆实理之所为，故必得理，然后有是物。"[1] 可见，自我的觉知与实现乃是人自我价值的体现。不过自我的觉知与实现不是单纯的内省认知，而是在一个自我不断地对象化的生命经历中完成的。这种对象化的生命经历亦是自我的时空体现。自我的时间性体现在自我总是在现在中通于过去而走向未来，由此显现为一种一贯而又具有个体差异性的历史性存在。在此意义上看，一个失去历史记忆的人或民族也即等于失去了自我，同时他也丧失了创造未来的原创力；自我的空间性体现在它的客观化、概念化、符号化，由此而呈现出一个公共的对象性的不断求新的器世界。然从根本上讲，这种"外出"必须不断回溯到自我上，才能知其所是、是其所是，才能保证这种"外出"是自我的真实显现，而非一个异化性存在，故《易传·系辞》讲"原始反终，故知死生之说"。总之，复质、尚故可谓中国传统文质观中一个恒久性的情结。只不过，这种"复""尚"并非是要简单地回到特定的历史原点上，而是指人在朝向未来的文化创造进程中，始终以那个具有差异性和一贯性的自我原质为指向，它所体现的恰恰是求新之生命进路中的知止精神。与此同时，它亦彰显了中国传统文质观的文、质连续性特质。

(三) 阴阳之易

在原始反终的连续性特质之上，质、文关系还内含阴阳之易。对此

---

[1] (清) 王夫之:《礼记章句》，上海古籍出版社2002年版，第499页。

可从以下两个层面略作诠释：

首先，仅从文字上看，"文""质"在《周易》经、传之中并没有成为一组明确对应的概念。相应地，我们也可以说，文、质关系并没有在《周易》经、传中获得清晰的理论自觉。但这并不妨碍我们借助《周易》经、传文本，进行有关文质关系的思想探源。如上所言，"质"具有自然素朴义与本质义，"文"具有文理与人文创制义。质、文关系亦即自然与人文的关系。以上诸义皆在《周易》经、传之中尤其是在《易传》中得到体现。如《易传·系辞传上》云："《易》与天地准，故能弥纶天下之道。仰以观于天文，俯以察于地理，是故知幽明之故……与天地相似，故不违。知周乎万物而道济天下，故不过。旁行而不流，乐天知命，故不忧。安土敦乎仁，故能爱。""《易》与天地准"的意思就是说《易》以天地自然为摹本，此乃观物取象，其最终归于阴阳之道。这里的"天地""万物"皆体现了"质"的素朴义，而"天下之道"包含"天之道"与"民之故"，最终亦归于阴阳之道，这体现了"质"的"本性""本真"义。这种"本真"义的"质"经由人们"仰以观于天文，俯以察于地理"的认知实践而呈显为阴阳互动之文理，而《易》更是在此文理基础上而进行的理性人文创制，所以《易传·说卦传》云："昔者圣人之作《易》也，将以顺性命之理。"《易传·系辞传上》又云："夫《易》何为者也？夫《易》开物成务，冒天下之道，如斯而已者也""是以明于天之道而察于民之故，是兴神物，以前民用。"由此可见，《周易》经、传中蕴含着"因质立文，循文成质"的自然与人文相连续的思想。这其中有两点值得关注：一则《周易》经、传非常强调顺应自然之化，正所谓"天地变化，圣人效之。天垂象，见吉凶，圣人象之"。这体现了《周易》经、传对自然之"质"的肯定，以此为价值观念形成的源泉与基础，故有"天行健，君子以自强不息"之语；二则《周易》经、传十分凸显人文创制之功，并以此为存在价值之体现，故《同人·象传》云："文明以健，中正而应，君子正也。唯君子为能通天下之志。"《贲·象传》又云："分刚上而文柔，故小利有攸往，天文也；文明以止，人文也。观乎天文，以察时变；观乎人文，以化成天下。"

其次，真正将文质关系与阴阳联系起来则要追溯到汉代的扬雄、班固等人那里。西汉学者扬雄融合儒、道、易而立论其间，其在《太玄·玄文》中云："阴敛其质，阳散其文。文质班班，万物粲然。"在此，扬雄以阴对质，以阳对文，强调阴阳和合、文质中道，由此万物焕炳。阴阳两性，阳主进取、创生，义寓刚强；阴主顺行、承负，义寓柔顺。与之相应，文质亦有殊，质者自然、本真，贞定有常；文者求新、创制，变易不已，故扬雄在《太玄·玄文》中云"天文地质，不易厥位"。然二者须即时相辅而后成物，故扬雄在《太玄·玄文》中又言道："阴阳迭循，清浊相废。将来者进，成功者退。已用则贱，当时则贵"，并基于有形与无形之分而将阴阳之动、文质之变进一步描述为五种迭变情态："罔，北方也，冬也，未有形也。直，东方也，春也，质而未有文也。蒙，南方也，夏也，物之修长也，皆可得而载也。酋，西方也，秋也，物皆成象而就也。有形则复于无形，故曰冥。故万物罔乎北，直乎东，蒙乎南，酋乎西，冥乎北。故罔者，有之舍也。直者，文之素也。蒙者，亡之主也。酋者，生之府也。冥者，明之藏也。罔舍其气，直触其类，蒙极其修，酋考其亲，冥反其奥。罔蒙相极，直酋相救。出冥入冥，新故更代。"最终，扬雄在《太玄·玄文》中将一切阴阳之动、文质之变又皆归于天道，正所谓"天道虚以藏之，动以发之，崇以临之，刻以制之，终以幽之，渊乎其不可测也，曜乎其不可高也"。君子之道就在于"藏渊足以礼神，发动足以振众，高明足以覆照，制刻足以辣慄，幽冥足以隐塞"。此外，班固的《汉书》也论及文质与阴阳的关系。班固的《汉书》深受《易传》阴阳变易思想影响，其所作《汉书·叙传》中的《宾戏》云："且吾闻之：一阴一阳，天地之方；乃文乃质，王道之纲；有同有异，圣哲之常。"在此，班固以《易传·系辞上》中的"一阴一阳之谓道"来讲明天地万物人事之运化规律，又以阴阳之天道统摄文质、同异之圣王之道。为此，《汉书·元帝纪》中不断出现"盖闻安民之道，本繇阴阳""黎民于蕃时雍，明以阴阳为本也"等说法。其《魏相传》又云："阴阳者，王事之本，羣生之命，自古圣贤未有不繇者也。"此外，他还吸取了《易纬·乾凿度》中的思想，在"有形生于无形"的认识前提下，提出阴阳混沌未分之时乃为太极元气,太极元气分而有阴阳等思想,并极力提倡《易传》"裁成天地之道,辅相天地之宜"的以人法天原则。①

综上所述,可见汉代学者乃以阴阳论文质:一则以阴阳之性对文质之义;一则以阴阳变易之道来统摄文质之变。上则归本于太极元气,下则求迹于圣王之治。阴阳合于太极,故有本如是、内在连续;阴阳分于太极,故有创生、变化流行。文质之道即本原于此。②

(四) 社会实践视域下的文、质关系

文、质关系的连续性与破裂性形态,本质上乃奠基于古人对文、质的价值定位。这种价值定位深刻体现了古人对理想生存方式的探索与诠释,并对传统文质观的形成具有深远的影响。不过,这种价值定位并非是简单地在一个理解层面上来进行,为此我们就需要结合特定情境下的文、质内涵来具体审定而不能一概论之。以下,我们仅从社会实践视域对此略作阐发,以就教方家。

从社会实践视域来看古人对文、质的价值定位,关乎社会治理,并往往凸显为现实生活中情、理、法(规范)三者间的紧张关系。诚如上言,在中国传统文化中,"质"首先体现为素朴、自然义,随后又具有了"本质""本性""本真"义。就人而言,"质"的现实表现便是人的情性,"情"彰显的是人自然素朴的真实存在;"性"体现的则是人的存在本质义。而"文"则代表认知的文理与人文创制。就人道而言,"文"的现实表现即是人的性理与礼法。从社会实践层面看,文、质的价值定位实际关乎着自然与文教的关系,它具体体现在两方面问题上:一是自然实存与性理原则的关系;二是自然实存与礼法形式的关系。

我们首先来讨论第一个问题,即自然实存与性理原则的关系,这一关系的实质在于情、理关系的审定。在中国传统文化中,对人而言,作为自然实存义的"质"主要表现为人的性情,由此而展现出来的人生

---

① 参见郑万耕《〈汉书〉与〈周易〉》,《史学史研究》2006年第2期。
② 参看华军《传统文质观的哲理意涵——现代性危机下的文化反思》,《中南大学学报》(社会科学版) 2021年第1期。

第七章 清代教化儒学思想研究

是一个真实而又丰富多样的具体生命世界,它是由人的情感活动来实现的;而作为理智认知下的文理义的"文"则主要表现为性理原则,对人而言即是人道,它是由人的理智活动来实现的。如前所述,张光直先生曾指出,由两河流域的苏美尔文明发展起来的西方文明属于"破裂性"文明形态,其特征表现为整体性意识的分化和文明与原始自然之间的分割。由此以来,在西方传统文化体系中,自然与人文是断裂的关系。与之相应,人的情感也与人的理智相对立。在此对立中,理智因其通神的属性而得到价值肯定,情感则因被视为具有原罪的存在而成为被约制、改造的对象。与之不同的是,中国古初文明则属于"连续性"文明形态,其特征是在一种有机整体的宇宙意识形态中保有着与之所从出的原始自然状态的连续与和谐。有基于此,在中国古初文明中,自然与人文、情感与理智便不是一种对立的、非此即彼的关系,而是一种具有连续性的相生相成的关系。换言之,理智乃是针对人的情感世界的反思,由此而建立的性理原则实为情理所在,而脱离乃至背离人情的性理原则,则只能是一种抽象存在,失去了存在的合理性。郭店竹简《尊德义》曾云:"察诸出所以知己。"[1] 所谓"察诸出"即可视为以人的情感活动作为思考人生的基础。对此,我们可以参照《左传·昭公二十五年》记载子大叔引述子产的一段话:"民有好恶、喜怒、哀乐,生于六气,是故审则宜类,以制六志。"在这里,"好恶、喜怒、哀乐"作为人情即是古人思考人存在的基础。《礼记·乐记》又云:"是故先王本之情性,稽之度数,制之礼义。"在此,"度数""礼义"的确立亦皆本于情性。在此基础上,古人以情感为平台进行了自己的思想建构,即追溯情感的本原、探讨情感的条理及实现原则、阐释情感的旨归与实践路径等,从而形成了中国古代文化中丰富而系统的性理(情理)内涵与原则,并引出了天、命、性、情、道、义、心等一系列核心观念。如上引郭店简《性自命出》又云:"性自命出,命自天降。道始于情,情生于性。"又云:"始者近情,终者近义。知情者能出之,知义者能入

---

[1] 荆门市博物馆:《郭店楚墓竹简》,文物出版社1998年版,第173页。

"教化儒学"的思想历程

之。"①《礼记·乐记》则云:"君子反情以和其志……情深而文明……情见而义立。"以上文献皆体现了情(质)与理(文)的连续与统一关系。在此背景下,中国古初文明反对情(质)、理(文)偏胜,着力追求一种合于义的"情、理中道"模式,以此为理想的情、理关系。如《礼记·曲礼》云:"敖不可长,欲不可从,志不可满,乐不可极。"吕大临曾解之曰:"四者皆人情之所不免,过则害也。"②《礼记·檀弓下》又云:"有直情而径行者,戎狄之道也。"孔颖达疏云:"直肆己情而径行之也。无哭踊节制,乃是夷狄之道。"③同样,基于宋明一些学者以"理"为本、为实的立场,清初学者也着力展开了反思、批判,如戴震一面讲"人之生也,血气心知而已,是故血气者,天地之化;心知者,天地之神""惟条理是以生生;条理苟失,则生生之道绝"(《原善》上),一面又讲"天理云者,言乎自然之分理也""由血气之自然,而审察之以知其必然,是之谓理义。……就其自然,明之尽而无几微之失焉,是其必然也,如是而后无憾,如是而后安,是乃自然之极则"(《原善》上)④。戴震之意旨在说明"理"乃是出于自然之必然,自然之情实为理之渊薮,由此来消解宋明学者对于"理"的抽象建构倾向。相对而言,孔子对此的说法则较为全面。孔子言:"君子之于天下也,无适也,无莫也,义之与比"(《论语·里仁》),《论语集释》引毛奇龄《论语稽求篇》曰:"适、莫与比皆指用情言。适者,厚也、亲也;莫者,薄也、漠然也;比者,密也、和也。当情为和,过情为密"⑤,这是讲人情之发要随机适度,得乎时中,也就是合于义。《礼记·曲礼》云:"贤者狎而敬之,畏而爱之。爱而知其恶,憎而知其善。"此即合于义的具体显现。合于义亦即情、理中道。《礼记·中庸》曾言:"喜怒哀乐之未发,谓之中;发而皆中节,谓之和;中也者,天下之大

---

① 荆门市博物馆:《郭店楚墓竹简》,第 179 页。
② (南宋)卫湜:《礼记集说》,《四库全书荟要》,台北:世界书局 1988 年版,第 53 册,第 23 页。
③ (唐)孔颖达:《礼记注疏》,《四库全书荟要》,第 51 册,第 216 页。
④ 参见戴震《孟子字义疏证》,中华书局 1961 年版,第 61—65 页。
⑤ 程树德:《论语集释》,中华书局 1990 年版,第 248 页。

第七章 清代教化儒学思想研究

本也；和也者，天下之达道也。"这里针对喜怒哀乐的实现而言的中和之情可谓是对情、理中道的精当表述。在此认识基础上，中国社会实践作为立人之道的一个方面，其实践原则亦与情、理关系密切相关，即力求达成二者中道合义。因此它既要有完整、系统、明确的政治理念和原则，又要使此理念、原则深植于人的情感世界，努力成为人情理的表征。唯其如此，才能使此理念、原则成为实存，同时人的自然情感亦因遵循此理念、原则而获得本质性的显现。

第二个问题是自然实存与礼法规范的关系问题，它涉及人情与礼法规范关系的审定，其实质是内容与形式的关系问题。如上所述，在中国传统文化中，"质"代表自然实存，就人而言，它意味着人的丰富、真实的情感世界；"文"代表认知的文理与人文创制，就人道而言，它体现为认知的性理与礼法规范。在中国传统文化中，情感表征人的真实存在，情理（性理）则体现人的本质存在，而礼法则是情理（性理）的外在表现形式。郭店简《性自命出》云："苟以其情，虽过不恶，不以其情，虽难不贵。苟有其情，虽未之为，斯人信之矣。"[①] 在此，"情"被视为善、贵、信的基础，那么它基本的自我规定又是什么呢？对此，《性自命出》又言道："凡人伪为可恶也""凡人情为可悦也"[②] 郭店简《语丛一》又云："人无能伪。"[③] 《礼记·表记》则言："情欲信，辞欲巧。"可见，情首要在于真，惟此方能成为善、贵、信的基础；其次，情有其理。孔子曾言："唯仁者能好人，能恶人。"（《论语·公冶长》）朱熹则引游氏语曰："好善而恶恶，天下之同情，然人每失其正者，心有所系而不能自克也。唯仁者无私心，所以能好恶也。"[④] 在此，儒家以仁道为人情之理，以此正好恶之情，宋代卫湜《礼记集说》更引马氏语曰云："好恶正则天下之是非瞭然而不惑矣"[⑤]，情理（性理）

---

① 荆门市博物馆：《郭店楚墓竹简》，第 181 页。
② 荆门市博物馆：《郭店楚墓竹简》，第 181 页。
③ 荆门市博物馆：《郭店楚墓竹简》，第 197 页。
④ （南宋）朱熹：《四书集注章句》，《四库全书荟要》第 72 册，台北：世界书局 1988 年版，第 26 页。
⑤ （南宋）卫湜：《礼记集说》，《四库全书荟要》第 53 册，台北：世界书局 1988 年版，第 27 页。

"教化儒学"的思想历程

所彰显的正是人是其所是的应然，亦即人的本质存在；再次，情理由礼法形式而变现。礼法乃是治政安民、移风易俗之具。然孔子曾言："居上不宽，为礼不敬，临丧不哀，吾何以观之哉？""礼，与其奢也，宁俭。丧，与其易也，宁戚。"（《论语·八佾》）由此来看，礼由质起，质为礼之本，故为礼之要首在于真情，即"情之实也"。此外，孔子又言："人而不仁，如礼何？人而不仁，如乐何？"如上所言，仁道为儒家情理所在，在此则成为礼乐之本。这段话大意在于说明，为人而不通情理，则人心亡矣，其虽多礼乐之才，却恐为国之患，故无所施用。

概言之，情感活动需依循情理（性理）而获得存在的合理性，又需借助礼法形式而获得普遍性的实存；而礼法形式既是人情的表达方式，更是情理的变现。诚如《礼记·礼器》所云："先王之立礼也，有本有文。忠信，礼之本也；义理，礼之文也。无本不立，无文不行。"如上所言，"忠信"乃是就真情言，这里的"本"乃是初始、发端之意；义理实为情理（性理）。由情感到礼法规范，这体现了中国古代文明自然与人文的发展连续性。与此相应，中国社会实践规范的建构亦需参照这一点，即：社会实践管理必然强调礼法制度规范，但礼法制度规范并非是背离人情的一种对立存在。相反，它是人之情理的共同普遍的表现形式，脱离人情与情理的制度规范往往因缺乏现实基础而演变成空洞的教条，注定难以变现，故往往只能依赖暴力强制；同样，脱离礼法制度的规范形式，则人往往肆情妄行，而情理亦因无所依托以致隐而不显。故寻求情、理与礼法的一贯实为中国社会管理的一个关键，亦是所谓人性化管理的具体落实。①

（五）社会实践中的文、质问题

如上所述，在社会实践视域下，文、质的价值定位实际关乎着自然与文教的关系。"自然"落实在情感欲求上讲，而"文教"则落实在性理原则与礼法规范上讲。二者间的关系梳理即是在社会实践中人们要不断面对的问题。《荀子·礼论》曾有言："凡礼，始乎棁，成乎文，终

---

① 参见华军《文质之变—传统政治视域下的文质观》，《杭州师范大学学报》2020 年第 1 期。

第七章 清代教化儒学思想研究

乎悦校。故至备，情文俱尽；其次，情文代胜；其下，复情以归大一也。"这段话既是对情（质）文关系不同层面标准的理论解读，更具有深刻的历史反思与现实社会实践指导意义。

现实中，人的情感欲求既是一个真实、质朴的存在，也是一个具有丰富内涵的个性化的存在；而性理原则则是一种理想性的人文理念设定，为现实生存世界的价值本源；礼法规范则代表现实制度建设，具有象征性、普遍性与形式化特征，是情与理的体现形式。如何实现三方面的统一即是社会实践的一个核心问题。真实、素朴而又个性化的情感，其价值往往会在文明初起、思想启蒙的进程中得到深刻的彰显，如夏商之时、魏晋之际与明末之世。然而它一旦发展到纵欲放情乃至"情识而肆"的地步，则又会成为反思批判的对象，并由此推出性理之学。如朱熹言道："人莫不有是形，故虽上智不能无人心；亦莫不有是性，故虽下愚不能无道心。二者杂于方寸之间，而不知所以治之，则危者愈危，微者愈微，则天理之公卒无以胜夫人欲之私矣。精则察夫二者之间而不杂也，一则守其本心之正而不离也。从事于斯，无少间断，必使道心常为一身之主，而人心每听命焉，则危者安、微者著，而动静云为自无过不及之差矣。"[1] 在此基础上，朱熹强调"存天理，灭人欲"，认为"圣人之教，必欲其尽去人欲，而复全天理也"[2] "学者须是革尽人欲，复尽天理，方始是学"[3]。但是性理之学发展到极致，则往往因为其性理原则抽象化、普遍化、绝对化而造成对真实、素朴而又个性化的情感世界的贬损戕害，如戴震就反对宋明时期"存天理，灭人欲"的说法。他认为"天理者，其欲而不穷人之欲也。是故欲不可穷，非不可有；有而节之，使无过情，无不及情，可谓之非天理乎？"[4] 戴震又提出"酷吏以法杀人，后儒以理杀人"（《戴东原集》卷九"与某书"）的说法，此皆源于性理原则作为一理想性的价值本源对于现实情感世界的固执遮蔽与破坏。而礼法制度又为性理的表现形式。行礼法实为性理的践行方

---

[1] （南宋）朱熹：《四书章句集注》，中华书局1983年版，第14页。
[2] （南宋）朱熹：《朱子全书》，上海古籍出版社2002年版，第1586页。
[3] （南宋）黎靖德编：《朱子语类》，中华书局1986年版，第225页。
[4] （清）戴震：《孟子字义疏证》，中华书局1961年版，第11页。

式,故《礼记·仲尼燕居》云:"礼也者,理也",此理即存在法则。《礼记·祭义》又云:"礼者,履也",言礼在践行。合而观之,行礼即行理,其目的便是因性理而成就之。孔子曾言:"君子义以为质,礼以行之。"(《论语·卫灵公》)孟子则言:"夫义,路也;礼,门也。惟君子能由是路,出入是门也"(《孟子·万章下》)。《礼记·曲礼上》又言:"道德仁义,非礼不成。"《礼记·礼器》云:"君子欲观仁义之道,礼其本也。"《荀子·大略》云:"君子处仁以义,然后仁也;行义以礼,然后义也;制礼反本成末,然后礼也。三者皆通,然后道也。"在此,作为性理的仁、义为本,礼为末,"本末相顺,终始相应"(《史记·礼书》),三者贯通乃为人道。郭店竹简《性自命出》云:"礼作于情,或兴之也,当事因方而制之,其先后之序则宜道也。又序为之节,则文也。致容貌所以文,节也。君子美其情,贵[其义],善其节,好其容,乐其道,悦其教,是以敬焉。"①《礼记·丧服四制》则言:"有恩有理,有节有权,取之人情也。恩者仁也,理者义也,节者礼也,权者知也。仁义礼知,人道具矣。"以上所论皆为即情理(性理)以言礼教成人。《礼记·礼运》云:"故圣人耐以天下为一家,以中国为一人者,非意之也,必知其情,辟于其义,明于其利,达于其患,然后能为之。何谓人情?喜怒哀惧爱恶欲七者,弗学而能。何谓人义?父慈、子孝、兄良、弟弟、夫义、妇听、长惠、幼顺、君仁、臣忠十者,谓之人义。讲信修睦,谓之人利。争夺相杀,谓之人患。故圣人所以治人七情,修十义,讲信修睦,尚辞让,去争夺,舍礼何以治之?"以上所论皆凸显了情理与礼法关系的一贯。清代乾嘉学者为了批判明代理学末流论"理"的"凿空附会之弊",直言"以礼代理",强调真正的理必须落实在典章制度上。凌廷堪更是指责宋儒理学是"禅学",认为"宋儒所以表章四书者,无在而非理事,无在而非体用,即无在而非禅学矣"。(参看《校礼堂文集》卷十六,《好恶说下》)他强调"夫舍礼而言道,则空无所附"。(《校礼堂文集》卷十六,《好恶说下》)阮元则主张"理必附乎礼以行,空言理则可彼可此之邪说起矣"(参看《研经室续

---

① 荆门市博物馆:《郭店楚墓竹简》,第179页。

集》卷三,《书东莞陈氏学部通辨后》)。不过随着礼法之治的发展,其象征性、普遍性以及形式化的特点已不可避免地对个性化的情感世界和丰富的情理内涵形成制约,历史上所谓以礼杀人者即源于此。其极端的例证,前有因"男女授受不亲"以致嫂溺不能援之以手,后有因"饿死事小,失节事大"以致孀妇难以再嫁。

历史上,由于特定的时代背景,基于情、理、礼关系之上的文、质之变不断发生。有的社会时期推崇质直之情,而有的社会时期则又崇尚性理的教化、礼法的建构。《礼记·表记》曾载:"虞、夏之质,殷、周之文至矣。虞、夏之文,不胜其质。殷、周之质,不胜其文。"孔疏:"此一节总明虞、夏、商、周四代质、文之异。"[1]《礼记·表记》又云:"夏道尊命,事鬼敬神而远之,……其民之蔽,蠢而愚,乔而野,朴而不文。殷人尊神……周人尊礼尚施。"这是较早以文质论历史发展特点的范例,即在特定的历史区间内,展示了一个由质到文的演化历程。但到了董仲舒那里,这个问题又有了深入变化,他以质文互变来解释三统历史循环的原因,如《三代改制质文》云:"王者之制,一商一夏,一质一文。商质者主天,夏文者主地,春秋主人。"[2] 班固《白虎通义·三正》引伏胜《尚书·大传》云:"王者一质一文,据天地之道。"《春秋元命苞》亦谓:"正朔三而改,文质再而复。""王者一质一文,据天地之道,天质而地文。"[3] 这个认识对汉代以后的社会思想具有深远的影响。清代章学诚曾言:"自古圣王以礼乐治天下,三代文质,出于一也。世之盛也,典章存于官守,礼之质也;情志和于声诗,乐之文也。"[4]

在文质互变的社会实践思想转换过程中,质与文绝非是简单对立的关系,其内在的连续性更值得我们深思。"质"一方面固然体现了情感世界的真实性与丰富的个性化内涵,并由此成为性理的基础;另一方面当它走向纵欲忘情之时,也将会体现为对繁文缛节、奢靡文饰等形式的

---

[1] 李学勤主编:《礼记正义》,北京大学出版社1999年版,第1487页。
[2] 苏舆:《春秋繁露义证》,中华书局1992年版,第204页。
[3] (清)陈立:《白虎通疏证》,中华书局1994年版,第362、368页。
[4] [清]章学诚著,叶瑛校注:《文史通义校注》,中华书局1985年版,第78页。

追逐。而"文"一方面体现了性理原则与礼法制度等人文创制，从而使人的存在获得一种本质性的应然实现；但另一方面"文"的出现本身即是以对自然的分疏为前提的。对中国文化而言，"文"的文化理想固然在于自然的回转，但是现实中，"文"的出现对自然之"质"所造成的异化更是比比皆是。由此，人乃逐渐背离了自己的真实生活而被悬置在象征的符号世界中。在历史上，每逢朝代更迭，尤其是少数民族入主中原后，前朝智士往往一面以"文"自居，慰藉自己的心灵，另一面则通思悔悟，寻求质实的救治之道。如晚明的张履祥和魏禧等人一面主张大力发展礼治文化，一面又强调贯彻"崇俭去奢"的质实精神。明末清初实学之兴亦含此意；而新朝明君则往往一面吸纳新的文化资源，日新其貌，一面则又对"文"的异化作用保有警惕之心。如康熙一面积极学习汉文化，求得江南士林支持，一面倡导由文反质，极力反对江南奢靡之风，以免重蹈前朝覆辙。

概言之，文质关系下的社会实践问题，其核心是自然与文教问题。在这一核心问题下，它需要处理好真实情感与性理价值、情感内容与礼法形式等关系问题。文质互变是其具体的历史演化历程，文质中道则是其理想的实践样态。在此理解基础上，回过头来重新审视清代教化儒学发展变迁的整个历程，我们就会发现，从清初反思宋明理学义理之空疏到求实致用之汉学兴起，再由反对汉学家枯索章句名物而不务实事以及固执门户之争到返溯今文经学而力倡微言大义、通经致用乃至中体西用，这其间的文化形态的发生、发展与转变无不彰显着文质之道，而其中始终贯穿着崇本复古的文化理想。①

---

① 参见华军《文质之变—传统政治视域下的文质观》，《杭州师范大学学报》2020 年第 1 期。

第 八 章
儒家教化与当代价值观建设

以超越而内在心性本体为根基，儒家教化思想重在本体对实存的转化过程，落实到社会生活层面，教化则表现为达到一种本于人性的移风易俗的社会教化。① 不同方向对"教化"的理解、衡定和运用往往会出现分歧，"教化"观念返本开新式地阐扬及落实，在当代还有很长的路要走。当代价值观的建设问题，就鲜明凸显出儒家"教化"观念的积极意义和必要性。

一 从"强化""内化"到"教化"

梁启超先生论"新民"，以"采补其所本无而新之"与"淬厉其所本有而新之"②为格准，这里的"新"主要指价值观方面的更新，这提示价值观的倡导亦可分为两类：一种是本还未有的，贞辨、勾稽出来以弥补当下之不足；一种是已经有的，萃取、提炼出来使之以更为集中、明确、规范的形式为当下所见。两者分别在未然的与已然的、显性的与隐性的、变动的与固化的等方面体现出不同的侧重。与两类面相相应，以往价值观建设潜存着两大理论误区，"淬厉本有"一般诉诸"强化"说，"采补本无"类的则有赖于"内化"说，两说长期以来被大家所熟知并普遍接受，但"教化"观念所蕴蓄之"转变""保持""普遍化"

---

① 李景林：《教化视域中的儒学》，第10—13页。
② 梁启超：《新民说》，辽宁人民出版社1994年版，第7页。

等理论特质,对此富有针砭解蔽之效。"强化"带有较强的目的性,意在提升人的某一方面的素质,使之掌握某一方面的技能,其实施方式甚至会诉诸近乎机械性的训练和操作来获取专业性的突破。某一方面的"强化",其实也意味着其他方面的限制和遮蔽,而人生的活力是在生命的整全结构中得到孕育的,这需要转向"教化",立足于人的存在整体性,揭示文化的深层意义,实现人的自然素质全面升华而不丧失任何东西。另一个严重误区是所谓的"内化"说。如主张价值意识只能从外面灌输、依靠实践的亿万次重复巩固成头脑中逻辑公理等观点,"内化"内含的逻辑是依据某种给定的理由、标准来指导自身的行为实践,主张将外在的观念"化"到个体内在生命里面,其实施方式表现为由外而内的说教、灌输、植入。不管这一外在观念是否合乎人性,"内化"对价值主体潜移默化的占有都不是出于主体的自由选择,并未在价值平等交互意义上先在地给价值主体留出应有的审思余地。"内化"的结果是重复性操作而在某些给定的方面被驯化、符合相应的规范并最终形成某种习惯,往往与自身人格独立性产生冲突而导致人格的多样性。真正的自由选择则应以人性为根源,反躬内求,依据自身良知、理性的指引而自由做出抉择,挺立起人的价值信念,建立合乎自身的价值秩序,由内应外而内外圆融,主体的精神或情感生活亦在此存在过程中得到相应的转化。以此"教化"的方式,与听从外在标准,由外化内而内外相斥的"内化"形成鲜明对比。

不诉诸外力的制约,而从思想上进行自我规范和引导,使价值观念成为主观意志自身法则的体现,才合乎价值观生成展开之精义。价值观对从个体到社会,乃至民族、国家的发展,都具有重要的导向意义,若不能以正确的方式提出并指引贯彻和落实,很可能会流于教条化、口号化、形式化,无法真正建立内在认同,更不用说长久维持。若由此过度偏执,落入不明就里、强制接受等窠臼,引起民众的排拒和误解,更为得不偿失。相反,经由"本立而道生"的"教化"之路来建立价值观,体现主动、自发机制下达致的活力化、生机化的一体相成,在个性化完成基础上实现其应有的创造性和共通性,同时可对被动、机械、规训机制下达致的表层一致的同质化、平均化予以针砭和规避。①

二 "顺个体而遂成"

当前，弘扬和践行"社会主义核心价值观"为中国当代应该建设"什么样"的价值观明确了答案。《人民日报》近期发表评论员文章提出核心价值观建设要"架起核心价值内化于心、外化于行、教化于众的桥梁"，使之成为当代中国精神世界的"价值公约数"。②这一观点点出了价值观建设中需要教化的一面，并指明价值观乃从"心"到"行"的立体结构。另一方面，"价值公约数"的提法有启示意义，指明核心价值观应该在中国人的精神世界具有相对较高的认可度，并提出要争取成为"最大公约数"，即可以建构起共同的认可，或曰普遍的认同。那么，如何才能实现价值观的普遍认同？此问题里面包含两个层面，即何谓真正的认同？真正的认同如何具有普遍性？

就存在个体的角度，"认同"首先需"在共在的形式中实现并认出自己"③，在普遍性、共在性的领域中自觉体贴、心明其义，实有诸己地将自身个体性加以保存。经此认同，实存以贯通于普遍性、共在性价值的自身个体性进行内在奠基，从而获得个体价值的转变和升华；这不仅呈现了个体性自身的超越性意义，而且使得共在性价值在个性保存的基础上，证成自身的普适性，并在个性化内实现有效的落实。由此，上述两个问题其实是相通的，对价值观的自觉认同，已将价值的普遍性内蕴其中，认同的实现即普遍性的价值经由存在个体性落实开来的过程。所以，价值观认同之建立，体现为存在个体（主体）自身体认下的自觉主动的全幅敞开，而非在某些外力强制下的条件性接受。儒家政治实践之律则亦从中豁显："道之以政，齐之以刑，民免而无耻；道之以德，

---

① 参见程旺《"教化儒学"的理论系统及其展开》，《人文杂志》2015年第7期。
② 任仲平：《凝聚当代中国的价值公约数》，《人民日报》2015年4月20日第2版。
③ 李景林：《在进与止之间保持张力》，《社会科学报》第1383期第5版。

"教化儒学"的思想历程

齐之以礼,有耻且格"(《论语·为政》),正是强调为政导民一定要以引生民众的主体自觉为目的,而非停留于强力威慑下的"表面屈从"或"假性认同";"有耻且格"表明真正的认同是在自我心性反思的基础上为价值的再生提供本原性的内在力量。故儒家政教中价值观的认同培养,须直下肯定"存在的生命个体"的首出意义,在"物各付物""以人治人"的意义上"顺个体而遂成"。①

从发生机制上看,价值观的认同,在教而化之的存在实现过程中建立起来。具体来说,可从以下几个层面加以理解:首先,"认识你自己",找到人性的根本,找到自己存在的家;其次,经由内在基础对价值观念进行自由抉择;再次,获得价值观念的可欲性和现实性。这要求价值观应是可能的、自由的、可欲的。在儒家看来,为仁由己,欲仁则仁至,反身而诚,唯一可以不受外力影响的本己可能性,即内心可自作决定的为"仁"与否;仁、义、礼、智、圣等心之欲求在君子属之性而不视为命,味色声嗅安逸等感官欲求在君子视为命而不属之性,因为前者所求在于"我",后者所求在乎"外",性命分立表明自由的实践理性一定抉择于自作决定的人之本性,而非受限于外在条件的外在物欲;在此仁义的澄明中显示出人性的本真面貌,则人之自由意志体现为存在性的事实,人性亦是具有先天内容的实在性;人性(仁义与善端)在实证基础上展现其可欲性和现实性,人之价值观念由此确证其充实的内在本原,打开其美、大、圣、神层层提升的共通性意蕴。

可见,价值观建设根本即在价值主体确立内在的本体依据,挺立起人性的自信,从生命本体层面搭建个体自我与普遍性文化观念之间的深层呼应,体用一源、内外一如,教化实现着主体实存对价值观的自由贞定和内在认同。"教化之流,非家至人说"(《汉书·匡衡传》),教化视域的价值观培育,如春风化雨、细微自然,使规训、说教、聒噪的方式发生本质转变,"其止邪也于未形,使人日徙善远罪而不自知也"(《礼记·经解》),声色规范性消弭于无形,在潜移默化中积淀对价值观的

---

① 牟宗三:《政道与治道》,第111—112页。

认同感。① 以连续养成、内在自发、自觉维护为特质,价值观的启蒙、导向之本性,在此认同感基础上新生为内在动力化的启蒙和具有普遍性的导向。

三 "由仁义行"

"教化之所以必要,则在于启发理性、培植礼俗而引生自力。"② 梁漱溟先生此言即意在点明教化以引生主体自身本具之动力为关怀,"不假强制而宁依自力",积极于教化,为整个价值观系统提供根源性的动力保障。"原泉混混,不舍昼夜。盈科而后进,放乎四海,有本者如是,是之取尔"(《孟子·离娄下》),在此本原性动力的觉知和推动下,付诸实行可达到一个极致的境界。所以,从倡导到践行,从观念到行动,即知即行,知行一贯。儒家教化成就的"知行合一"观有三个层次:知而欲行、知而能行、知而必行。知是涵着行的知,行是内具知的行;知之而后行之,行之以完成知之。在此意义上,教化的价值观属于"真知行",未有知而不行者,知而不行只是未知。③ 其理由即在于真知乃源于人所本具之良知良能,不学而知、不虑而能,可自作主宰而发出应有之行,是自由为自身立法的自力行为。孟子特别以"由"来刻画儒家此一鲜明的价值实现方式。《孟子·离娄下》:"舜明于庶物,察于人伦,由仁义行,非行仁义也。"《孟子·离娄上》:"仁,人之安宅也;义,人之正路也。旷安宅而弗居,舍正路而不由,哀哉!"在孟子看来,仁义即人之为人的根据和本性,是不依据任何外在条件的纯粹实践理性法则,即由乎自己的自我肯定的道德价值;相应的实现过程即"由仁义

---

① 参见程旺《儒家教化观念与当代价值观建设》,《当代中国价值观研究》2017 年第 6 期。
② 梁漱溟:《中国文化要义》,第 182 页。
③ "知而不行",在行动哲学中可诉诸意志软弱理论来说明,但"知而不行"并不对"知行合一"说构成挑战,因为二者乃不同理论层面的言说,在"知""行"的内在意蕴上有不同的规定。"知行合一"被强调为"真知行""知行本体"等,正是对相应的意义转换的区分。"知行合一"表达不过是内教而外化的知行一体之观念。

"教化儒学"的思想历程

行,非行仁义,则仁义已根于心,而所行皆从此出。非以仁义为美,而后勉强行之,所谓安而行之也"①。"行仁义"把"仁义"作为外在的规矩来服从、执行,实则仁义形著于内心,而自然著见于外,发之于行为,不过是"由仁义行",表现为自觉而又自由的"德之行"。对于言非礼义、不能居仁由义者,孟子视之为"自暴自弃",程子解释道:"人苟以善自治,则无不可移者,虽昏愚之至,皆可渐磨而进也。惟自暴者拒之以不信,自弃者绝之以不为,虽圣人与居,不能化而入也。"②也就是说,价值观践行的根本保障还在于通过教化实现对价值观的认同,并提供内在的坚定动力。

教化陶铸的价值观践行,首先为其指明基本的落脚点,即从自身德性的昭明做起;教化的动态生成性,使其内蕴着照应全体之关怀,由此落脚点可见"明明德于天下"之直指全体;不过,这一价值之展现,包含着细致的工夫节目于其中:"古之欲明明德于天下者,先治其国;欲治其国者,先齐其家;欲齐其家者,先修其身;欲修其身者,先正其心;欲正其心者,先诚其意;欲诚其意者,先致其知;致知在格物。"(《大学》)经过一系列教化工夫的历练,收归自身以映照全局,充实自我、扩充自我,逐步推展开价值观践行的丰富效验和广大理境:"物格而后知至,知至而后意诚,意诚而后心正,心正而后身修,身修而后家齐,家齐而后国治,国治而后天下平。"(《大学》)故在培育和践行结合的一面观之,"教化"亦可分开来讲——教之和化之。就个体而言,内教而外化,即所谓德不可掩,"诚于中而形于外";驯致社会层面,自教而教他,即所谓"先觉觉后觉","修己以安人"。但分说并不代表分立,两者仍是内在相关之一体——教而不化则非其"教",真正的"教"必能有相应之"化"境;化不由教则非真"化",未有化而不由乎教者。教而必导向化,化由乎教而入,彰显着价值观培育与践行之间的必然性。③ 内有所本,外有所化,教之以行,化而育成。由教而化,

---

① (南宋)朱熹:《四书章句集注》,第294页。
② (南宋)朱熹:《四书章句集注》,第281页。
③ 参见程旺《儒家教化观念与当代价值观建设》,《当代中国价值观研究》2017年第6期。

即可视为价值外显、切实以行的表现。

四 美教化以正风俗

"富强、民主、文明、和谐；自由、平等、公正、法治；爱国、敬业、诚信、友善"，社会主义核心价值观24个字包含着国家、社会、公民三个层面的内容，彰显出主流文化以治国理政为导向的价值观意识，但同时也应看到，在思维方式和意义模式上还隐含着可待探索的余地：

（一）思维方式的调节和转向

今日培育核心价值观的出发点无疑是积极的，提出的时机符合历史发展的进程与规律，体现出历史理性的充分自觉。不过，就提出过程中在个体立场的独立性层面的思考看，具体说即对社会成员安身立命之内在需要的考量上，还有再省思的空间。问题原因在于其诉诸自上而下的单向度思维方式，主要从国家、社会立场来建构价值观，而与之相呼应的自下而上向度未得到有效展开。"政"本身可以成为指导、引领人生信念和生活方式的有效途径，只是它必须在"教化"的意义机制上，因循从道统传承、制度设计到文化心理各层次综合演生的历史逻辑，"从治统之外选择根基于社会的价值观并对之加以调整，而不是以行政政策方式由上而下加以推行，才是确立具有社会性、人民性价值观的有效方式"。① 自上而下的价值观筹划，离不开人民性的社会基础来施展效用，即使是"采补其所本无"的新价值，亦须在与民众整体具有共通感的前提下方成其"新（民）"；单从政教管控、制度设计的角度来建设价值观，可能会在推行中失却个体源发的精神动力，错失价值观在社会性和人民性方面的应有追求。价值观能否扎根于社会民众之中、与民众生活水乳交融，是其能否作为有生命力的源头活水来发挥精神维系、价值指引之功效的不二标识。牟宗三先生透辟地指出："教亦是顺

---

① 陈赟：《儒家传统复兴与国家治理精神重建》，《人民论坛·学术前沿》2013年第8期。

"教化儒学"的思想历程

人性人情中所固有之达道而完成之,而不是以'远乎人','外在于人'之概念设计,私意立理,硬压在人民身上而教之。此为'理性之内容表现'上所牵连的政治上的教化意义之大防。所以亦是一个最高原则,不能违背此原则而言教。"①

(二) 价值要素的组合关系需引起重视

从国家、社会、公民三个层面的划分定位看,主要属于政治性话语体系,以政策性的规划、设定为主要推行方式,价值要素之间的逻辑关联未凸显出足够的理论必要,易滑向模块化、平铺式的技术性组合形式。儒家讲有厚有薄、有始有终,要本末分明、先后有序,强调在各价值要素之间确立内在有机的逻辑关联,以凝聚价值观的整体性和系统性。更重要的是,这样可促使各价值要素进入有序的推进模式。教化观念于此提供着相应的秩序推衍原则——忠恕之道。从人最切己、最诚实的本心、欲求出发,由内而外、推己及人地循序推展开人我、物我以至人人、人物。"忠"所关注的"沟通",同时涵括着"己所不欲,勿施于人"的限制性,以各自"差异"之肯定为前提,因其之性、因其之宜而使之自立、自成,避免了"立人""达人"秩序推展过程中直接、随性的价值任意。"忠恕之道"达致一个尊重差异、个性完成基础上的互通与共通,这样从个体到社会、国家的价值观展开,各价值要素就不是单列的而是关联一体的,价值秩序的推衍就不是随意的而是本末贯通的。

(三) 价值秩序的环节有待进一步充实

传统教化观念下的价值秩序,在个体的"修身"和社会、国家层面的"治国""平天下"之间,还有"齐家"的环节。就公共治理层面看,"家"在前提意义上显得至为关键——"天下之本在国,国之本在家"(《孟子·离娄上》)。这个道理儒家讲得再透彻不过:"所谓治国必先齐其家者,其家不可教而能教人者,无之。故君子不出家而成教于国……"(《大学》)"立教之本不假强为,在识其端而推广之","家齐

---

① 牟宗三:《政道与治道》,第118页。

于上，而教成于下"①，在人生最切近、最自然的情感生活的温润中，"家"以孝悌和人伦为个体教化立定根基，并由之为社会蕴蓄着"亲亲而仁民"的文化能量，构成国家安定和平的意义纽结。作为育成个体并联结社会、国家的基本单位，"家"构成价值展开过程中不可或缺之"中介"。"家"的缺失，无疑会在价值秩序的推展上造成相应的难度和阻力。当代价值观建设不应无视这一点，应让家庭走出幽暗地带，重建为当代的基层价值共同体。②

五 明德新民而止于至善

将价值观培育与道德培养割裂开来，重社会政治价值、轻个人道德培养，是近代以来价值观建设的一个通病。教化观念则主张重视道德培养，尤其是个人道德方面不能忽视。个人道德一般分为个体性的基本道德和面对社群的公德。今日社会主义核心价值观的个人性价值观"爱国、敬业、诚信、友善"，主要是涉及作为国家公民的政治公共性层面，"诚信""友善"虽属德目，也主要从公德层面提出，对私德层面未加深究。其实，公德、私德的划分也只是一种方便说法，就道德之本性说，德之为德，"一方面，莫不与'道'相关，因而无不具有普遍性的意义，完全沉没于个体化的'德'并不存在。另一方面，所谓公德、义务、责任之类，亦莫不与内在的个体修养和实质性的情感生活相关而在其行为上显示出其特殊性和具体的落实"③。这也是为何梁启超在宣扬公德建设后，未睹成效，反增流弊，推本溯源，重新郑重呼吁："欲铸国民，必以培养个人之私德为第一义；欲从事于铸国民者，必以自培养其个人之私德为第一义。"④ 职是之故，重视道德培养，将道德作为

---

① （南宋）朱熹：《四书章句集注》，第9页。
② 参见程旺《儒家教化观念与当代价值观建设》，《当代中国价值观研究》2017年第6期。
③ 李景林：《教化的哲学：儒学思想的一种新诠释》，第492页。
④ 梁启超：《新民说》，辽宁人民出版社1993年版，第163页。

"教化儒学"的思想历程

价值观的基础,不唯不能缺少私德培育,还应以之为更为根本的基础,价值观建设和道德培养方可在自本自根的意义上合力并育。

与此意大致相合,陈来教授指出:"讲道德、遵道德、守道德,都是强调要落实在个人身心实践上的道德","中华美德的继承转化,这些主要是就个人道德和个人道德修养的内容来讲的……要落脚在个人的基本道德上"。① 他还提出在"核心价值观"之外,应注重"中华美德体系"的建设②,这对当代价值观建设不无启示意义。进一步看,我们还要分析:价值观建设与道德培养之间应如何建立起有机互动。价值观与道德培养,在各自实现机制上并不是异质、互斥的,两者一致以"教而化之"为根本的实现途径和方式;在教化机制下两者不再简单是两个平列体系,而成为有着紧密逻辑关联的意义整体;具体说,道德培养构成着价值观形成的内在基础,而价值观则应在德性基础上来展开。儒家提出五达道、三达德的价值系统,最终还是要落脚于"所以行之者一也"(《中庸》)。朱子解释道:"一则诚而已矣。达道虽人所共由,然无是三德,则无以行之;达德虽人所同得,然一有不诚,则人欲间之,而德非其德矣。"③ 内在的德性基础成为价值观成立乃至实行的赋义基础,这里的"一"就是"诚",缺少诚的德性自觉,"智、仁、勇"的价值系统就无法是其所是、呈显自身本有之规定,五达道就更无从谈起;《中庸》其后讲"凡为天下国家有九经",同样强调"所以行之者一";其他如文行忠信、仁义礼智、礼义廉耻等价值系统亦然,无不应本于教化的德性自觉。实现德性自觉的路径有两个,一个是觉之,逆觉体证,自省自觉;一个是养之,礼乐交合,安顿感通。两方面交互共进,但须知,不管是自诚明还是自明诚,总是诚明一体,不可两厥的。价值观的养润,对内在基础的凸显,起着夹持扶养的积极促进作用;内在的德性

---

① 陈来:《中华传统文化与核心价值观》,《光明日报》2014 年 8 月 11 日第 16 版。
② 陈来:《仁学本体论》,生活·读书·新知三联书店 2014 年版,第 464—469 页。
③ (南宋)朱熹:《四书章句集注》,中华书局 1983 年版,第 29 页。

第八章 儒家教化与当代价值观建设

觉悟，反过来亦巩固、坚定价值观的培养和建设。① 两者建立起体用一如的连续性，形成良性的互动机制。本此，价值观的空壳化、虚无化现象亦可得到根治。

通过成就自我并关联社会民众、开展治国理政以敦民化俗，"教化"观念表征着中国传统价值理念的基本实现方式。以"修己安人"为本质特征，"教化"的价值实现强调每一主体都找到人之为人的内在根据，挺立起自身教养的本原，以此为根基生发出内外一贯、持续坚定、共同相应的价值观念；教化以行，即形诸价值观的凝聚和倡导，在思想范导和文化认同方面发挥引领作用。总的来说，教化视域中的价值观呈现为一个具有内聚力和向心力的动力化生成系统，良知承载而生发认同，内外贯通而日生日成，明德新民而止于至善。循此以进，"君子可得闻大道之要""小人可得蒙至治之泽"，最终达至"治隆于上，俗美于下"（《大学章句·序》）、"各正性命，保合太和"（《易传·文言》）的教化之效，是可以想见的。"善政不如善教"，现时代的历史形势下，如果我们不想堕入"逸居而无教"的无道与失范，承续"富而后教"的教化传统，既可"以养民情"、又得"以理民性"，似已成为历史关头的必然选择。②

---

① "古人说：大学之道，在明明德，在亲民，在止于至善。核心价值观，其实就是一种德，既是个人的德，也是一种大德，就是国家的德、社会的德。国无德不兴，人无德不立。"习近平在《青年要自觉践行社会主义核心价值观——在北京大学师生座谈会上的讲话》中对这一点做了强调。

② 参见程旺《儒家教化观念与当代价值观建设》，《当代中国价值观研究》2017年第6期。

第九章

教化儒学：儒学系统重构的当代尝试
——以李景林先生的儒学研究为例①

教化之于儒学，犹精神之于生命。自夫子以降，教化观念作为儒家思想之精义，备受儒家学者肯认；但一直以来，却鲜见有学者对教化观念做出过专门的学理探究，遑论透过此教化观念而对儒家思想进行系统化诠解了。近些年来，学界有不少学者重新注意到教化之于儒学的重要意义，试图提倡并加以阐发。其中，最早旗帜鲜明地提出"教化"作为儒学诠释与开展的基本视域并作出系统论述的是李景林先生。早在1990年，李先生就尝试以"教化的哲学"来表征儒家的哲学精神及其文化使命，以有别于西方式"系统的哲学"；②后在成稿于1996年、出版于1998年的《教养的本原——哲学突破期的儒学心性论》一书中更为明确地探讨了教化的哲学，着力挖掘、廓清了作为人格教养本原的先秦儒家心性论，③并于《教化的哲学：儒学思想的一种新诠释》拓展并提揭出教化的哲学系统，对作为哲学的儒学作出了新诠释；④新近出版的《教化视域中的儒学》，则立足教化继续开拓论域，理论规模进一步豁显。⑤基于此"教化三书"，李先生教化视域内的儒学新诠实已逐步凝练为成型的诠释进路和理论系统，在学界独树一帜。

从《教养的本原——哲学突破期的儒家心性论》到《教化的哲学：儒学思想的一种新诠释》再到《教化视域中的儒学》，李先生的儒学诠

---

① 本章参见程旺《"教化儒学"的理论系统及其展开》，《人文杂志》2015年第7期。
② 李景林：《论儒家哲学精神的实质与文化使命》，《齐鲁学刊》1990年第5期。
③ 参见李景林《教养的本原——哲学突破期的儒家心性论》。
④ 参见李景林《教化的哲学：儒学思想的一种新诠释》。
⑤ 参见李景林《教化视域中的儒学》。

第九章 教化儒学:儒学系统重构的当代尝试

释不仅出于对儒家思想、理论的坚实学术把握,同时饱含对儒学现代价值和未来发展的殷殷关切和期待,可以说,一种兼具历史性、当下性和前瞻性的儒学当代新形态已蕴含其间。立足当下儒学发展的大背景,笔者试图将李景林先生返本开新的儒学新论称为"教化儒学"。与目前学界某些儒学新提法不同,"教化儒学"并非刻意标新的奇旗异帜之说,而是建基于儒家文化的大本大源,汲取中西的文化陶养,自觉沉淀出的理论形态;同时,"教化儒学"的特色还表现在,它不仅包含对儒学形态"是什么"的实然描述,更多是对"儒学应当如何""儒学应当期望什么"的动态展现,具有动力性的转化和指点意义。此处统合"教化三书"为论述基底,上溯下贯、旁通曲畅,试对作为当代新儒学的"教化儒学"理论系统及其思想关怀略作勾稽和撮要,此有本有根、蔚为系统的儒学新形态,对于当前国学热、民间儒学热的引领和导向,以及学术儒学研究的丰富与深化,或将不无小补哉。

一 "教化"之正名

提出"教化儒学"这一名号,首先需对"教化"一词略作"正名"。平常我们提起教化,往往指的是政教风化、教育感化之意。这样理解不能算错,不过,教化的意蕴非仅止于此,"教化儒学"更突出"哲学义的教化",首先从哲理逻辑上对教化观念进行阐发。借用黑格尔的讲法,教化可理解为"个体通过异化而使自身成为普遍化的具有本质的存在";联系理查德·罗蒂的思想,教化则强调人的精神生活的转变或转化;结合伽达默尔的阐述,揭示出教化所具有"保持"的特性,即在教化的结果中,人的精神尤其是感性的内容都得以保存而未丧失,作为某种"普遍的感觉""合适感""共通感"被完全的把握住。[1] 将"普遍化""转变""保持"三个关键词所标示的理论层面统一起来,可以比较全面地理解"哲学义教化"的内涵。教化思想之根基是一个既

---

[1] 李景林:《教化视域中的儒学》,第6—7页。

"教化儒学"的思想历程

超越又内在的本体，就个体而言，教化重在本体对实存的转化过程；落实到社会生活层面，教化则表现为达到一种本于人性的移风易俗的社会教化。① 这表明"教化"观念是由内而外、从个体层面到社会层面一体相通的统一性观念。

此外，"教化"还常与三个熟见"近义词"相混，很容易望文生义，引发似是而非的误解，有必要加以澄清。首先，"教化"不同于"强化"。"强化"则带有较强的目的性，意在提升人的某一方面的素质，使之掌握某一方面的技能，其实施方式甚至会诉诸近乎机械性的训练和操作来获取专业性的突破。某一方面的"强化"，其实也反衬着其他方面的限制和遮蔽，而人生的活力是在生命的整全结构中得到孕育的，这就需要"教化"的实现方式，立足于人的存在整体性，揭示文化的深层意义，实现人的自然素质全面升华而不丧失任何东西。② 其次，"教化"不同于"内化"。"内化"乃依据某种给定的理由、标准来指导自身的行为实践，主张将外在的观念"化"到个体内在生命里面，其实施方式表现为外在的灌输或强加。不管这一外在观念是否合乎人性，"内化"都不是出于主体的自由选择。"内化"的结果是在重复性基础上形成某种习惯，往往导致与自身人格独立性的冲突。再次，儒家的"教化"不同于宗教义的"教化"。宗教具有固定的仪式仪轨和神格系统，这套规范性体系贯通着信仰性的"教理"，一般是其得以塑造和维系的不可或缺之途径和标识，具有稳定性和排他性，为各自所专有。儒家非常重视礼乐之教，因之亦依托有一套礼仪仪轨系统来开展教化，但与宗教不同的是，礼乐教化依止人之性情养润中实现的人性升华，根据在于人性和人情，其仪式规范系统发挥的仅是助缘之功，并非固定不变或其专有，可以因应具体的历史情形在因革损益中变动延续，而且并不脱离民众的人伦日用，源于社会民众生活而构成其普泛的生活样式。儒家仪规系统具有明显的变通性和生活化特征，其施教所重乃仪规系统背后的人伦、礼乐之义，及其对人之性情的养育之效。此外，儒家虽没

---

① 李景林：《教化视域中的儒学》，第10—13页。
② 李景林：《论儒家哲学精神的实质与文化使命》，《齐鲁学刊》1990年第5期。

有专门的神格系统,对神灵敬而远之,不过并不是简单地废置舍弃,而是在"神道设教"的视域下,对之作人文、理性的解释,一方面,神灵系统发生意义转换,使之重新成为儒家的施教之方,另一方面,使人道教化可"神道"的上下联通中开显天道,赋予人性自身以及人伦体系以天人贯通的神圣超越性。故儒家的教化本质上不同于宗教,但却具有宗教性;虽具有宗教性,其间透显的却是人文理性的"哲理"精神。①

明确"教化"的本真意涵,仅仅是个基础,"教化儒学"的理论目的,是希望透过此"哲学的教化",揭示儒家的哲学精神,进而对儒家思想做出正本清源的新诠释。这个过程,即李先生独标"教化的哲学"所涵括的理论内涵。一言以蔽之:儒学实质上是"教化的哲学"。

二 教化儒学的理论基础

"教化的哲学"这个提法借用于理查德·罗蒂,不过,与罗蒂对"教化"所作的相对主义和非基础主义理解不同,李先生更强调"教化"对于人之实存所具有的文化意义,即"要在实存之内在转变、变化的前提下实现存在的'真实',由此达到德化天下,以至参赞天地之'化'育的天人合一"。②"教化儒学",即作为"教化的哲学"的儒学,一方面,可以说儒学是一个哲理的系统,另一方面,儒学对于人的成德、成圣具有教化意义;在此定位基础上,以心性论和德性论为理论立足点,为儒家思想的继往开来建构起一个富有生命力的理论视域。相应的诠释亦体现出富有特色的新创获。

其一,凸显了儒家心、性对于人性的实现与完成作用。在儒学中,人的问题始终是一个核心问题,"就德性修养去理解和成就人的智慧,

---

① 李景林:《教化的哲学:儒学思想的一种新诠释》,绪言;李景林:《教化视域中的儒学》,第116页。

② 李景林:《教化的哲学:儒学思想的一种新诠释》,第5页。

"教化儒学"的思想历程

并由此种归本于德性人格的人生智慧来反观人所面对的这个世界,从而形成一个以道德价值观念为核心的人生观和宇宙观"[1],这体现了儒学的基本特点;但儒学所言"道德""德性"并非经验义、规范义的,儒家心性修养以成德成圣为旨归,没有采取西方的神学进路,而是通过人文教化将其转化为人自身内在的价值原则,成德成圣是在人性自身中完成的,呈现出人本论的特色;人性观念也不再是单纯理论形态的东西,而是在人伦社会生活和人性自身中通过工夫践行加以证显、经由实存精神活动内在肯定的;心、性亦不仅是"系统性的哲学",而是具有启示教化的意义,在人性的实现和完成中获得实存性的落实。经由心性论提供的修养进路,人性的实现就具有了内在的、超越的理论奠基;伴随着人性修养的实现和完成,心性观念便具有了人性意义和教养价值。明乎此,就不难理解以"教养的本原——哲学突破期的儒家心性论"为书名来标举先秦儒家心性论的意指所在了。立足"教养",即是对先秦儒家心性论的思想特质的把握,也是为"教化"理论的展开找到了意义落脚点。

其二,揭示了儒家"情"论的义理结构及其价值。以往我们对儒家情论认识上有很多模糊之处[2],且有不少偏见[3],使儒家原本蕴含丰富"情"论思想暗而不彰。实则"儒家所讲的'情'是一个极宽泛的概念,心的全部活动皆可用'情'这一概念涵盖之,内在地包含着理智的判断和意志的决断,是性、理本体于心灵活动的动态整体显现"[4],在此意义上,儒家心性论不仅不应忽视"情",而乃应以"情"为中心进行解读。"情"论中心视域中的心性论要义有两个方面:一是"以情应物",如《大学》"心物"关系所论的德性修养之内容,乃在"情"上立言,其工夫次第,实即一推扩其情以致物我一体的忠恕之道,对八

---

[1] 李景林:《教养的本原——哲学突破期的儒家心性论》,第2页。
[2] 如徐复观先生认为先秦诸子"性情同质""性情互用"。参见徐复观《中国人性论史·先秦篇》,华东师范大学出版社2005年版,第142页。
[3] 如受西方哲学影响,认为"情"属于抽去理智活动的盲目冲动和单纯的情绪反应,多与非理性相关;受宋明儒学的影响,将"情"与后天人欲、气质相勾连,是对先天心性的污浊与贬抑(其中很多是出于对宋明儒学性情论的误解)。
[4] 参见李景林《教化的哲学:儒学思想的一种新诠释》,第172页。

第九章 教化儒学:儒学系统重构的当代尝试

目的解释,从内容上看实即一"情"的修养系统;① 二是"即情显性",如孟子的"性善论"本于人道德理性的四端而贯彻于人的情感生活之中,经由人的内心情感生活的体验而为人心所亲切体证,此"心"对"性"的实证是典型的以情显性的理路。在此前提下,儒家"情"论之特质也得以彰显。儒家之"情",强调仁义德性内在于情感实存,落实于人的情感生活,是有血有肉的"存在性事实",而非抽象性的空洞玄理,一方面肯认普通所谓情感生活的原初价值和意义,在实存直接的生存过程和生活世界中确保人性实现的可能性,另一方面基于以"情理"为内核的道德理性的范导,指点道德修养的必要性。

心性修养的结晶,在儒家看来乃德性成就的实现,儒家由此与道、佛分别以真性、佛性为目的的修养论以及西方哲学知识化取向区别开来。故而学者常以"成德之学"来表征儒学之特质。如果说心性论构成了教化之根基,那么成德则是教化展开之归趣。本心性以成德,方能成就完满的人,其中的动力性系统即"教化"。借《孟子》"可欲之谓善"章,李先生对此德性成就教而化之的过程和结构进行了说明。② "可欲之谓善",不能从各种情欲或功利需求角度来理解,它讲的是教化的前提和基础,关键是准确理解"可欲"二字。结合孔子的"为人由己"说和孟子的性命关系说可知,"行仁义"才是人心唯一可以不凭借外力而可欲、可求者,是人之最本己的可能性,这个"可欲"本原于天、内在于人,是人性所本有的,孟子将"可欲之谓善"建立为人性的内容,实际上揭示出了人性之善的先天内容及其实在性意义;③ 此章以下五句话讲教化的过程,"有诸己之谓信"从内在性的角度讲,指"善"的本体实有诸己,要达到这一点,不仅要返归本心、发现良知,还要通过实践工夫存养住善的本体,使善的本体推动人的内在精神、情感气质以至肉体实存都发生一系列的转化,善的本体就在这个转化过程中将自身呈现了出来;这个由内而外的转化过程,就是教化进一步外显

---

① 李景林:《教养的本原——哲学突破期的儒家心性论》,第145—153页。
② 李景林:《教化视域中的儒学》,第10—13页。
③ 对这个问题,《论"可欲之谓善"》一文亦有专门讨论,参见李景林《教化视域中的儒学》,第36—45页。

"教化儒学"的思想历程

的状态,即"充实之谓美,充实而有光辉之谓大,大而化之之谓圣,圣而不可知之之谓神",也就是说,教化不仅是实存内在的转变,还要修己以安人,实现移风易俗、德风德草的社会教化,最终经由圣王垂范达至教化感通形成一个理想的道德氛围。

鉴于"教化"内具的动力化特性,教化儒学不再是静态性的思想学说,而成为动态性的向工夫实践敞开的理论系统与意义生成的统一体,故而"教化儒学"更为关注德性如何养成的问题,即以德性养成的内在根基与德性成就的实现过程为重心①,所谓"成德之教",也应从这个意义切入来理解。这一研究进路,使"教化儒学"的理论逻辑亦逐步趋向明朗:"教化儒学"不仅包含从"教化"的视域对儒学做出哲学化诠释,而且蕴含着立足儒学理论对"'教化'何以可能"以及"'教化'如何展开"不断进行叩问。

作为中国哲学、儒学的重要论域,心性论向来是学界研究重镇,已取得了深厚的学术积累,以致与此相关的研究难有新的推进。然而,李先生则不囿成说、自成一体,将心性论探究作为理论主线,既注重历史性的贯"穿",以先秦儒家为中心,向前溯源殷周宗教伦理,向后拓展至宋明儒学、现代新儒家,直到心性论的当代活转和阐扬,均有论及,体现出理论根基的坚守;同时注重共时性的贯"通",对一些盘根错节的心性论难题层层深入、抽丝剥茧,打通义理逻辑上的扭结,表现出理论脉络的透彻。② 基于此心性论研究立场的一以"贯"之,李先生常能解结发覆、去弊起疾,纠正一些表面化见解的不当之处。③ 其中,尤以"情"为中心视域的全新解读为关键,不仅弥补了以往心性论研究的偏

---

① 如对诚信观念、仁爱观念、学与乐、正德性与兴礼乐等问题的探讨。参见李景林《教化视域中的儒学》,第 121—131、142—181 页。

② 如论性、论心、论心物、论天人等心性论基本问题。参见李景林《教养的本原——哲学突破期的儒家心性论》,绪论、第 6—27 页。

③ 如申论梁漱溟心性思想的性质问题,李指出梁漱溟对儒佛的双重认同,并不是简单的分立安置,有学者认为其儒学思想、孔家的生活,仅是局限于伦理、社会层面,而在心性和形上学层面仍是心仪佛学,这种观点是偏颇的,未能深入认识到梁漱溟的儒学思想实际上为其所选择的孔家之路建立了生命哲学的形上根据,其儒学形上学和其儒学实践具有下学上达的完满性意义,梁实是一位"彻底的儒家"。参见李景林《教化视域中的儒学》,第 94—110 页。

第九章 教化儒学：儒学系统重构的当代尝试

失，在后续的研究中，本此"情"论之意蕴，李先生重新阐发了儒家的仁爱观念、价值理念和形上学体系的理论内涵①，匠心独运，启人以思。近年来随着郭店简、上博简等出土文献研究的推进，学界对先秦儒家重"情"及性情互动的相关思想，有了新的评判，基本取得了共识。然而，李先生在郭店简公布以前即能经由"内在理路"的研究，达到同等的认识，做出系统深入的阐发，其意义当是不容忽视的。②

三 教化儒学的理论形式

在阐发"教化儒学"的实现论视域时，李先生结合儒家独具特色的"性、命"理论，精到地点出了儒家"教化"所内蕴的本己性和创造性，指出儒家性、命之统合转化肉身实存性以实现其本有的性体意义，使其在工夫历程中不断地动态实现并呈现出来（践形）；同时，性体亦在对存在完成着赋予正面性道德价值的活动作用（立命）。以"教化"为旨趣，"教化儒学"意在阐明作为一种哲学的理论系统，本有其自身的特色，并不专注于认知性的抽象理论体系建构，其目的还突出体现为要为人的存在寻求真实并建立起超越性的基础，是具有存在性事实之转化和实现的形上学理论系统。③

这一形上学理论系统可在中西互镜下显示其独特性："儒家的形上学与西方的形上学不同，主要是进路不同，儒家的道德的形上学，其进路可以说是一种生命实现的证成；西方的形上学，其进路是认知构成的

---

① 参见李景林《教化视域中的儒学》，第151—168页；《教化的哲学：儒学思想的一种新诠释》，第119—131、169—179页。如阐发儒家仁爱观念，李先生详细分疏了儒家所言"情"的大致分类，并细致分析了亲亲之情在自爱和普遍之爱之间的中介作用，解决了以此为基础的儒家仁爱普遍性和等差性之间的理论张力，对于重新认识孔子及其后学直到孟子反思儒家仁爱观念的理论脉络，尤其是孟子"辟杨墨"的理论内涵，有重要的意义。

② 郭齐勇、龚建平先生的评论曾特别提及此点，参见郭齐勇、龚建平《儒学新解——读〈教养的本原〉》，《社会科学战线》1999年第2期。

③ 李景林：《教化的哲学：儒学思想的一种新诠释》，第11—14页。

"教化儒学"的思想历程

设定。"① 李先生提出"理性直观"的说法来说明儒学对证成"生命实现"的形上超越之路。儒家重视内在体验,在当下的体验中超越其内在性就构成了直观的整体,这个直观超越了单纯的感受性而将内在性与客观性融摄一体,体现出即内在即超越的特性,因为其儒家内在性的根基"心","心"皆着眼于情志表现,在显像上以情态性为实在内容;"情"又非盲目的冲动,有其决断、指向和主宰作用,并由于有灵明之"知"作为内在规定,情的每一显现,都包含有客观化对象的指向,同时,"'知'作为依情而发的智照作用,非单纯形式化的符号设定,那在情的自觉体验中实现着自身超越的直观本身就构成着此对象的内容",②因此,不同于西方现象学所注重的理论认知和逻辑建构意义上的意向性观念,儒家"'心'的现行'原初'地是'情态性'的,因而这超越之直观内容所贯注的乃首先是生命价值的实现、成就意义上的充实"。③从这个意义上,儒家形上学的"理性直观"即以教化为本质的动态性的生命观照。

  儒家依据其立足于生命整体性的理性直观观念,建立起道德的形上学。这是说儒家达致超越乃以道德为进路,而非直接以宗教为进路,其形上学表现为道德哲学的形态。康德认为人不能对自由和本体有直观,只有上帝才对本体界有直观。儒家则以"学以致圣"为目标,认为人皆可以由其学而行至圣域,而圣则能知天道、合天人。但李先生并未像牟宗三先生修正康德那样,直接承认人亦具有达于本体界的"智的直觉",而是提出"圣知天道"意义上的"智的直觉"。与康德所论有根本不同,儒家"圣知"的特质在于存在实现意义上的"通",非上帝义的全知,而是因应事物之时、宜而与物无不通,"全其万物一体之仁",实存转变和实现中的自觉或心明其义,由此自由决断、仁心流行,以达行事应物无碍。④

  儒家这一形上超越观念与其教化方式互为表里,彰显出"教化儒

---

① 李景林:《教化的哲学:儒学思想的一种新诠释》,第125页。
② 李景林:《教化的哲学:儒学思想的一种新诠释》,第124页。
③ 李景林:《教化的哲学:儒学思想的一种新诠释》,第124页。
④ 参见李景林《教化视域中的儒学》,第111—115页。

学"不离日用、直造先天的思想特性。儒学的中心始终关注在生活世界,其教化方式乃因任传统礼仪礼俗等具体生活样式,通过"君子之文"的澄汰、点化、调校之功,使之发生意义上的转变和精神上的升华。此思想特性,李先生勒之以"内在关系论"来说明,其表现是以人的情感生活的理性反思为出发点,超越的道德理性法则奠基于人的个体实存,展开为普遍性的样态,即内在即超越,即超越而普遍,落实在生生之流的社会生活历程中,以礼乐生活样式的人文转化及历史连续性重建,承载起儒家的教化理念。从"理性直观"到"内在关系论","教化儒学"形上学理论形式较为全面地展现出来。

众所周知,现代新儒家(狭义)的思想理论,主要也是心性奠基的形上学体系的展开,当代很多学者出于对"空谈"心性的不满,提出了诸如政治化、宪政化的重建方案。作为儒学当代重建的新思考之一,"教化儒学"总体上虽延续了心性形上学的理论形式,但与以上两种理论取向又均有所不同。一方面,与现代新儒家的理论关怀更多地偏向如何在应对西学浪潮中构建完整的理论体系来彰显中国文化的主体性不同,"教化儒学"进一步着重思考了儒家思想的理论资源如何能更有效地"教化"当下生命存在、开显实存意义、重拯世道人心,以及如何由此建立起文化未来开展的社会基础;另一方面,"教化儒学"直探本原,保有其理想精神及批判态度,不以建制化的取向为重,或许可以摆脱舍本逐末的局限与片面,或许可以跳出仅仅停留于体系设计无从实行的泥沼。总之,"教化观念"使其既能有本有根地动态性转向民众生活,复活民间继存的儒学血脉,真正实现儒学的魂之附体,"超越观念"则使其与现实政治运作保持应有间距,以一种理想性的虚体形式实现自身价值的"无用之用"。

四 教化儒学的价值理念

一个理论体系的建构,必有相应价值的实现为其归趣;而价值能否有效地实现,则以其是否具有明确的理念引导为前提。"教化儒学"在

"教化儒学"的思想历程

价值论层面,有其涵贯一体的价值理念系统,以下从四个方面略作引述。

(一) 重视"中道理性"

出于对当代哲学价值相对主义观念的警惕,早在20世纪90年代初,李先生即对儒家价值论的特征及其意义进行了诠述,作为重建价值理念的理论资源。[①] 他认为西方哲学理智分析传统所形成的形式与质料二元分立的观念,使其在价值问题上否定形式普遍性,从而失去了价值原则的普遍、客观的效准,走向价值相对主义;儒家哲学始终以价值、道德理性为核心理解人性和人的存在,但其理解的价值、道德理性与西方有很大不同。儒家讲学以致圣人之道,强调道德理性和知识的区别,避免了西方将价值与认知问题相混淆、站在认知立场上处理形上学问题,儒家也未把理论作为一个抽象的环节从价值和道德问题中抽离出来,形成实质与形式的对峙。儒家从知情合一、灵肉一体和诚明互体的角度理解人的智慧,以教养工夫的践行为本,情志活动、气质条件被理解为人的工夫自觉的不同层次。"以实践的兴趣内涵其理智的追求,于工夫的历程中动态地显现理和道的全体,这是儒家的达道之方。"[②] 儒家哲学从知情的本原一体性出发理解心或理性的概念,构成其对价值原则的独特理解,李先生提出以"中道理性"称之,以之表征儒学价值形上学的理论根据。人的内心体验、体悟对证成道体的意义,肯定了人心在呈显道体时内心生活的差异性与独特性;价值实现方式上的差别,并不是对价值原则普遍性判准的排斥,普遍统一的价值原则的客观性,即在人的主观体验中本然判断所指向的对象性;故价值普遍性正经由各分殊个体呈现出来,分殊个体在对普遍理一的证显过程中亦获得提升、超越的价值指向。故儒家"中道理性"奠定的价值根据,乃以功能作用的超越性为特征的价值形上学,可以不受限定的为不同层次之人所体认,并在具体的情志生活中获得实证,为人提供变化气质、安身立命的

[①] 李景林:《价值的普遍性与相对性》,《哲学与文化月刊》1992年第223期。
[②] 李景林:《教化的哲学:儒学思想的一种新诠释》,第175页。

价值基础。①

（二）由"个性"而"通性"

基于"中道理性"之根据，儒家将个体化和普遍化统合一体，摆脱了现代西方哲学价值相对主义的理论困境，使中国文化具备一种和而不流的原则性和宽容精神。李先生的哲学观主张"哲学乃是在其个性化的方式中表出其普遍化的理念的"②，体现在价值论上，"个体化"和"普遍化"并不必然矛盾对立，两者可以表现出一体互成、"差异互通"的特色。"教化儒学"重视"个性"与"通性"的有机统一。"教化"视域下的"个体性"原则有以下三个特性：（1）落实于实存，以心性体证为根基、生生不已、创造转化地予以实现，体现为当下不可重复的独特内涵，而不是抽象性的原子或私人性的自我；（2）个体之间存在着差异，但并不孤立，个体乃具有共在性的个体，相互之间构成等差性的价值秩序，本之于内，可层层推之于外，实现忠恕式的推展扩充；（3）个体实存的完成在呈现心性的情态生活层面，既决定了个体实存的差异性，又展现着其内蕴的创生性。故个体性之间尊重各自的差异，同时又可通过感应和沟通，共同交互成为和谐的整体。儒家的超越性观念亦由此产生。"在形上学意义上，儒家肯定，个体性本即内涵有'通'性"③，基于人的生命的原初情态，以及生命存有自身转变的敞开性，个体"在不可重复的、'一次性的'当下情境中超越地形成一个世界，而与其他人的世界相关涉、相切合"④，实现与他人、社会乃至宇宙整体的相通。"'通'的意义是，成就差异以达成沟通，经由充分的个性化而构成一'共通性'的境遇"⑤，李先生特别提出要拒斥"平均化"以实现通性义的普遍性，拒斥"同质化"以达成人的存在个性化的完成，基于差序化的中介使"个性"与"通性"两端缘生互成。⑥

---

① 参见李景林《教化的哲学：儒学思想的一种新诠释》，第169—179页。
② 李景林：《教化的哲学：儒学思想的一种新诠释》，第1页。
③ 李景林：《教化视域中的儒学》，第284页。
④ 李景林：《教化视域中的儒学》，第286页。
⑤ 李景林：《教化视域中的儒学》，第279页。
⑥ 李景林：《教化视域中的儒学》，第131—142页。

(三）坚守"道义原则"

行之于外、应接现实，在"教化儒学"看来，应坚守"道义原则"为价值理念，这既是对儒家传统"义以方外"观念的继承，又能进一步揭示其内在的实现机制。本"道义原则"以应外，实质上乃"德不可掩"的"德之行"，是本诸内在德性而实现出来的道德法则，体现出"合内外之道"的特性。李先生以"诚中形外"来刻画这一独特的价值实现方式。"诚"即真实、实有，是"性之德"的标识。作为动态的生命展开过程，"诚中形外"即德性成就的完整创造历程："在儒学的系统中，'诚'既是个体存在本真之所是，同时，人在其存心、反思、教养的自身展开历程中又能不同层次地完成、具有（实有之）这个'所是'。"李先生认为："道德的义、法则……为人心灵所能亲切实证的'实有'和'真实'"，"价值的'应当'与'真'的内容是互摄一体的"[1]，在人性完成角度，人心实有之"诚"澄显出"道义"生成的本原，并为人心切实体证；"道义"则表现为真善一体的特色，对外在之"行"具备价值导向的必然性。现实世界中对诚以应物、道义担当的干扰，莫过于外在功利引诱。挺立"道义"至上的价值原则，不是排斥功利追求，而是反对让功利追求成为整个社会共同体的行为原则，避免陷入"上下交征利"的泥沼；相反，"道义原则"作为基础，是可以讲求功利的，而且只有如此，这些事功成就才能被点化、升华，作为价值整体而得以全面展现。当今社会，"利"作为流行的主导价值观念，其对个体和社会的心灵戕害已初露端倪，应该说，李先生主张坚守"道义原则"，亦有其针砭时弊的因由。由孔孟"为仁由己"，"性""命"分说的理论可知，行仁行义乃人唯一不凭外力而能够自我做出价值抉择，直接"可欲"可求者，是人最本己的可能性；一个有德之人，应做到达不离道、穷不失义，以道义之担当，标示人之为人的价值原则所在。本此，我们的道德教化，"宜去除政治意识形态私见，注重唤醒人心内在的天德良知，由之在整个社会挺立起道义至上的至善价值原则，此其

---

[1] 李景林：《教化的哲学：儒学思想的一种新诠释》，第76页。

所以端本正源、深根固柢之道"。①

（四）关切"人格教养"

"教化儒学"所论心性之学，并非仅停留于学理考究的层面，而是本着一个"存在实现论"的思想进路②，始终关切于人的教养和教化，并指向以此为基础的人的实现，此点李先生多有陈示。此处仅就李先生近年在人格教养问题上再三致意的几个方面而言。其一，强调"见独"，保持人格的独立性和独特性，获致独得于心的"独知"，充分而完全的敞开自身，以达"人不知而不愠""不怨不尤""遁世无闷"的见独之境。③ 其二，提倡"知止"，"知止"并非故步自封、止步不前，而是在"进"与"止"之间保持协调，从内容上讲包含回归自然、回向历史与成德知本三义，即在历史精神的回归和体贴中找到"自然与文明的交汇点"，建立起自身的文化认同。④ 其三，贞定"忠恕"，忠恕之道就是从最切己的欲望、要求和意愿出发，进行推己及人的践履工夫，但作为限制性与沟通性的统一，忠恕之道不可误做"己之所欲，施之于人"的积极表述，尽己以尽人、成己以成物，不是把己性、己意加于他人和他物，而是要因人、因物之本性以成就之，在人我、物我差异性实现的前提下通向内外、人己、物我一体的"仁"境。⑤ 总之，与重"知"和求"是"相比，"教化儒学"以人的德性成就和存在实现为更加根本的意义，由工夫证显本体，重视道德践履，在实有诸己的意义上透过德性智慧实现对生命本体的领悟。

以上从四个方面总结的教化儒学之价值理念，分别对应着其价值论的形上学根据、价值理念的实现方式、价值展开的基本原则、价值实现

---

① 李景林：《教化视域中的儒学》，第130页。
② 李景林：《教化视域中的儒学》，第57—63页。
③ 参见李景林《"遁世无闷"与"人不知不愠"——儒者人格的独立性和独特性》，《船山学刊》2013年第2期。
④ 参见李景林《教化视域中的儒学》，第210—222页。"自然与文明的交汇点"亦是李先生再三致意的主张，关于这点，还可参李景林《自然与文明的连续性》（《社会科学战线》1995年第3期）、《关于儒学的文化沉思》（《中共石家庄市委党校学报》2007年第9期）、《即"有名"而显"无名"》（《甘肃社会科学》2005年第6期）等文章。
⑤ 参见李景林《教化的哲学：儒学思想的一种新诠释》，第405—411页；《知止、忠恕与人格教养》，《长春市委党校学报》2009年第6期。

的人文特色。从中国哲学传统来看,价值问题并非哲学系统的一个部门,而是贯通于所有哲学问题并对其本质、体性进行规定、赋义的"染色体"和辐射源。①"教化儒学"的价值理念,未将"价值"问题窄化为某个哲学部门的抽象内容,而是立足教化观念,紧紧扣住人的价值实现、存在实现这一根源性问题,展示出关涉全体、映射全局的"价值"关怀。在此基础上,"教化儒学"的理论展开,才能在天与人、心与性、心与物、心与气、性与命、性与情、性与才、仁与爱、独与通、形上与形下、内在与外在、具体与普遍、本然与应然、下学与上达等观念之间保持一定的张力,使双方建立连续而非割裂、互动而非孤立的理论联接,呈现出融贯一体的理论特质。

五　教化儒学的文化立场

从较为宽泛的意义上讲,"教化"也可理解为文化,"教化儒学"由此可被称作文化儒学,这就不再仅仅阈限于心性之谈,而是持守"本乎心性,观乎人文,以教化天下"的立场,凝聚起敏锐的文化意识。事实上,"教化"所本有的开放性和动态性,使"教化儒学"对心性理论的关注必然转向对心性理论敞开自身、实现自身的过程的关注,这个过程即表现为对世道人心和社会文化的忧思与关切。在当代中国社会发展和世界文化变动的风云际会之中,儒学曾经历了颠覆式的浩劫,从传统文化之主流,逐步成为被取代、唾骂、批判……的对象,直至被描述为"博物馆陈列品"和无体之"游魂"。不过,近年来中国文化思潮悄然发生了一种变化,儒学与中国文化之复兴已逐渐酝酿形成由暗到明的新思潮。我们面临着一个现代以来从未有过的儒学复兴的重要契机。能否理解和把握好这一契机,关系到我们是否可以再次构筑起文化生命的心灵家园、实现文化传统之魂的附体新生。这首先取决于文化立场的选

---

① 李景林:《价值问题对于中国哲学的根源性意义》,载《中国哲学中的价值观问题》(《京师中国哲学》第三辑),黑龙江人民出版社2012年版,第1—2页。

第九章 教化儒学：儒学系统重构的当代尝试

择。"教化儒学"于此已有内外一贯的深入思考。

（一）走出三个理论误区

1. 文化发展的功利性

文化并不局限于某一特定的实存领域，不是一独立的研究对象，而是人类一切领域且不可须臾离的存在性要素，以"隐居幕后"的方式寄寓于各种实存领域，作为一种"柔性"的创生力量发挥作用。然而，人们对文化自身的存在和作用方式缺乏重视，往往以社会、经济等领域的发展状况作为文化之价值、意义的评判标准，充满功利性的探求和考量。[①]

2. 文化普遍性与特殊性的抽象对峙

文化具有自身的个性或曰民族性，包含历时性的具体意义；如果仅仅偏执在文化的普遍性、共时性的一面，难免会将复杂的文化问题简单化约为抽象、零散的概念。现代中国的文化思考即常忽略其个性与历史性层面，表现为将古今问题置换为中西问题，其实文化不能粗暴地进行分割、拼接，据其具体的生命展开历程，对传统进行了解之同情的认同和阐释，在历史连续性基础上发生整体性的现代意义转换，而非导入历史虚无和文化断裂的发展方式，文化生命才能获得适切性的原创能力，合理地延续下去。[②]

3. 政与教混淆不清

儒学应关注教化的、实践的特性，但由此倡导重建政治化、制度化的儒学，建立儒教为国教，将教化理念这一理想性的"虚体"进行政治和权力运作，难免使"教"在政治威权和意识形态的钳制下，被僵化和扭曲，甚至变为"反动的力量"，重蹈历史上诸如以理杀人、以神杀人的覆辙。政教分离并不是历史的退步，适可使教化之道脱离政治运作，转变为与个体心灵生活相关的精神事务，成为一种社会性事务。[③]

[①] 参见李景林《教化视域中的儒学》，第 223—226、248—255 页。
[②] 李景林《教化视域中的儒学》，第 231—232 页。
[③] 李景林《教化视域中的儒学》，第 232—233 页；《教化的哲学：儒学思想的一种新诠释》，第 451—453 页。

（二）期待儒学在民间复兴

三种文化意识的培育，有见于避免理论误区的误导，同时又内在关联一体。建构起能够与社会和民众精神生活相切合的儒学当代形态，一方面，可以使思想理论摆脱在历史文化以及现实生活中缺乏根基的偏失，另一方面，可以为社会生活找到精神上、价值上的内在依据。循此以进，重新建立起儒学因应社会生活的作用和能力，使儒家教化理念得以"本虚而实"[①]。在儒学理论形态和关联社会生活之间，"以身体道"这一文化意识和群体，则作为交融二者的中介，可以发挥关键性的作用，这点亟须引起学界共识。从民间儒学践行群体来看，"以身体道"要求重视起儒学理论和学术的深入研习，文化情怀不能脱离学问义理的滋养，以免造成"乡愿式"理解而淆乱儒学学脉；从学院派的儒学研究看，"以身体道"要求学院学者增强社会担当精神，将儒学理论传播应用于社会民众的生活启蒙中，对个体生命和民众生活展开人文引导和价值重构。前者体现为民间儒者的学理化，后者体现为学院儒学的民间化。"以身体道"的文化意识、学术群体的自觉和养成，即在教化思想的落实中承继斯文、担当道统，学问义理是其前提，具体成效则在民间。只有儒学在民间能够自觉、有效地承担起个体生命的文化奠基、寻回社会民众生活的文化认同感，儒学的复兴才算真正实现。近年来儒学现状展现出颇为乐观的态势，儒学的文脉势头强劲，儒学的"血脉"亦有复苏倾向。如近年一直持续的国学热、文化热，其推动力主要来自民间，基本上是以民众为主导、以儒家思想为主体的，被称之为民间的、民众的、草根性的儒学复兴运动，反映出社会民众文化主体性挺立、文化认同感觉醒的自觉意识，这反映出社会集体意识对传统态度的转变，说明儒学在民间还具有生命力，文化血脉并未完全断裂，以儒学为主的中国传统学术可以承担起为中国思想文化复兴和重建的源头活水。养成"以身体道"之文化意识和群体，实现儒学在民间的复兴，"把'文脉'的创造与'血脉'的文化生命教养和连续绾合为一体，才能重建起中国当代文化的价值系统和教养的本原。一个有教养的民族，

[①] 参见李景林《教化的哲学：儒学思想的一种新诠释》，第460—472页。

第九章 教化儒学：儒学系统重构的当代尝试

其国民才能真正'摆脱他们加之于其自身的不成熟状态'，具有独立的人格与无所依傍的良知（中国文化所理解的理性）判断力"。①

最后还须指出一点，儒学不仅要在自身文化系统内建立起自主性，还要考量与异质文化交流中的立场定位。"当前的文化情势，由西方文化所引领的'全球化'的极度'消费性'趋势，其弊虽已为人所共见而或欲止之，然其锋实不可当，其势有不可逆。必当顺之而行，迎头赶上，最终乃可能以领先之势，截断众流，引领矫正之，逐步形成新的文化价值系统，转变其至于适宜的文化方向。人类'文化路向'的转变，似只能由乎此一'顺取而逆守'的'致曲之道'。"② 这个"逆守"的过程，应恢复国学作为文化本原的孵化作用和奠基意义③，注重回归中国文化的通性精神，来应对文化全球化和普适性的冲击，越是中国的，越是世界的，不失本土化、个性化，才具备基底以在普适化和全球化的文化范式内激起双向互动的回环。④ 教化儒学，不仅立足教化观念来解读儒学，而且植根儒学传统来审思文化立场。

六 结语

以上仅是就教化儒学之荦荦大者而言，限于篇幅，每点亦只能撮其大旨，未能曲尽精微。总的来看，作为从"教化"切入儒学的哲学系统，教化儒学并不是知识化的平铺直叙，而是理论性的整体运思：以心性论、德性论为基础，以形上学为主要形式，贞定价值理念，撑开文化

---

① 李景林：《教化视域中的儒学》，第 240 页。
② 李景林：《教化视域中的儒学》，第 230 页。汉代人讲政治，提出一个"逆取而顺守之"的途径，就是靠武力打天下，然后靠仁义来治理。李先生借用这个说法，认为对文化的发展而言，这个命题要反过来讲，就是要"顺取而逆守之"。就是先顺着现有的方向走，经济社会的发展要先行；发展到一定程度，按照前述文化发展功利性因果追问的定势，人类整体的价值观念会逐渐发生某种逆转。这就叫"顺取而逆守之"。参见李景林《教化视域中的儒学》，第 15、230 页。
③ 李景林：《教化视域中的儒学》，第 200—206、240—248 页。
④ 李景林：《教化视域中的儒学》，第 226—231 页；《教化的哲学：儒学思想的一种新诠释》，第 492—494 页。

"教化儒学"的思想历程

关怀，寓情于理，将思想的关怀用谨严的逻辑理路表达出来，寓作于述，显示出历史生命的承继与超越。一个理论宗旨是否可继可成，一看能否体现传统学问的核心义理旨趣；二看有无因应当下思想境况的创造意识。一方面，通过教化重新诠释、接续儒学传统，不仅合适，而且抓住了关键和根本，正如前文的总结，可以有力彰显儒学的独特理论特质；另一方面，教化对当下生活亦有针对性，如教养的缺失、人性的异化、精神的空虚等时代症候，都强烈折射着回归人性、重建教养、重启教化的当代性。是以儒学统之可归于教化，辐辏教化可展开对儒学理论的系统诠释及其当下转生，作为理论性和现实性的统一，教化儒学成为一个具有承载性、含蕴性、开放性和可继性的理论系统，是一个富有生命力的思想体系。

回望传统，原始儒家既已明确主张"富而后教""善政不如善教""参赞化育""观乎人文以化成天下"，并由"六艺之教"为代表的施教方式来恢宏推扩；《汉书》追溯儒家起源时，则以"助人君顺阴阳明教化"为其源出精神；此后，虽也受到过统治阶层的利用，被僵化为政教管控的手段和工具，埋下儒学在近世受到歪曲和诬化的种子，但总体而观，本真的教化观念历来就有儒者认同和传承，从未中断过。直到近代，梁漱溟先生还敏锐地指出："盖数千年间中国之拓大绵久，依于中国文化；中国文化发展自始不以宗教作中心，而依于周孔教化"[1]，"教化所以必要，则在于启发理性、培植礼俗而引生自力"[2]。梁先生可谓真知卓识，并在落实礼乐教化的乡村建设实践层面呕尽心血，被称为"最后的儒家"。新的时代，能否再次认清教化之精义、把握住儒学立身之命脉，对于儒学之新生显得十分关键和必要。李景林先生归宗"教化"，自觉接续并大力弘扬，坚定集中地研究探讨，使此教化观念及其理论系统规模朗显、深切著明，通过内在关联、活络贯通的学术机制，使儒学传统学问义理和精神生命的意义整体可以连续性地转生于当下，从学理基础上为接续儒家教化传统奠立了坚实的第一步。

---

[1] 梁漱溟：《梁漱溟全集》第4册，山东人民出版社1990年版，第21—22页。
[2] 梁漱溟：《中国文化要义》，第182页。

第九章　教化儒学：儒学系统重构的当代尝试

守望当代，儒学已现复兴之势。从理论形态看，有许多儒学重建的新方案竞相争鸣：有的嫁接自由主义理论，有的引进现象学资源，有的接着新理学讲，有的转向生活论，有的倾心公共性，有的重视生活化，有的主张世俗化，有的呼吁大众化，有的提倡宗教化……重建已成共识，理论进路或各有千秋，现实走向却渐趋一致。现在的问题是，这些方案应如何加以展开，怎样切入现实，其与社会人生的关联在怎样的意义机制上得以实现？以教化为宗趣，归向儒学的文脉和血脉的交融并建，在寻求思想的本原奠基与生成开展上对儒学进行定位与诠释，教化儒学直探儒学的思想本原，动态地描述着儒学开展、落实的本根机制，与诸种儒学方案并不排斥，并非企图与之争一席之地，而是以奠定儒学重建的实现路径为关怀：

```
            文化复兴
              教
     儒学 <——> 重建
              化
              儒
     文脉 <——> 血脉
              学
            心  性
```

各类重建方案的多元化取向，若能避免哗众取宠之谈，建立有本有根、沉潜笃实的立说，往来激荡，良性互动，定能殊途同归，推动儒学复兴的真正实现。"教化儒学"则赓续"教化三书"之轨范，在教化传统的历史衍变、教化观念的实践转向等方面略加扩展，使自身理论系统力臻完备，在儒学复兴的浪潮中更为自觉地担当起儒学创造性转化的引航员。

参考文献

一　古代文献

（汉）班固：《汉书》，中华书局1962年版。

（清）包世臣：《小倦游阁集》，《续修四库全书》，上海古籍出版社2002年版。

（晋）陈寿：《三国志》，中华书局2019年版。

（晋）常璩：《华阳国志》，齐鲁书社2010年版。

（北宋）程颢、程颐：《二程遗书》，上海古籍出版社2000年版。

（北宋）程颢、程颐：《二程集》，中华书局1981年版。

（南宋）陈淳：《北溪字义》，中华书局1983年版。

（清）陈立：《白虎通疏证》，中华书局1994年版。

（汉）董仲舒：《春秋繁露》，《四库全书》本，上海古籍出版社1987年影印本。

（清）戴震：《戴震全书》，中华书局1998年版。

（清）戴震：《孟子字义疏证》，中华书局1961年版。

（清）段玉裁：《说文解字注》，上海古籍出版社1988年版。

（南朝）范晔：《后汉书》，中华书局2007年版。

（唐）房玄龄等：《晋书》，中华书局1974年版。

（清）费密：《弘道书》，民国九年怡兰堂刊本。

（清）顾炎武：《亭林文集》，《万有文库》本，商务印书馆1937年版。

（清）顾炎武著，黄汝成集释：《日知录集释》，上海古籍出版社2006年版。

（清）龚自珍：《龚自珍全集》，上海古籍出版社1999年版。

（三国）何晏集解，（南朝）皇侃义疏：《论语集解义疏》，中华书局1985年版。

（三国）何晏等注，（北宋）邢昺疏：《论语注疏》，上海古籍出版社2017年版。

（清）何良佐：《皇朝经世文四编》，《近代中国史料丛刊》第七十七辑，台湾文海出版社1966年版。

（唐）韩愈、李翱：《论语笔解》，中华书局1991年版。

（唐）韩愈著，马其昶校：《韩昌黎文集校注》，上海古籍出版社1988年版。

（宋）胡宏：《知言》，《四库全书》本，上海古籍出版社1987年影印本。

（清）惠栋：《东吴三惠诗文集》，"中央研究院"—中国文哲研究所2006年版。

（清）黄宗羲：《明儒学案》，中华书局1985年版。

（清）黄宗羲：《宋元学案》，中华书局2013年版。

（清）黄宗羲：《黄宗羲全集》，浙江古籍出版社1994年版。

（清）黄宗羲：《黄梨洲文集》，中华书局1959年版。

（清）焦循：《雕菰集》，《丛书集成初编》本，商务印书馆1936年版。

（清）纪昀：《四库全书总目提要》，河北人民出版社2000年版。

（唐）孔颖达：《礼记注疏》，《四库全书荟要》，世界书局1988年版。

（战国）吕不韦：《吕氏春秋》，山西古籍出版社1999年版。

（南宋）陆九渊：《陆九渊集》，中华书局1980年版。

（清）陆世仪：《思辨录辑要》，《丛书集成初编》本，商务印书馆1936年版。

（清）陆陇其：《陆稼书先生文集》，《丛书集成初编》本，商务印书馆1936年版。

（南宋）黎靖德：《朱子语类》，中华书局1990年版。

（清）李颙：《二曲集》，中华书局1996年版。

（清）李塨：《颜元年谱》，中华书局1992年版。

（清）李光地：《榕村语录》，中华书局1995年版。

（清）刘宝楠：《论语正义》，《诸子集成》，上海书店出版社1986年版。

（清）凌廷堪：《校礼堂文集》，中华书局1998年版。

（清）刘逢禄：《刘礼部集》，《续修四库全书》，上海古籍出版社2002年版。

（清）李兆洛：《养一斋文集》，《续修四库全书》，上海古籍出版社2002年版。

（清）全祖望：《全祖望集汇校集注》，上海古籍出版社2002年版。

（清）清世祖：《清世祖实录》，《清实录》，中华书局1985年影印本。

（清）清圣祖：《御制文集》，《四库全书》本，上海古籍出版社1987年影印本。

（清）清国史馆臣：《黄宗羲传》，《清史列传》，中华书局1987年版。

（清）钱大昕：《潜研堂文集》，《四部丛刊初编缩本》，商务印书馆1975年版。

（清）钱仪吉编：《碑传集》，中华书局1993年版。

（清）阮元：《十驾斋养新录》，江苏古籍出版社2000年版。

（西汉）司马迁：《史记》，中华书局1959年版。

（南朝）释慧皎：《高僧传》，陕西人民出版社2014年版。

（南朝）释僧祐：《弘明集》，中华书局2013年版。

（清）喇沙里、（清）陈廷敬等编：《日讲四书解义》，《四库全书》本，商务印书馆2008年版。

（北宋）石介著，陈植锷点校：《徂徕石先生文集》，中华书局2009年版。

（南朝）沈约：《宋书》，中华书局1974年版。

（明）孙奇逢：《夏峰先生文集》，中华书局2004年版。

（清）盛康：《皇朝经世文续编》，《近代中国史料丛刊》第八十四辑，台北：台湾文海出版社1966年版。

（清）汤成烈：《养一斋文集》，《续修四库全书》，上海古籍出版社2002年版。

（明）王阳明：《王阳明全集》，上海古籍出版社2014年版。

（清）王夫之：《船山全书》，岳麓书社1988年版。

（清）王夫之：《尚书引义》，中华书局1976年版。

（清）王夫之：《礼记章句》，上海古籍出版社2002年版。

（清）汪喜孙：《汪喜孙著作集》，台北："中央研究院"—文史哲研究所2003年版。

（南宋）卫湜：《礼记集说》，《四库全书荟要》，台北：世界书局1988年版。

（清）翁方纲：《复初斋文集》，光绪丁丑重校本。

（清）魏源：《魏源集》，中华书局1976年版。

（清）魏源：《海国图志》，中州古籍出版社1999年版。

（清）魏源：《皇朝经世文编》，中华书局1992年版。

（清）魏裔介：《希贤录》，《四库全书存目丛书》，齐鲁书社1995年影印版。

（清）熊赐履：《闲道录》，《四库全书存目丛书》，齐鲁书社1995年影印版。

（清）徐继畬：《瀛环志略》，《续修四库全书》，上海古籍出版社2002年版。

（春秋）晏子：《晏子春秋》，中华书局1985年版。

（西汉）扬雄：《太玄经》，上海古籍出版社1990年版。

（南宋）杨简：《慈湖遗书》，《四库全书》本，商务印书馆2008年版。

（清）颜元：《颜元集》，中华书局1987年版。

（清）恽敬：《大云山房文稿》，《万有文库》本，商务印书馆1935

年版。

（清）姚莹：《康輶纪行》，中国社会科学院历史所馆藏本。

（清）姚莹：《东溟文后集》，《续修四库全书》，上海古籍出版社2002年版。

（春秋）左丘明：《国语》，上海古籍出版社1988年版。

（春秋）左丘明：《左传》，岳麓书院1988年版。

（北宋）张载：《张载集》，中华书局1978年版。

（南宋）朱熹：《四书章句集注》，中华书局1981年版。

（南宋）朱熹：《四书集注章句》，《四库全书荟要》，台北：世界书局1988年版。

（南宋）朱熹：《朱文公文集》，商务印书馆1900年版。

（南宋）朱熹：《朱子全书》，上海古籍出版社2002年版。

（清）张履祥：《杨园先生全集》，中华书局2002年版。

（南宋）张栻：《癸巳论语解》，《四库全书》本，商务印书馆2008年版。

（清）赵御众、汤斌等编：《孙夏峰先生年谱》，中州古籍出版社2003年版。

（清）张惠言：《茗柯文编》三编，上海古籍出版社1984年版。

（清）张伯行：《困学录集萃》，《丛书集成初编》，商务印书馆1936年版。

（明）章潢：《图书编》，《四库全书》本，商务印书馆2008年版。

（清）章学诚著，叶瑛校注：《文史通义校注》，中华书局1994年版。

（清）章学诚著，仓修良编：《文史通义新编》，上海古籍出版社1993年版。

（清）庄存与：《春秋正辞》，《清经解续编》，凤凰出版社2005年版。

二　近代文献

陈垣：《日知录校注》，安徽大学出版社 2007 年版。
程树德：《论语集释》，中华书局 1990 年版。
梁启超：《新民说》，辽宁人民出版社 1994 年版。
梁启超：《清代学术概论》，人民出版社 2008 年版。
苏舆：《春秋繁露义证》，中华书局 1992 年版。
唐受祺：《陆桴亭先生遗书序》，光绪年间刊本。
文廷式：《文廷式集》，中华书局 1993 年版。
朱一新：《无邪堂答问》，中华书局 2000 年版。

三　今人文献

陈荣捷：《王阳明传习录详注集评》，华东师范大学出版社 2009 年版。

陈来：《古代思想文化的世界——春秋时代的宗教、伦理与社会思想》，生活·读书·新知三联书店 2002 年版。

陈来：《中国近世思想史研究》，商务印书馆 2003 年版。

陈鸿森：《钱大昕潜研堂遗文辑存》，台北：台湾学生书局 1999 年版。

范麟：《读安吴四种书后》，《齐民四术》，中华书局 2001 年版。

冯友兰：《中国哲学史》，河南人民出版社 2001 年版。

冯友兰：《中国哲学史》，中华书局 1961 年版。

汤用彤：《魏晋玄学论稿》，上海古籍出版社 2001 年版。

费孝通：《中国绅士》，中国社会科学出版社 2006 年版。

黄怀信等撰：《论语汇校集释》，上海古籍出版社 2008 年版。

荆门市博物馆：《郭店楚墓竹简》，文物出版社 1998 年版。

黎业明：《湛若水年谱》，上海古籍出版社2009年版。

梁从峨：《繁荣与危机·清代儒学》，中州古籍出版社2017年版。

梁漱溟：《梁漱溟全集》，山东人民出版社1990年版。

梁漱溟：《中国文化要义》，上海人民出版社2005年版。

李学勤主编：《十三经注疏》，北京大学出版社1999年版。

李学勤主编：《礼记正义》，北京大学出版社1999年版。

李景林：《教养的本原》，辽宁人民出版社1998年版。

李景林：《教化的哲学》，黑龙江人民出版社2006年版。

李景林：《教化视域中的儒学》，中国社会科学出版社2013年版。

李景林、李祥俊主编：《京师中国哲学》（第三辑），黑龙江人民出版社2012年版。

李零：《郭店楚简校读记》，北京大学出版社2002年版。

李梅、郑杰文等：《秦汉经学学术编年》，凤凰出版社2015年版。

李泽厚：《论语今读》，安徽文艺出版社1998年版。

劳思光：《中国哲学史》，广西师范大学出版社2005年版。

牟宗三：《心体与性体》上海古籍出版社1999年版。

牟宗三：《政道与治道》，吉林出版集团2010年版。

牟宗三：《从陆象山到刘蕺山》，吉林出版集团2010年版。

钱穆：《宋明理学概述》，九州出版社2010年版。

钱穆：《朱子新学案》，九州出版社2011年版。

钱穆：《阳明学述要》，九州出版社2010年版。

钱穆：《论语新解》，生活·读书·新知三联书店2002年版。

钱穆：《四书释义》，台北：联经出版事业公司1996年版。

容肇祖：《明代思想史》，《民国丛书》复印本，上海书店出版社1989年版。

王树人：《回归原初之思——"象思维"视野下的中国智慧》，江苏人民出版社2005年版。

萧公权：《中国政治思想史》，新星出版社2010年版。

徐复观：《中国人性论史·先秦篇》，华东师范大学出版社2005年版。

徐复观：《中国思想史论集续篇》，上海书店出版社 2004 年版。

徐中舒：《甲骨文字典》，四川辞书出版社 2014 年版。

余英时：《士与中国文化》，上海人民出版社 2003 年版。

余英时：《现代儒学的回顾与展望》，生活·读书·新知三联书店 2004 年版。

邹化政：《先秦儒家哲学新探》，黑龙江人民出版社 1990 年版。

张学智：《明代哲学史》，北京大学出版社 2000 年版。

杨立华：《宋明理学十五讲》，北京大学出版社 2015 年版。

张光直：《中国青铜时代（二集）》，生活·读书·新知三联书店 1990 年版。

四　外国文献

[美] 芬格莱特：《孔子：即凡而圣》，彭国翔、张华译，江苏人民出版社 2002 年版。

[德] 伽达默尔：《真理与方法》，王才勇译，辽宁人民出版社 1987 年版。

[德] 黑格尔：《精神现象学》，贺麟译，商务印书馆 1979 年版。

[德] 黑格尔：《小逻辑》，贺麟译，商务印书馆 1980 年版。

[德] 黑格尔：《哲学史讲演录》，贺麟译，商务印书馆 2016 年版。

[奥地利] 胡塞尔：《笛卡尔式的沉思》，张廷国译，中国城市出版社 2002 年版。

[德] 海德格尔，孙周兴选编：《海德格尔选集》，生活·读书·新知三联书店 1996 年版。

[德] 康德：《实践理性批判》，韩水法译，商务印书馆 1999 年版。

[德] 康德：《法的形而上学原理》，沈叔平译，商务印书馆 1991 年版。

[美] 列文森：《儒教中国及其现代命运》，郑大华、任菁译，中国社会科学出版社 2000 年版。

［日］冈田武彦：《王阳明与明末儒学》，吴光、钱明、屠承先译，上海古籍出版社 2000 年版。

［美］理查德·罗蒂：《哲学和自然之镜》，李幼蒸译，生活·读书·新知三联书店 1987 年版。

［德］文德尔班：《哲学史教程》，罗达仁译，商务印书馆 1987 年版。

［德］马克斯·韦伯：《儒教与道教》，康乐译，广西师范大学出版社 2010 年版。

［罗马帝国］耶稣：《新约圣经》，中国天主教教务委员会印行，1992 年。

五　参考论文

陈赟：《儒家传统复兴与国家治理精神重建》，《人民论坛·学术前沿》2013 年第 8 期。

陈来：《中华传统文化与核心价值观》，《光明日报》2014 年 8 月 11 日第 16 版。

陈桂生：《"子以四教"别解》，《江西教育科研》1997 年第 2 期。

郭齐勇、龚建平：《儒学新解——读〈教养的本原〉》，《社会科学战线》1999 年第 2 期。

李景林：《在进与止之间保持张力》，《社会科学报》第 1383 期第 5 版。

李景林：《论儒家哲学精神的实质与文化使命》，《齐鲁学刊》1990 年第 5 期。

李景林：《价值的普遍性与相对性》，《哲学与文化月刊》1992 年第 223 期。

李景林：《"遯世无闷"与"人不知不愠"——儒者人格的独立性和独特性》，《船山学刊》2013 年第 2 期。

李景林：《关于儒学的文化沉思》，《中共石家庄市委党校学报》

2007 年第 9 期。

李景林：《即"有名"而显"无名"》，《甘肃社会科学》2005 年第 6 期。

李景林：《知止、忠恕与人格教养》，《长春市委党校学报》2009 年第 6 期。

李景林：《人性的结构与目的论善性——荀子人性论再论》，《北京师范大学学报》2019 年第 5 期。

李景林：《"学"何以能"乐"？——〈论语〉"学而时习"章解义》，《齐鲁学刊》2005 年第 5 期。

李景林、孙栋修：《自然与文明的连续性——先秦儒家的历史意识》，《社会科学战线》1995 年第 3 期。

任仲平：《凝聚当代中国的价值公约数》，《人民日报》2015 年 4 月 20 日第 2 版。

唐文明：《本真性与原始儒家"为己之学"》，《哲学研究》2002 年第 5 期。

朱刚：《胡塞尔的哥白尼式革命》，《中山大学学报》2014 年第 3 期。

郑万耕：《〈汉书〉与〈周易〉》，《史学史研究》2006 年第 2 期。

张汝伦：《论内在超越》，《哲学研究》2018 年第 3 期。

后　记

《"教化儒学"的思想历程》一书，乃是以李师景林先生多年来倡导的教化儒学思想为理论基础，对儒学教化思想的历史发展脉络和不同阶段的特质进行尝试性的梳理与总结。自2016年确立主题和写作框架后，在师长和各位同仁的关爱、支持与大力参与下，该书历经四年终于完稿，即将付梓。在此，我要对恩师的垂爱表达深深的感谢，并因自己粗陋不才、未能很好阐明恩师思想大义而倍感惭愧。与此同时，我还要对各位同仁的大力支持和参与表达我最真诚的谢意。该书由引言、正文两部分组成。引言由北京中医药大学程旺教授撰写完成。正文共各九章。第一章主要择取李师景林先生的相关思想论述，以为全书之纲领，由北京中医药大学程明教授组织摘编；第二章由天津大学陈多旭教授完成，第三章和第四章由河南师范大学张树业教授完成，第五章由西南政法大学董卫国教授完成，第六章由华南师范大学云龙副研究员完成，第七章及全书的统稿由吉林大学华军教授完成。第八章和第九章由北京中医药大学程旺教授组织撰写完成。杨猛、张莹莹同学对全书文字和参考文献进行了认真的修订，特此致谢。该书内容是"嵩阳书院2016年研究课题"的研究成果，从立题到写作，皆得到了嵩阳书院的大力支持，特此郑重致谢！

由于时间仓促，加之吾辈学历、见识有限，行文疏漏、错谬之处在所难免，诚望方家指正！